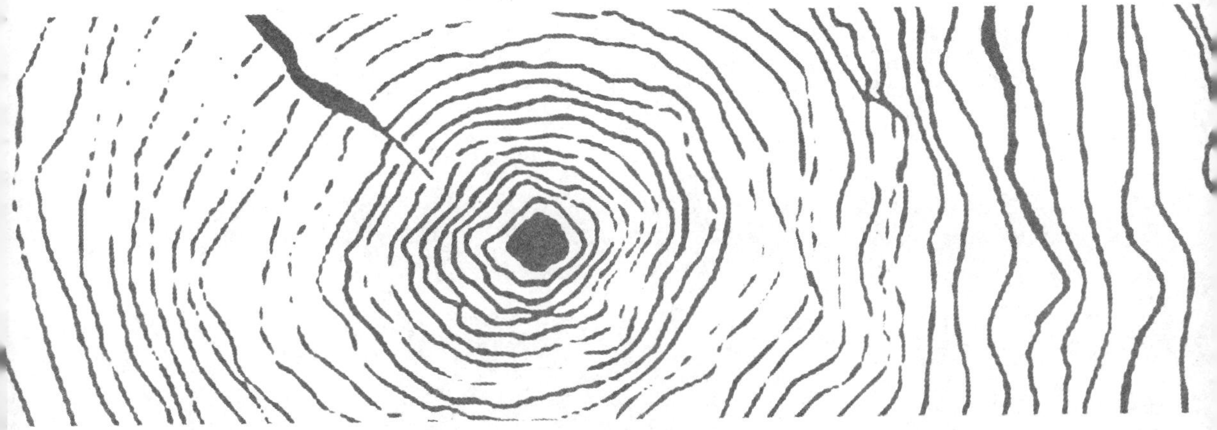

时间的回礼

唐振杰 著

Time returns
the favor

上海三联书店

自　　序

2020年的寒假必定是一个最特殊的假期，由于疫情的关系，全国都处于警戒状态，而我们唯一能做的，就只是待在家里自我隔离，不要随意外出，不给一线的防疫人员添麻烦。

在朋友圈阵阵“无聊”的哀叹之下，我的日子倒过得极为自在，像这种独处式的“闭关”，在这几年里，也已经习惯。这段时间，的确是可以集中精力做一件一直想做却始终没动的事情。

2020年2月5日，上海发布官宣了寒假延续到2月底的通知，我第一时间在朋友圈进行了转发，并且配文：孩子们，还有一个月足不出户的大量自处时间，你们，准备怎么用？

我的微信里有不少学生，从小学到大学。我不知道你们在这个超长的特殊寒假里，在完全不能出门的情况下都做了些什么？

学生时期感到幸福的一点在于，你们会经历好多个假期。在这段时间里，如能专注地去做一些事，留有值得的痕迹，那这样的获得感，或许会比手机内的“游戏段位”大得多，不妨试试。

而你们现在所看到的这本书，大多是我疫情闭关期间的产物。

在写之前，我所在学校的原校长建议我，或许你可以把这些年以来看过的书和电影做一个整理，结合自己的工作、生活，进行自我提炼与总结。

是的，她总是最了解我。

这些年来，我进入了一个相对比较自在的模式：读自己想读的书，看自己想看的电影，摒弃一切不必要的社交，过滤一切能力范围内不想做的事。虽说失去了一些世俗眼里的机会，却多出了很多可以自由把控的珍贵时间。

人生在世，越长大就越难做到“舍”这个字：衣柜里前些年的旧衣服已经不怎么穿，你舍不舍得扔？一件很喜欢的事需要投入大量时间，你舍不舍得花？一样你投入了很多精力的工作到头来发现不是自己真心所好，你又舍不舍得弃？

《尚书》里有句话叫做“为山九仞，功亏一篑”。说是古时候有人要堆一座九仞高的山，日复一日，年复一年地去挖土、挑土，一心想着要把这山堆起来。眼看这山就要堆成，就只差一筐土的时候，他却懈怠了，总以为就只差这一筐而已了，就完全没有了之前的干劲，直到最后都没有堆起这最后一筐土，令人遗憾。这告诉我们做所有的事都要坚持不懈，不能放弃。

而前阵子在研读《论语》的时候，当读到《论语·子罕》里有一句话叫做：“子曰：‘譬如为山，未成一篑，止，吾止也。譬如平地，虽覆一篑，进，吾住也。’”时，我能感受到孔老夫子对于这个观点有自己别样的理解。我们说“舍得”，当代价不是很大的时候，这样的“舍”没有阻碍，自然也没有价值。反而当你做了很多的时候，当你要舍弃的成本足够大的时候，这才能看出你“舍”的决心，自然也能看出你对“得”的向往。孔老夫子说，并不是所有的事都一定要做到底的，遵从自己的内心，想一想什么才是真正想要的，什么才是真正重要的，这样的“舍”虽然可惜，但却让你足够轻松，集中精力去追求理想中的“得”。同样的，当一件事仅仅只停留在起步阶段，你又愿不愿意“舍去”大量的时间和精力，乃至一些世俗眼中的机会，去追求自己真正喜欢和想要的东西呢？

我似乎发现，这些年自己的种种选择，其实都和“舍得”有关，有做了许久的事情下定决心戛然而止的，也有一些从无到有的尝试和努力，需要自己全身心的投入。而在这些过程中，已然有了自己对于一些人，一些事的思考与总结，倒也是可以在这个当口尝试做一轮集中性的“输出”。

这本书一方面是以一个个体，和大家讲述我自己的故事和喜好。另一方面，则是站在一个在一线任教 14 年的老师的角度，探讨和分享一些现象：亲子教育、师生关系、家校沟通……这些年看到过很多问题的产生，总觉得应该还有更好的解决方式。

沟通和表达、现实与理想、情感和修养、思辨和判断、喜好和习惯,这五个方面是工作和生活非常重要的板块,也是我近年来学习思考的重点:学会好好说话、学习与人相处、探寻深度思考、关注习惯养成、积极面对生活。

我会结合自己经历过的往事、学习过的课程、阅读过的书籍、或许还有欣赏过的电影,用一种比较轻松的方式与大家分享我的所思所想,以及在这些年中所割舍与获得的种种经历。是的,人生总是有舍才有得,很多事物看似平常,却早已在冥冥中标好了“代价”。但愿我们都有足够的能力与智慧,去割舍、去投入。放心,时间看得见,时间会回礼。

本人学识有限,此书也只是在现有认知下的呈现,不一定对,但这些都不是最重要的。生活的轨迹不同,每个人看问题的角度也不同。如果能够引发一些特别的思考,开启一下别样的认知,拥有一份难得的共鸣……那我很高兴,这本书并没有浪费您的时间。我也很庆幸,能和此时正在阅读的您,共同拥有这份小善缘。

2021 年 5 月 7 日

目　　录

一、关于沟通与表达

——好好说话，万物皆可表达

让问题成为共同的“敌人”

（一）

我的职业是一名老师，在这个职业里，“说话”对于我们来说一直都是一件司空见惯的事情。和孩子们要授课、和家长们要沟通。如果前者是你在工作中应有的专业技能的话，那么后者对于我们来说，就是一项不得不在过程中摸索的“说话艺术”。

近些年，社会上不断有一些家校矛盾的新闻给予老师这个群体很大的压力，和做同行的朋友们聊天的时候，尤其是一些刚踏上岗位的新教师，他们也都普遍认为自己在工作中遇到的一个大麻烦就是，不知道怎么去和家长沟通才能避免那些潜在冲突。

朋友小王老师最近又有些烦心事了，作为一名班主任和语文老师，免不了要和家长们打交道，这是工作中的一种常态。

最近班内的皮大王小 X 又惹麻烦了，上课时常不专心听讲，还经常因为行规的问题给班级添麻烦。种种问题让班主任小王老师头疼不已。对他批评了几次之后，效果仍然甚微，不得已只能找到小 X 同学的爸爸沟通解决。

把当下正在工作的爸爸叫到学校来以后，小王老师越讲越生气，把小 X 最近糟糕的表现完完整整地表述了一遍。很显然，带有情绪的表述，虽说都没有说错，但话自然也是好听不到哪儿去。

爸爸急忙解释原因，因为自己和他妈妈最近工作上的一些变故，使得管教孩子的时间不得已地大幅减少，以及孩子身上一直残留着的老毛病让他们也十分头疼，并且为难的地方在于，他们也不知道该怎么办。

小王老师不满地说道："孩子重要还是工作重要，有孩子就一定要对他负责，不能为了工作而不管孩子。而且孩子这么长时间以来的问题，不就是家长从小就不加以重视引起的吗？怎么现在还要继续拖延，这可是要出大问题的。要做一个负责任的家长……"类似于这样的话巴拉巴拉地说了一大堆。

紧接着孩子爸爸的情绪就逐渐失控了，本身从工作岗位突然被叫到学校就有着一种焦躁的情绪，再加上老师连珠炮式的"轰炸"，使得他再也不能忍受，从而开始情绪对立，言语上也是越来越激进。

这样子的对话自然是在极不愉快的气氛中结束，问题并没有得到任何解决，还制造出了家校的对立情绪。小王老师很委屈：我哪一句话说错了，我每一句话都在理。

是的，每一句话都在理，但或许有更好的表达方式。

（二）

或许老师们在与家长沟通时，总是不自觉地陷入一个情绪陷阱。不可否认，我们请家长的前提，是因为我们已然和孩子找不到一个可以达成共识的，并且行之有效的方法，这时候更多的是需要借助家长的力量共同解决。所以，可以说在找家长前，这孩子的问题已经折腾了许久，老师们有些情绪自然也是可以理解。

但一旦把家长请来，我们在脑海中诠释的就不能是理由——我为什么要找你来？而更多的是要去想——我找你来的目的最终是什么？

一旦我们把思维停留在理由上，就不自觉地会打开那些停留在问题表面的话匣子：孩子最近又怎样怎样了，闯了什么什么祸了，造成什么什么后果了……然后不自觉地把孩子推到"对面"去，如果这时家长但凡辩解几句，家长和孩子就都会被推到"对面"去，形成一个对峙的局面。

所以我在校门口时常会听到这样的对话：

你家孩子今天怎么又没做作业，已经连续好多天没有完成了你们知道吗？家长在家里到底管没管啊？

你家孩子今天又和同学打架了，你说你们这都第几次了，回家必须得好好教育教育，怎么可以这么暴力？长大还得了？

你家孩子上课老不认真听讲，这都已经差成什么样子了，你们家长再不引起重视就来不及了！到时别怪我没提醒过你们！

你要知道，这是你家孩子，你必须负起责任来！

以上的这些对话，全部都是我亲耳所闻的真实对话，我相信老师们很着急也很负责，但如果是因为方法不对而产生不必要的矛盾的话，却总感觉有些遗憾……

最近在接触“哈佛谈判课”，深入研读之后，发现其中有很多理论的工具着实可以运用到我们的生活情境中去，帮助我们更好地解决现实的问题。

(三)

在谈判的情境中，有一个概念叫做——冲突外化。

在这个概念中，课程里提到一个很经典的案例，如何和一个有多动症的孩子沟通，并尝试着更有效地去解决问题。或许我们也可以把这样子的话术运用到实际与学生的沟通中去。

那些心理学家在面对儿童的心理疾病的过程中，原本的病理化的策略就会显得十分有限，我们不能像面对成人一样，拿各项诊断标准来和实际情况进行对比和参照——有多少项符合即可作为判断为“病人”的依据。

孩子和成人不一样，我们在与孩子的沟通过程中，他对他的生命经历没有太多发言的权利，更多的只是借助监护人外在的观察和判断，而其本身并没有办法有过多的解释，面对这样的病理化参照，也就没有太多可以辩解的空间。

所以那些心理学家在面对这样的孩子时，会借助一个名叫做“小怪兽”的虚拟形象。

他会说：“小朋友，没关系，我们只是很轻松地来聊聊天。根据老师和爸爸妈妈的表述，我们好像发现你在上课的时候总是不能集中注意力，要去做一些其他的事情对不对？”

孩子可能会唯唯诺诺地点头或者是一言不发地应对。

他继续说:“其实我知道,你也很想认真地听课,你也不想总是被老师批评,被爸爸妈妈责备,你也特别想成为一个好学生,好孩子的对不对?”

孩子多少会对这样的问题做出正面的反馈。

他接着说:“但是你的身体里总有一只‘小怪兽’,他总是在你想要认真听课的时候影响你、干扰你,让你不能够集中注意力,这只‘小怪兽’简直是太可恶了!”

孩子会发现这样的说法和老师以及爸爸妈妈的都不一样,他们总是说:“你有问题”,而这样的说法好像问题不在我,而在于那只“小怪兽”。

心理学家继续说:“没关系,你到我这儿来,就是来寻求我的帮助的,我们来谈一谈这只‘小怪兽’是怎么影响你的,并且我们一起想办法来打败这只‘小怪兽’,让你也能成为老师的好学生,爸爸妈妈的好孩子,你说这样好不好?”

孩子这时候才展露出笑容,并且相信眼前这个人,是能和他站在一起共同解决问题的,值得信赖的人。

在这个经典案例中我们可以发现,在和孩子的沟通中,我们可以尝试把“病”和“问题”与孩子拉开距离。病是病,问题是问题,但你这个人本身没有问题。我们必须要明确,我们要处理和解决的是这个“病”,是这个“问题”,而不是眼前的这个孩子。孩子可以成为我们的伙伴,和我们一起来面对这个问题。

把问题和人拆分开来,把眼前的这个人仍然当做一个正常的人,把问题当做一起要处置的共同困扰,这就是所谓的问题外化。

(四)

而老师和家长的沟通,在某种程度上我们也可以把它当做一种谈判情境:我这边付出一些,你那边也付出一些;我这边做一些割舍,你那边也提供一些帮助……

一旦有着这样的谈判观念,就会发现人在谈判的情境里想的就会很不一样,我们不会制造对立,而会为我们共同的成功而努力——把问题推出去,把人拉过来,我们是共同解决这个问题的盟友。

而这样子的“谈判”即使不成也没关系，因为有了这样子的观念，我们也会意识到共同为失败承担责任，而不是你，或者我单独承担。所谓“买卖不成，关系得到维持”，这个观念在谈判领域中被称之为：冲突外化。

所以在和家长的沟通中怎么避免像文中开头提到的小王老师的困境呢？尝试着用冲突外化的概念去面对问题。

我们不是遇到“坏人”了，我们也不是遇到“不负责任”的家长了，我们只是在当下碰到问题了，需要和家长一同来解决。

在这里或许可以提供一个我个人在找家长沟通时的方式来和大家进行分享和交流。而这或许不仅仅是适用于家校沟通的范畴，其他场合里人与人之间的交流多少都能有些参考。

1. 每次在不得不找家长沟通的时候，我尽量会选择面谈的形式，因为只有面谈的时候，才会捕捉或被捕捉到更多表情细节。我们大多数传达出去的信息由“内容”“语气”和“表情”三部分构成。比起内容而言，表情和语气是更容易让人接受到你所想表达的意思的，而只有内容的话，一旦表述不当，就往往会让人产生误解。

2. 可以更多地让家长们选择见面的时间，千万不要想当然地觉得只要是孩子的问题，家长们就必须无时无刻配合学校的召唤随叫随到。每个人的工作性质不同，工作压力也不同，作为老师，不要有凌驾感，更多地去体谅家长们在工作和生活中的平衡和不易。

3. 家长来会见老师，多多少少会有一些拘谨的，他们显然知道是自己的孩子在学校又惹麻烦了，所以才不得不由他们出面。所以在见面后，我先要表达的是今天的约见有没有影响到你的工作。在一开始的时候多少表达下理解可以让家长们卸下心理包袱，从而很好地和你拉近些许距离，这样会对之后的沟通奠定比较良好的情绪基础。

4. 在办公室谈话的伊始，我多少会表露出比较遗憾而又着急的神情，而绝不是愤怒和急躁。你可以在孩子面前假装愤怒让他了解到事情的严重性，但是和家长的沟通属于成年人之间的交流，愤怒和焦躁的情绪只会使得沟通的质量直线下降。

这里要和大家分享一个观点叫做："生气"是第二情绪。没有人会因为生气而生气的，产生"生气"的情绪前一定是有其他情绪的驱使，或许是害怕、是着急、是尴尬、是担心、是遗憾……而老师们要做的是，面对家长的时候，一定要找到致使你生气的第一情绪是什么，从而把这样的情绪表露出来，而非"生气"。

5. 用客观陈述的话语和家长阐释完孩子的问题之后，我会说这是我在学校里观察到的情况，不一定全面，我找您来先要了解一下，他在家里是否和我描述的相似，亦或者最近家里有哪些变故使得孩子有着这样反常的表现。

主动给予家长解释的机会，要知道，家校之间很多的误会来源于信息的不对称，你所了解到的情况有可能并非是他们真实的状况，你要做的是让家长来帮助你补充信息，从而更完全地了解情况。

举个例子，在我刚上班的第三年，曾经遇到过一个女生叫做小 L，她是一个很文静的女孩，学习成绩马马虎虎，谈不上多好，但始终有着向上的趋势。

有一段时间，她上课的专注度急剧下降，总有打瞌睡的情况出现，提醒了许久都没有好转。多次问其原因后才得知，女孩的家里是开棋牌室的，她住在隔间，但隔音效果很差，那群牌友们每天都要玩到很晚才逐渐散去，这直接影响到她的作业质量和睡眠时间。

我听后很是生气，第一反应就是怎么会有这么不负责任的家长，家里开棋牌室，让这么多人在家里边抽烟边打牌到很晚的行为，难道丝毫没有考虑过隔间还有个未成年女儿的感受吗？

所以我带着这样子的情绪和他父母进行了多次电话沟通，当然，电话里也只是把情况和不满表达了出来，说是说爽了，但没有任何的解决实效。最后，她妈妈邀请我去她家看一下情况，主动要求面谈一次。

去到她家后发现，这是一间不足 30 平的小房子，里面放着三四张麻将桌。她爸爸出来迎接我的时候，我才发现这是一位腿部有残疾，行动不便的中年男子。她妈妈因为要照顾这个家，所以也没有固定的工作，从而得知这个棋牌室就是他们家里最主要的经济来源之一。女儿的房间在里屋隔间，其实父母已经想了很多的方法隔绝这两个空间的联系，但毕竟在现有条件下很难做到兼顾。

自此，那些原本产生的"不负责任"、"自我"、"顽固"等标签统统消失不见，在我面前的，也只是一对为了生活奔波劳苦，却又有着女儿牵绊的父母。我分明能感受到他们当下的无奈。

所以，只有当所有的信息得以对称之后，我们才能准确地去判定问题的症结，从而寻求当下最有效的方法。

6. 在了解完所有信息后，我会表明孩子在哪些地方是做得足够好的，在这些方面让家长安心。再结合各项信息提炼出目前为止我们所面对的问题有哪些，这些问题可以是学校里孩子的问题，当然也可以是在家里，孩子和家长都要共同面对的问题，并且一一罗列。如果可以的话，还可以排出轻重缓急，让家长们清楚地知道自己孩子的问题所在，以及自己要面对的局面。

7. 再之后就是这次找家长的重点，结合你自己的专业去给家长可操作的解决问题的方法和建议。

我们会碰到很多老师，包括我以前上学时的老师，在找家长的时候都有的一个误区，就是把家长叫来一顿批，噼里啪啦讲了一堆问题，严厉地指出各种毛病，好像一股脑地要把这些话都倾泻出来。倾泻完之后爽是爽了，但所产生的情绪沉淀却需要家长和学生独自去承受和消化。

所以有效的家校沟通不在于问题的倾泻，更多的是要让家长清楚地知道，这一次不惜以请假为代价的来校，是值得的，也是有收获的，并且很清晰地知道自己回到家后应该怎么去做。这才是一种良好的家校沟通，也是良好家校关系建立的条件。

我们总奢望家长在和老师沟通的时候不带任何负面情绪。殊不知，如果你不提供方法，却又要别人自我消解情绪的行为，着实不那么讲理。

8. 如果前面都能很好地进行的话，大概率这次的对话会是在愉快中结束的。安心送家长出门之后，我们还要根据孩子之后几天的变化情况及时和家长进行沟通反馈,如有明显改善要告知家长,让他知道我们的沟通方案是有效的,并且可以持续地进行下去;如果效果不是很理想,也可以再观察观察,或者根据实际情况调整方案。

以上就是我近些年来找家长沟通时的观念、心法与话术。永远不要以高高在上的姿态去做任何沟通,不平等的沟通不可能会有好的效果。自然也不要被强压一头,因为教育,是我们的领域与专业。你要寻求的是那种在平等关系下的有效沟通,并且提供有价值的信息,真诚地去维护好和谐的家校关系。而一段良好的家校关系,则是老师们在工作中最有保障和安全感的部分。

(五)

这样子的冲突外化不仅仅可以用在家校关系、师生关系、亲子关系上,生活中的很多关系都可以用这样子的方法得以改善。

而如果我们懂得这层道理,但对方并不明确,还是以情绪主导地对我们展开指责和攻击的时候,我们又应该如何面对呢?

我们进入到一个很常见的生活情境中:

妻子向晚回家丈夫抱怨,你每天这么晚回家,家务都是我来做,孩子也是我来管,作为一个男人你怎么对家里这么不负责?

如果男方的回应停留在:我怎么不负责了,我每天努力工作赚钱不就是为了这个家吗?你怎么是一个这么不体谅人的女人!

你看,妻子遇到了一个不负责任的男人,丈夫遇到了一个不懂得体谅的女人。全都是在对立面,双方都觉得:我们遇到了"有问题"的人。

而当你懂得冲突外化的概念后,丈夫或许可以这么回答:我知道你这么着急也是为了这个家,我也知道我今天回来晚了,你做了这么多事情也累了。我目前这个工作的下班时间暂时还没有办法变动,但家务总要有人来做,孩子也要有人来管,我也不想你太累。这样,我们吃完饭坐下来聊一聊,有没有什么其他方法可以帮我们解决这个问题。

你看，这就是冲突外化的魔力，我们可以用话语来引导那个人的动机，**只要动机一改变，行为就会跟上**。就像动机如果停留在——“你一个男人要对家里负责”，她就会要你表态。而当你把她的动机变成——“在现有条件下让这个家继续良性运转”，她就会冷静下来去想在这个动机下的行为模式。

前阵子在网络上一直有这样的讨论：在公共场合遇到不守规矩的人，我们要不要出面提醒？

很多人因为这个问题陷入了两难，提醒容易激发矛盾，不提醒又损害了自己的利益，也让这种不文明的现象得以滋长。我们到底该怎么办？

所以我们经常看到类似这样的场景：

在高铁上有一个孩子吵闹不停，爸妈也不出面管理，致使其他旅客得不到安静的休息。这时候大多数人采取的方法就是“忍”——拿出耳机，听不到就一了百了。但也有一种人，他们会直接出面制止：“小孩子这么吵，你们大人不管的吗？有没有素质啊？”并且直接打开手机开始录下视频。结果孩子的家长因为受不了这种当面的指责而开始还击，矛盾升级，孩子更为哭闹，车厢变得更吵。

遇到这样的情况，我们的确应该出面制止，但是懂得如何制止的方法很重要。首先我们要明确一点的是，我们这次制止的目的是什么？如果只是想站在道德的制高点去谴责对方，并引起各方关注的话，那以上的做法无可厚非，这就是你想要的结果，并且请承担这个结果可能会带来的各项成本。

但我想更多人想要的结果是：恢复车厢秩序的宁静，让自己可以安稳休息。

那如果出于这个目的，在知道了用冲突外化的理念之后，我们怎么去处理类似这样的问题呢？

我曾经在星巴克看书的时候遇到过这么一件事：有两位年长的生意人，坐在店内的另一个角落高声谈论着他们的合作项目，说到激动的时候，有一位的声音会突然升高且尖锐，让本在安静阅读的我心里会时不时的“咯噔”一下受到惊吓。

我原本希望这只是在短时间内可以自然消解的事，但不幸的是，大概忍了

10分钟后情况仍然没有好转。我在承受一次又一次的惊吓之余，也基本了解了他们这个项目的基本情况，虽然我对此完全没有兴趣。我转头看了看店内为数不多其他人的反应，他们大多皱着眉头，也有的拿出耳机与其隔绝。

在忍无可忍之下，我决定主动去解决这个问题。

我轻声地走到他们的座位边，拍了拍其中一位说话者的肩膀，打断了他仍然在高谈阔论的过程，从他转头的表情来看，明显有些诧异。

“不好意思啊大叔，我呢，心脏不是很好，您这声音如果总是突然间拔这么高的话，我呀，会受影响。这样，您帮我个忙，看看能不能稍微声音小一些，麻烦您了。”我捂着胸口满脸歉意地说道。

“哦哦哦，小伙子不好意思不好意思，实在没有意识到，我们马上注意。”这位大叔也一脸抱歉地和我打着招呼。

“没关系的，谢谢您。”

接下去的一个小时内，他们都自觉地用最低的音量交流着，他的面子保住了，我的问题也解决了，这就是冲突外化的力量。

而最常见的错误就是把自己作为道德中心，而根据他当下的行为把他直接判定成一个在公共场合缺乏素质的人，并且第一时间打开手机录下视频。要知道这是个最容易升级冲突的举动。如果按照这个出发点把人推到对立面去解决问题的话，大概率会使得矛盾升级，让问题变得更难处理——浪费时间，浪费精力，浪费情绪。

而冲突外化可以瞬间把人拉过来，把问题列出去，形成一条明朗的“战线”，我们是战友，而敌人，则是我们共同面对的问题。

那么我们再回过头来看看之前那个例子，在高铁中遇到孩子很吵，我们应该怎么去和他的家长说，才能更好地帮助我们自己解决问题呢？大家可以一同来思考一下。

在《熊浩的冲突解决课：谈判》这本书中有一个很经典的比方，他说冲突的伊始，我们都像是在海难中的人。海难刚开始的那一刹那，每一个上了救生船的人都不自觉地抢夺、争斗，尽可能地让自己的利益迅速得到安顿。但这样做是愚蠢的，又有谁能拍着胸脯保证，当我拥有了全部的资源后，有能力去独自面对海难中这恐怖的大海呢？难道你没有意识到，在海难中，我们的敌人不是对方，而是这一片苍茫无际的大海吗？

在沟通的过程中，学会冲突外化，发现共同的问题，移动人和问题的相对位置，调整位置，彼此扶持。

愿我们都能好好说话，用平等和真诚去构建一个更为和谐的沟通情境。

分享阅读：

《熊浩的冲突解决课：谈判》　熊浩　法律出版社

《好好说话 2》　马东出品　中信出版社

区分“感觉”和“事实”

（一）

前两天在逛“知乎”的时候发现，青年群体中有越来越多的人有着社交恐惧，他们不知道怎么去和人做交流，一直以来的个性发展让他们无法去处理各式各样人际的复杂问题，导致各种关系的崩盘。

沟通是门学问，生活中人际摩擦的不如意也时时在发生，如果我们只是动用“情感”和“情绪”的话，事态的发展或许更多的是凭借“天命”以及他人的涵养。如果我们需要去通过沟通解决问题的话，就必须得学会怎么去优化自己的表达，从而达到既定的目的。

小L同学在我所接触过的大队委员中，绝对是最优秀的队长之一，一个极为干练的女孩总是透露出一种超出年龄范畴的洒脱和自信，就是这样的特质让她在大队部的工作中总是散发出别样的光彩。对于我而言，把任务交给她就是最让人省心的事，即使那时候她才四年级。交代给她的任务我甚至可以回头把这件事完全忘记，她也能够用最合理的方式完成到最好并及时反馈，这样的宝藏女孩可不常有。

就在我准备把升上五年级的她提议为大队主席加以重用时，却出现了意想不到的情况。无论竞选什么，只要是队内推选的模式，小L同学就再也没有从中队内脱颖而出过，即使这个名额在三四年级的时候她可以毫无悬念地赢得，但升入五年级后，却突然之间迎来了另一番的局面。如果第一次推选区优秀少先队员的候选人，在每个中队只能选一人的前提下，她没有选上是个意外巧合的话，那五年级的少代会，在每中队有两名候选人的情况下，她依然榜上无名，就让我着实有些匪夷所思。

对于我个人而言，这么一名宝藏女孩遇到这样的处境无疑是可惜的，但有一个疑惑始终萦绕：无论是凭她的魅力和影响力，还是她的实力与表现力，即使是在全校范围内的推选，她也都是能以极大概率胜出的，但为何升入五年级后，在中队内的选举中，就再也没有她的机会？

带着这样的疑问我找了她的中队辅导员和同学们了解了情况，结合各方信息所得出的结论就是：小L同学作为中队的班长，在管理中队的时候总是显得太过强硬，只要是同学的行为不符合规范，她“训斥”起来从来不给面子，即使是她关系最好的朋友也是一样。在大队部练就的一口流利表达，让她从来没有在同学之间的争执中落过下风。也是因为在管理中队的这件事上，她始终占着理，再加上她强劲的口才，全班同学显然没有一个人是争得过她的。被训斥的同学中，内向一点的憋着气，强硬一些的也总在最终的辩驳中败下阵来，好不顺畅。

当我找到小L同学的时候，她也似乎显得很委屈，觉得自己一切都是为了中队着想，她不明白那些吵吵闹闹、不守规矩的同学们怎么就不能说了？凭什么我帮着老师管着他们，最终却让自己变成了一个不受欢迎的人，而那些对队内事务“睁只眼闭只眼”的同学却能得到同学的青睐，这似乎太不公平了。

是的，我们在日常生活中也经常会碰到这样的问题，我明明说的是对的，你怎么就不能接受？我反而成了一个不讨巧的人，这的确太憋屈了。

我问小L同学：“你平时训斥同学们的时候，都说些什么呀？”

她罗列了很多不同情境下的对话——“你不要老破坏自修纪律好不好！”、“眼保健操又不好好做，中队的行规评比都是你拖的后腿！”、“这张试卷要交的，你们还在玩，怎么能这么不自觉啊！”……

我苦笑着和她说：“你呀，说的这些都没错，但真的是太像老师说的话了。”

这不仅仅是小L所碰到的个例问题，我相信这也是所有学生干部在面对如何管理班级时所面临的共同问题。

在去年上海市队长学校的培训中，曾经有过这么一个主题叫做：队员不服管怎么办？那些由上海市各所学校推选出来的最佳队长们在交流分享的过程中却也大多停留在理论的层面，都没有找到很合理的方法。从中可以看出，这的确就是他们日常所面临的最头疼的问题。

怎么解决？同学之间遇到问题和矛盾又应该怎么来阐述呢？

首先，我们得分清楚——什么是事实？什么是感觉？

（二）

这突然让我想到了每次我在朋友圈对于一部电影进行评价时，底下就经常会出现一些很刺耳的声音。

当我表示出我不是很喜欢某部电影的时候，底下就有部分评论是这样的："你要求咋这么高?"、"这你也觉得不好看?"、"你觉得不好看是因为你没看懂吧?"……

而当我觉得某部电影我还挺欣赏的时候，底下的部分评论就会变成这样："拍成这样你都能觉得好?"、"我也搞不懂这到底哪里好?"、"这编剧业余成这样也有人会喜欢真是服了!"……

每次看到这些言论真是有些无奈。说真的，我们都要明白一个道理就是，很多事情，事实和感觉是两码事，我发表的感想只是"我觉得……"，无论是我觉得这部片子我不喜欢还是这部片子我挺欣赏，那统统都属于我的"感觉"。

当然，你也可以有你的感觉，**但没有必要的是去用你的"感觉"——"这部片子我不喜欢"去描述成"事实"——"这部片子真难看"。更要不得的是，用你的"感觉"来凌驾于我的"感觉"，从而试图用这种方式来改变我的"感觉"……**

我们可以来整理一下。客观存在的、我们无法去改变的叫做"事实"。比如：韩国电影《寄生虫》拿了新一届奥斯卡最佳影片奖。

而根据人的喜好、习性、身份等可以产生改变的叫做"感觉"。比如：《寄生虫》这部电影是本年度最好的电影。

那为何会有分歧的存在呢？是因为人奇怪就奇怪于，很多时候我们会习惯地把别人的感觉当作是事实。当你说《寄生虫》这部电影是你看过的最好的电影的时候，但凡我不喜欢，我就会觉得你说的都是错的。在我看来，这部电影有哪些不足的地方，怎么能说是最好的电影呢？

所以我们在阐述自己感觉的时候，不要把感觉当作事实来讲，会更容易让人接受。

同样的一句话如果改成：《寄生虫》这部电影是今年我最喜欢的电影。稍微改变一下，感觉的部分被凸显，从而也就不会有这么多的歧义了。

（三）

但在人和人的沟通情景中，在“事实”和“感觉”之间还是要尽量以阐述“事实”为主，才更容易避免矛盾。我们把它叫做“沟通品质之信息优化”。

在信息优化的过程中，我们要遵循的一个原则就是：**尽量阐述事实**，不要**过多阐释态度和感觉**。

回到小L的故事中，同学们之所以会对她产生这么大的意见，不是因为她尽心尽责管理中队的事情本身，而是在管理的过程中，她所阐述的话语统统都是在把自己的感觉当作事实在讲。

“你不要总是破坏自修纪律好不好？”

在小L的表述中，仿佛面前的这名同学就是一个总是喜欢破坏自修纪律的人，对方当然会反抗。什么叫“总是”？我也有乖的时候。什么叫“破坏纪律”？你怎么知道我在做些什么？怎么就成破坏了？一系列的不满油然而生。

如果我们可以把表述换成：“这位同学，老师刚说自修时不管什么情况都不能发出声响，但从上课到现在，你已经和你的同桌说了3次话了，而你的同桌并没有回应你，老师来之前希望不要再有了哦。”

在这样的表述中，我们把所有的感觉都换成了事实，里面的每一个字那位同学都无从反驳，因为这就是客观发生过的事。而在整个表述间，我们不掺杂任何主观的感觉，信息得以充分优化，对方的情绪得以控制，产生的问题也可以尽快得到解决。

“眼保健操又不好好做，中队的行规评比都是你拖的后腿。”

在小L的表述中，仿佛面前这位同学又成为了一个专门拖中队后腿的人，仿佛中队的行规出现问题全部都是他的责任，那会引起同学的反感和辩驳就又是不可避免的了。

我们尝试这么说：“现在门口的检查老师正在巡查眼保健操的情况，你已经睁眼2次，说话2次了，要知道经过了解，上周我们中队眼保健操的扣分就是因为你的睁眼和讲话导致的，我们可不想因为同样的事再被扣一次分吧？”

同样的，把所有的感觉替换成事实，在不激起对方情绪的基础上堵上所有对方辩驳的空间。

“这张试卷要交的，你们还在玩，怎么能这么不自觉啊！”

在刚才的事例中，还有一句小L提供的对话，看到这儿的你或许可以试试怎么利用阐述事实而不是感觉的方式，让信息进一步的优化，从而避免矛盾呢？

（四）

这样的观念不仅仅可以运用在队长管理中队事务中，在日常生活中，我们也经常能够用到信息优化的方法来帮助我们更好地处理问题。

2019年的无锡马拉松前，我在NIKE官网买了一双当时的顶级跑鞋——4%。在跑圈里，穿上这双跑鞋意味着你的成绩在短时间内就会有一个质的飞跃。所以，当这双跑鞋以极少数量出现在官网里的时候，虽然售价高达近2000元，我也是毫不犹豫地将其买下，来达成我下场比赛能够PB（个人最好成绩）的目标。

拿到这双鞋后自然是兴奋不已，过了几天就穿上它在学校操场进行了一次速度训练，也是买了新鞋之后，我们跑圈俗称的“开光跑”——为新鞋出征的一种仪式。在那次限时一小时的速度跑中，穿上新鞋的我跑出了有史以来最多的公里数——这的确是双传说中的好鞋。

但当脱下它的时候我惊呆了，新鞋右脚脚底的外侧被整整磨掉了一大片，内侧的橡胶材料就这么突兀地暴露在外。这仅仅是跑了一小时后，那双传说中的鞋子就已然成为了这么一副“战损”的模样。

在了解了各项信息之后，我决定在官方渠道进行维权。

我有一个做客服的同学告诉我，他们这一行最怕的就是接到这种投诉和维权的电话，倒不是处理起来麻烦，而是他们始终搞不明白这些人打电话过来的目的，究竟是要解决问题还是要发泄情绪。

在他们接到的投诉和维权的大量电话中，总会有那么一些人拿起电话就用最激烈的语言去发泄自己对此项产品或服务的不满，以及对负责此项产品和服务的公司的不满。注意了，如果我们把思维停留在去抱怨不满的层面下，我们所表述的话语是不是全部都是我的“感觉”？你会用尽你的词汇来表示“你感觉很差”、“你感觉很糟”、“你感觉很不负责”、“你感觉很不舒服”……而这样的描述对于当下问题的解决没有任何积极正向的作用。

我们试着用信息优化，阐述事实的方式来解决这一次的维权。

在和 NIKE 官网的沟通中，我在需要提供的说明文档中是这么说的：

尊敬的 NIKE 公司：

我是一位跑龄 7 年的马拉松运动爱好者，也是您公司产品的忠实拥趸。在之前的 7 年里，就跑鞋的范畴，我在您这儿就购买了 6 双，每一双的平均跑量都在 300 公里以上，迄今为止，除了 3 双自然“退役”之外，另外 3 双也没有任何实质问题。

上周，我在官方网站购买的名叫 4%的跑鞋，售价 1899 元，于 2 月 20 日购买，2 月 24 号收货，3 月 3 日第一次用它试跑，地点是学校操场，材质为塑胶跑道。从手表的数据中来看，耗时 60 分钟，完成 13 公里，平均配速为 4 分 36 秒。整个过程中，道路平稳且没有出现任何磕碰。

跑完后，右脚外侧的防磨垫被摩擦殆尽，内测的海绵外露（各项数据和鞋子的图片附在文件下方）。

试穿一次就磨损成如图这样，在贵品牌之前各类型的跑鞋中都未曾有过类似情况，特此向贵公司申请退货退款。之前不曾了解贵公司在遇到这类问题时的处理方法，如果产品本身存在的质量问题可按照公司原有的处理方式进行。产品在检测完毕后，希望能得到您方一个合理妥善的答复。谢谢。

在整个交流的过程中，虽然内心不很平静，毕竟这么贵的跑鞋出现这么大的问题，又临近比赛，难免显得有些失落和遗憾。但在沟通的过程中，我刻意隐去了所有主观感觉的成分，通篇描述事实，抱着解决问题的心态让对方核实并处理。

果然，在寄出邮件的一周后，NIKE 公司就完成了产品的检测和退款流程，一切都很顺利。当然我并不是说这个顺利仅仅是因为我的表述，但如果我们学会用阐述事实的方法来解决生活中的纠纷的话，效率，或许会高得多。

（五）

在信息优化的概念里说：概念从来都不会给自己机会表明它的意思，只有人能够给自己以及对方以机会，来表明他们想要说的一些语词到底是何种意思。

如果你始终停留在态度中，我们就不得不进来，态度与态度之间并不友善的对抗。但如果你能够借助刚才的诠释，还原到事实当中，认清事实的真相，把握事实的本质，我们就能就事论事地来做讨论，从而实现沟通品质的信息优化。

前不久第六季的“奇葩说”里有个辩题叫做“对事不对人，OK 吗?”，正方的观点有很多归根结底就是信息优化的过程。只停留在事情本身，对“事实”进行表述，这不仅仅是个观念，它更需要我们在平时的生活中不断地去给自己的大脑输送这样的信息，让自己在表达的过程中更为优化，这，更多的是练习的结果。

在节目中，正方导师罗振宇老师最后说：“以前碰到总是迟到的同事，我也是一脸不悦地指责他：你怎么又迟到了？而现在我会说：这个月你已经迟到三次了，来，吃完饭我们来谈谈，该怎么办?”

最后，愿我们每个人都能在沟通中规避掉不必要的情绪，分清“事实”和“感觉”，寻求最优化的方式来传递信息。只有这样，人与人之间的交流才能更为纯净和高效。

分享阅读：

《非暴力沟通》	马歇尔	华夏出版社
《好好说话》	马东出品	中信出版社

做情绪的主人

在我们向别人表达自己看法的过程中，有些方法固然重要，之前两章我们着重于怎么利用冲突外化——把人拉过来，把问题列出去，让你我双方站在一边处理问题。还分析了如何将我们的信息进一步的优化，区分事实和感觉，在阐述问题的过程中，尽量以表述事实为主。

但在日常生活中，我们会发现，当真的碰到具体问题的时候，即使我们脑海中有这么一些既定观念的存在，也很难第一时间加以运用，在调动这些观念前，有一只巨大的“拦路虎”妨碍和影响着我们去做最优化的处理，那就是“情绪”。

拿之前在冲突外化里的例子来说：

妻子向很晚回家丈夫抱怨：“你每天这么晚回家，家务都是我来做，孩子也是我来管，作为一个男人你怎么对家里这么不负责？”

虽然我们知道了在这个当口应该学会用冲突外化的方法来解决问题，但在丈夫劳累了一整天，拖着身子回到家的那一刹那，第一时间听到的却是妻子的指责后，那出现这样子的反应也是很正常的：

“我怎么不负责了，每天在外工作赚钱不就是为了这个家吗？你怎么是一个这么不体谅人的女人！”

再拿之前在信息优化里的例子来说：

当我们在网上购物后，遇到极为不顺心的购物体验，花了大价钱却没有得到基本回馈反而正在承受损失之后，我们虽然知道要学会用信息优化的方式去阐述问题。可也总是难以避免在第一时间面对客服的时候，一股脑地想宣泄自己极为不悦的情绪。

所以那些客服们收到的类似“你们怎么是这么不靠谱的店家”、“你们卖东西还有没有一点操守”、“我要给你们差评”之类的话也就不足为奇了。

所以不管是怎样的方法论，在实行之前我们都要解决一个必要的问题，就是如何去调控当下的情绪，不然无论学会怎样的方法，都会在需要使用它的当下，被情绪所控，从而失去解决问题的主动权。

在复旦大学熊浩老师的谈判课里，我们从最根本的机理来谈到情绪管理的部分。说人的大脑分为三个部分，外脑层、中脑层以及大脑根部。

外脑层负责理性和计算；中脑层负责情绪和反应；大脑根部则是条件反射。

这些部分机理并不相同，因为随着人类文明进步的过程，进化速度也有所不同。三个部分中，外脑层的部分进化较晚。

条件反射之后，人类最早拥有的是情绪，其次才拥有理性。而中脑层又对情绪有着极为迅速的反应。

所以我们发现，当生活中有一件事情足以高度刺激我们的时候，情绪是最先奔涌而来的。

无论是当我们得知中了大奖，奔涌而来的情绪叫做兴奋。

还是我们遇到不公平的待遇，随之而来的情绪是为愤怒。

亦或者我们遭受打击或挫折，油然而生的情绪乃是难过。

这些情绪有一个共同点，就是它们会在事情发生的那一刹那，第一时间赶赴现场，而且以最快的速度达到高潮。

而外脑层所掌管的理性则没有那么快，我们时常会说：等事后冷静下来……是的，那所谓的“冷静下来”指的就是理性到达后的情形。

而情绪到达极致和理性到达极致之间也不会有“事后”这么长的区间，它们之间所存在的时间差一般是 12 到 15 秒左右。如果快失控了，最好的情绪控制的方法就是赶紧停下来——等,等理性的能力追赶上感性的爆发,争取 15 秒左右的净时间。

所以在课程中提到,人们为什么会吵架?

当你在情绪到达极致的状况下和客服宣泄了不满,而如果这时候停下来争取 15 秒左右的时间,你就会反省自己之前的反应,并在懂得了一些表达技巧后,用最合理的方式去解决问题。

但遗憾的是,生活中有很多的情况,对方不会给你这段停顿时间。当你去和客服宣泄不满后,如果客服也没有控制好自己的情绪,一句生硬的回应则又会把你激到另一个情绪的高峰。你再一次的宣泄也将他的情绪引向另一个极致,然后循环往复。你们在对峙中把理性衡量的部分全部挤干,你一句我一句的,中间不容得任何的停顿和思考,相互激化导致矛盾升级。

所以我们才会理解,大多数的吵架究竟是怎么吵起来的,而且为何会越吵越凶。

我们也就能理解,当吵架吵到一半,突然在某个当口得以停止后,吵架的气氛会消减很多又是因为什么。

这全部都来源于我们的大脑对于情绪和理性的处理时间不一样。

在日常沟通的过程中,如果你懂得情绪管理,**不是说要刻意去压制自己情绪的爆发,而是要用最快的速度判断自己当下的情绪,然后停下来,慢下来,让理性的力量赶上来**。

前阵子网络上有这么一个视频主题让人啼笑皆非:

视频中的爸爸拿着棍子,做着作业的孩子带着头盔,爸爸歇斯底里地咆哮着孩子为什么连这么简单的题都不会,并用吼叫的方式教导着孩子做题。而那可怜的孩子则坐在那里瑟瑟发抖,失去了任何的反应,从而激发起父亲更大的火气。循环往复,却起不到任何实质的作用。

而在我们生活中也经常可以碰到这样的情况:

家长在辅导孩子做作业的时候,因为一道你认为很简单的题孩子没有回答上来,一股怒火油然而生,朝着孩子歇斯底里地训斥和责骂。

在我家书房的正下方，就有着这么一个家庭，每晚爸爸和妈妈都会用吼叫的方式教导他们家那位只有二年级的儿子做作业。每当我听到楼下传来这等连珠炮似“轰炸”的时候，就只能无奈地关上窗，并且对那个男孩表示无比的同情。

聪明的家长要意识到，当你的情绪到达了如此顶峰的时候，虽然你的口中还是在讲题，但不管你讲题的水平多么高超，逻辑多么严谨，方法多么正确，在这个情境下，面前的孩子虽然面对着作业和习题，内心的OS却是：

怎么又生气了？妈妈好可怕！能不能不打我……

没错，孩子的大脑开始停顿，思维开始僵滞，虽然你看着他仍然端坐着，正在面对作业，但是大脑早已关闭开关，不再思考。

所以即使你认为再简单的问题，他在那个当下也回答不上来，不是因为家长口中的“我怎么生了你这么个笨儿子！”、“怎么这么简单的步骤你都听不懂？”而是你的情绪早已让他关闭了思考的开关。

于是，你又一次的怒火中烧……

而在这个过程中，但凡你有那么一瞬间意识到自己应该停下来，放下手中的戒尺，到客厅喝一杯水，缓一口气，几分钟后再进去。在处理好自己的情绪后，心平气和的，从头开始和他讲做题的方法，才能把他拉回思考的轨道。

所有的懂得沟通的人都要明白：力量分很多种，心平气和的那种，最坚定。

孔子曰：“侍于君子有三愆：言未及之而言谓之躁，言及之而不言谓之隐，未见颜色而言谓之瞽。”（《论语·季氏》）

意思是说我们要注意三种过失：不到该说的时候就说叫作急躁，到了该说的时候不说叫作隐瞒，没有看到脸色就说，那就是眼瞎。

所以在儒家的教导里，告诉我们无论是说话还是行事，在坦诚的基础上，要谨慎，要有适当的判断，注意当下的得体，以及自我修养的体现。

正因为这样，在谈话过程中，如果对方说：“先等等，我们要不休息一下。”或者说：“停，让我出去透口气。”你要明白这不是在逃避，他是一个懂得管理情绪的人。他在他即将情绪奔涌的当口，选择停下，从而能够更有效地进行你们这次的谈话。

而作为老师的我们，这个观念就更为重要。在老师的工作中，我们时常是发起对话的主导者，不管是面对学生还是面对家长，我们都要懂得在对话中停顿。当你感觉控制不住自己的情绪时，教室外的走廊是最好的深呼吸的场所，深呼一口气再进教室，你就会庆幸，还好刚刚的那句话没有说，还好刚刚的那个动作没有做……我们有更合理的方法来解决问题。

要记得，时间才是情绪最大的克星。
而情绪，则是解决问题最大的根本。

表达学院的神奇之旅

表达学院的神奇之旅

如果说要我选出现阶段人生中，对我自己而言最重要也是最值得的一笔消费或投资的话，那么在 2019 年 8 月去往表达学院北京站的培训，应该就是唯一的答案。

从当年 4 月份开始就关注到这个学院的招生，当时急于在表达上有所精进的我详细地阅读了他们所有的课程体系资料，但最终，为两大困难所止步：1. 6 月份临近学期结束，难以有请假的时间。2. 高达 20000 元的学费。

当困难摆在眼前的时候，我开始有所怀疑，究竟是一种怎样的能量能让一群人挤出一周的时间，从各自的单位请假，花上一笔不菲的费用，去进行一次封闭式的培训。

而当 6 月第一期深圳营结束过后，微博和公众号上推出了各种学员的感想和反馈，那种“悠然心会，妙处难与君说”的感觉着实让我有些心动。8 月的北京是第二站，而正值暑假的我难得可以节约下来不小的时间成本，而 20000 的学费，如果真的能够换取应有的收获，这何尝不是一笔划算的投资？

米未的创始人马东在微博上对于表达学院的介绍则说道：“这是个很贵的课程，但我知道，没有一样便宜的东西可以真正满足得了你。”

多么好的一句营销口号，却实实在在地打进了我的内心。对于表达这件事，做了这么多年的自我积淀和训练，也该是时候通过系统的课程和练习来加以拔擢了。

就这样，我飞往北京，踏上了这次令人难忘的表达之旅。

（一）最充实的课程

5 天 6 夜的封闭式培训，刨去训练和比赛，光课程就占了整整 24 小时。故事力、叙事力、规划力、逻辑力、创造力、精准力、幽默力、洞察力和思维力。满满的课程安排让这个培训看上去充满干货。

而课程的主讲人黄执中是一个神奇的人物，我从十几年前就开始关注到他的辩论，当时他那种作为四辩起身结辩后就能够瞬间扭转场上局势的震撼，让我至今都印象深刻。最近的这些年，他逐渐在大众面前活跃起来，大型网综《奇葩说》的录制让很多人都感受到了他的语言魅力。

作为黄执中的崇拜者，听他的课就会显得特别全神贯注。当时在学院的培训中，被不同的训练和比赛折腾得每晚只能睡三小时的我，每天课程的收听率仍然保持在一个很高的水准。满满当当的笔记，以及和身边小伙伴们不断地探讨和研究，让每天上、下午各三小时的课能够得到充分的消化和吸收。

从我身上我可以得到两条可以高效听课的“真理”：

1. 高投入得到的机会，才会让你觉得更有价值，从而提升你的吸收效率。

我可以想象，如果这样高强度的课程，在我的睡眠不得已只能有三小时的

这是一张昨晚只睡了3小时，却仍然保持专注的脸

情况下，居然还是免费的，或者随处可以得到的话，我想我应该是敌不住困意的阵阵侵扰的。人就是这么一个奇怪的物种，但凡你得知这个事物是来之不易的，是你高投入换得的，你就会格外珍惜，你就会处处留心。

当然我并不是说我们都要去听那些高价值的课程才能保证效果，而是如果我们可以让自己所要表达的信息变得“有价值”、“不易得来”的话，那么听我们说话的那些人，也就势必会更为认真和专注，从而提高我们表达的效果。

就好比我前几年在我校教育集团执教的中国历史共享课，因为课程的限制，这并不是人人可以来上的，作为静安区的共享课，集团中每所学校五年级的各班都只有少数的名额，每个班都会在班内先进行一轮筛选，无论是通过历史底子的考验，还是通过家长群的报名手速，每个来上课的同学都会知道，这个名额是来之不易的，所以每周的那一节历史课对于他们来说就是相对“高价值”的。

而正是因为这样，我在集团中的历史课堂总是有着很好的效果，底下的学生个个认真专注，所以我也就讲得乐在其中。这不仅仅是我有幸找到了一批很好的学生，这只是他们在“高价值”中自然会有的效率。

我可以想象如果我这个课程是面向所有人的，没有任何门槛设置的，就像我们基础教育的其他课程一样，完全公开和免费，虽然仍然会有那些认真的学生，但整体的课堂效果，大家也可想而知。

而在表达学院里，课的“高代价”，并不仅仅是因为那两万元，而是面对黄执中这样的导师，他能将他这些年里对于表达的研究倾囊相授，这是他在过往时间的淬炼中沉淀出来的那些最想跟人们分享的心得。它们有些不一定花费了太多的金钱，但却凝固了时间的分量。

我们所听到的内容，它曾经支付过代价，而这种代价会让我觉得，它的内容更有价值。因此呢，我们也更珍惜，并专注聆听。

2. 跟对“人”比跟对“课”更重要

在表达学院里的课分为必修课和选修课，黄执中老师的必修课结束后，在晚上的课程中，我们还会对其他老师的课进行选修学习。

而相对于必修课的内容，选修课的听课效率不可谓是不高，但对于我个人而言，总是感觉少了些什么。当然我并不是说老师们讲得不好，那些在他们专业领域的知识提炼和讲述足以有着他们专属的魅力。但或许有些可惜的是，不是所有的课都和你有着足够的缘分。当我们在日常的学习中，面对纷繁复杂的课程不知该如何进行选择的时候，或许，跟对“人”，比跟对“课”更重要。

这个碎片化的时代可谓是“乱花渐欲迷人眼”，那种信息的纷繁和多元，在做选择的时候的确会乱了方向，做不出最好的判断。

而能帮你做出高效选择的，永远不是去盲目地跟随那些醒目的、亮眼的、被很好包装过的标题，而是跟对那个你真正能与其产生共鸣、能够给你指导价值的人。

我们在大学学习或者在社会打拼的时候，有没有过这样的体验：某一个导师在某个领域对于我有很大的指导价值，我能够从他身上领略到很多想不到的观点和思想，学到很多想学的知识和技能，他在这个领域所积累下来的那些价值正是我所倾向的方向。那么不要犹豫，跟着他，认准他——那个他，是能够给予你明确方向的人。

而对于我来说，黄执中就是这么一个可以跟着的人，从十几年前他独具一格的辩论；到之后他在《我是演说家》和《奇葩说》中的表现；直到现在他的表达课和之后所推出的说服课，都是他在这些年中的积累。而在知识技能上的共鸣是一种可遇不可求的缘分，他“帮”你积累了这么多年，而你，就要虚心地跟着他，去汲取那些可以吸纳的“养分”。

所以，跟对人，就是跟对方向，他可以让你的听课保持高效。

而在黄执中老师的课堂上所教授的，不仅仅是学会怎么“说”，更重要的是要学会怎么“想”，成为一个优秀的表达者，第一件事就是用更有效的方式，去重构你的想法。

而这 5 天 6 夜的课程，并不是单一地去教你如何做一次很好的表达，更有价值的则在于，在课程中，我们由内而外地淬炼，用最短的时间，为自己的表达，永久赋能，形成一种可长久持续且精进的体系。

（二）最变态的训练

表达学院之所以被认为是一个“魔鬼学院”，是因为在 5 天 6 夜的时间里，不仅仅有高密度的课程，更有着极为残酷的训练和比赛，让你和你所学的知识在第一时间就产生碰撞，从而找出缺漏和不足。

我们 160 名学员被分成 3 个班，每个班又分成 6 个组，每个组有 8 个人，我们必须在四场辩论赛和两场专项思维赛后，取得班内甚至院内的首名，才能有机会站上决赛的舞台，在黄执中的带领下去打一场决赛辩论。

和少爷一起备赛

每一个喜欢辩论的人几乎都梦想过有一天能和执中一起站在辩论台上，无论是以怎样的身份，这都是一种“圆满”。我们组就冲着这份“圆满”，开始了搏命之旅。

在课程的大密度下，每天训练和备赛的时间就显得尤为紧张。在那 5 天 6 夜里，我们除了每晚仅剩 3 小时的睡眠是在自己的房间以外，其余所有的时间都和教练及队友们在一起。下课后的论点讨论、用餐时的思维碰撞、晚饭后的模辩演习…… 我们把能用的时间统统用上，我们坚信“临事而惧，好谋而成”——“充分准备”永远都是取胜的前提。

而学院比赛的辩题非常生活化，在我打的两次辩论中，辩题分别是“该不该看伴侣手机?”和“明知一段没有结果的恋情，要不要坚持?”

辩论这个活动有趣就有趣在，我们的持方完全不由我们自己做主，选择哪方都是抽签中命运的安排。一直秉持不该看伴侣手机的我抽到的是“该”，始终觉得只要是相爱，过程比结果更重要，却反而抽到了“不要坚持”。

在教练和组内学姐的引导下，我摒弃了之前固有的想法，不得不站到原有立场的对立面，去找到那个我原本不认同的观点它所存在的合理性，以及竭尽全力地为其辩护。

担任决赛三辩

亲密关系的建立中，安全感的给予尤为重要，你要让对方感受到安全，“喂饱”了他(她),他(她)才不会时时向你索取。而成年人最成熟的逻辑就是在遇到问题的时候,将解决的成本降到最低,不看手机之后的“成本”太不可控,反而给看,才能最快地解决问题……

明知没有结果的恋情,必然不会用尽全力,这是对于对方的亏欠。而正方所谓那些回忆的保留,是因为你们根本不知道失恋的痛苦究竟是为了什么。那些两个人的回忆只有在能和对方分享的前提下,才能称之为美好的回忆。而那份没有回响的“回忆”只能是一个人的悲鸣。失去一个人之所以会痛苦,就是因为那些充满甜蜜的回忆在你想要和人分享的时候,那个人却不在了,所以才会痛彻心扉……

这是两段在当时立场下我所能想到的论点概述,在那个高压环境下,我们队内的每个人都在竭尽全力,各个辩位充分配合,两组人马分别演练,最终,不可思议地以四战全胜加上两次思维赛第一的成绩,以 18 个小组的头名出线。我们小组的每个人都兴奋得大声欢呼,所有人在开营前都不敢想象,我们能在这 160 人里一直赢到决赛,并和执中一起登上决赛的主舞台。兴奋的不是赢,兴奋的是在这群最能说话的强者里,凭着自己的努力一直赢。

全场第一的优势在于,我们可以由黄执中老师带队,并能优先选择决赛辩题的持方。但从名次揭晓到决赛之间,我们也仅仅只有三个小时的时间去准备一道完全陌生的辩题。

当看到执中进入到我们 8 个人的小房间的时候,每个人都是兴奋的,和他单独讨论准备的三小时,也是我在学院里最难得的三小时。

决赛辩题是“伴侣在大城市找到一份更好的工作,你要不要放下满意的工作和他(她)一起去打拼?”

没错,这是《奇葩说》第六季里,詹青云和黄执中他们打过的那道辩题,只不过我们比他们早打了三个月。

执中老师和我们的培训是开放式的,他一个又一个论点的提出让我们每个人都在当下觉得惊叹。而随着时间越来越少,我们的情绪也越来越复杂,理智上着急于时间的紧迫——每个人的稿子在当下都还一笔未动,却在情感上又完全不希望执中停下来的矛盾心理。

表达学院第二期总决赛

最终的决赛,我们很可惜的还是输了,小队里的每个人都是一本正经的论点和讲述方式,在那个大舞台上似乎撼动不了对方满满的综艺感。

黄执中安慰我们说:“没关系,对方出其不意的‘笑果’的确在意料之外,但是我们已经把想说的观点说得很清楚了。而辩论最有趣也是最有价值的地方,不就是能在台上听到对方讲出一些自己从未预设到的论点吗?”

是的,这样的结果不会感到遗憾,尤其是在三个月后詹青云站在和我们一样的立场上说出那段:“为什么我要在最好的年纪离开你?这世界上究竟有什么东西是我们放不下的?这世界上究竟又有哪条路这么难走,要让我们把所有的青春——那个属于我的秋天都错过呢?我知道放下一切很难,但我知道这个世界上没有什么是不可以通过个人努力和奋斗去得到的,除了那个人,除了你……”

我才知道,原来,当你真正投入地去想一件事的时候,但凡你听到那个没有预设到的角度和深度,会多么令人兴奋和感动……

决赛虽然输了,但我们在这个过程中,却赢得了许许多多更有价值的东西。

比赛的舞台是最好的锻炼

（三）最温暖的伙伴

我们的小组共有 8 名成员，带领我们的还有一名教练和一位学姐。

表达学院之所以神奇，更是因为我有幸结实了这么一群有着共同气场和目标的伙伴，在这 5 天 6 夜里的共同奋斗，是难得的最好回忆。

我们的队名叫做“十全七美”队，队里的十位都是在自己的领域足够全面的人，而七个女生则更是人人慧美。

十全七美收官合影

教练力维是一个很年轻的小伙子，平时非常随和，但每当谈到辩论的时候，却又是如此专注。而2019年的新国辩中，力维作为北师大的四辩在台上所展现的那种霸气又是独具风格。

在他的带领下，我们队每时每刻都有着明确的方向，教练把训练的内容和课程体系里所关照的能力一一对应，总是能用最好的方式让我们对学习的内容进行复盘和巩固。

学姐雅君是我们队的灵魂，和其他学姐不一样，雅君对于辩论有着自己独特的见解和感受，在我们备赛的过程中，时常是我们最为依仗的人。而对于我们的生活，学姐的关照也是无微不至的，大到这几天的安排通告，小到每天的饮食和补给，学姐都能做好最棒的辅助。

而雅君自己的公众号——“雅君的好用分享”，以及她在喜马拉雅上的访谈节目——“雅君FM”中，都能感受到她独有的魅力。

李杨是一位很内敛的男士，而他所从事的职业领域和他的性格也是完美匹配，在第一天的自我介绍中他说：“要问我是干什么的，我能这么回答你：如果你家有普洱茶，只要给我闻一下，我就可以确切地告诉你这茶有没有收藏价值。”

是的，术业有专攻，李杨在云南昆明有着自己的茶学工作室，尤其是普洱茶的研究更是他精进的领域。

去年去往大理游辩时曾拜访李杨开设的“六尘普洱课堂”，喝了他几万一公斤的“老班章”对于我来说简直是暴殄天物，但却很有幸一对一地聆听了一堂普洱品鉴课。好的普洱，入口时的那种回甘、生津和清凉感，以及入喉时“水路”的宽度……被一点即通的感觉着实让我领略到大师的风采，也感受到，对一样事物热爱到一定程度，原来是这么有魅力的存在。

而当时在团队中作为四辩的他，在场上也出奇沉稳和冷静，是我们始终能够获胜的关键人物。

在故事力的那天晚上，燕子说到自己从事的领域的时候，曾骄傲地说到她正在做的这件事情，相信在几年后，我们都能看到她的成果。而当我们追问是什么的时候,燕子却始终保留自信且神秘的微笑,这也是我在这几年里,挺期盼的一件事。

王扬是一名高材生,在北京是一名著名的保险经纪人,年纪比我还小的她已经是两个孩子的妈妈,也是我们当中唯一一位人生“圆满”的人。在很多生活化的议题上,王扬总有着自己的见解,的确,拥有过丰富生活的人,才会产生生活的智慧。

而在第三天的傍晚,当自己的孩子生病,王扬不得不驱车回家照顾的情况下,她仍然在当晚深夜再次返回和我们一起磨稿,这样的精神力量激励着我们:即使困难重重,也不要有着丝毫放松的念头。

晶晶和我一样是上海来的,是团队中必不可少的开心果。比我们都略大一些的她总能掌握着当下氛围的种种微妙,从而第一时间出面平衡。和她在在一起,显得尤为轻松和自在。

和樾楠的缘分来自于,我们都是马拉松的爱好者,但让我羡慕的是,在机关里做着本职工作的她,居然有一家自己的咖啡店。更有缘的是,那家咖啡店的名字叫做“树旁”,这样的名字让我始终对那个地方心生向往。

和大多数人的刻板印象不同,来自于东北的她丝毫没有我们想象中的豪迈,文弱而优雅的气质中显露出的是那种极为知性的美感。

Summer 是我们之中最小的一位,97 年出生,年仅 22 岁,和我第一届学生一般大。用李杨的话来说就是:“看看人家的 22 岁,再想想我们的 22 岁到底在干嘛?!”

Summer 虽然生在北京,但由于在上海实习过,对上海有着别样的情怀,总觉得静安区要比西城区好,淮海路也比王府井来得更有格调。而这样的相似性让我对于这个小女生有着天然的好感。

令人羡慕的是,在 22 岁的年纪来到北京米未工作的她,在工作伊始就有这样的机会可以来到表达学院学习,是一个很好的起点,而这样的宝藏女孩,在未来定能散发出璀璨的光芒。

小鹿是个极具个性的女生，在辩论的训练中，她始终会站在一个坚定的立场上找出各种各样的论点去反驳那个她本不信的观点。这对于正在备赛的我们来说难能可贵，而对她而言，一个对自己信念有着足够坚持的人，更是难得。

就是这么一群来自天南地北的朋友，组成了一支临时的队伍，却能在各自的气场和能量下发挥出最大的功效。这是一段别样的缘分，这更是一段温暖的回忆。

在北京站结束后的三个月后，我有幸成为了上海站表达学院的学长，在复听一遍课程后，弥补了自己上一次的缺漏；也在做学长的过程中，体会到了当时雅君学姐的不易和感动。

2020 年 5 月，疫情隔离在家的我参与了他们另外一个项目——思辨健身房，每天相应的课程加上每周特定的训练，这样有计划、有跟进、有复盘的刻意练习，让这一段大家都在赋闲的隔离时间成为了我个人最好的营养岁月。

游辩：一场老朋友的旅程

2020 年的 7 月，表达学院还组织了大理和丽江的游辩。在这个过程中认识到了太多有趣的朋友，这些来自天南海北的小伙伴个个都有着自己独特的魅力，在与他们的接触中，你会遇到各种有趣的灵魂，这也是在学院里最宝贵的财富之一。

游辩的欢聚时刻

学院的课程和训练总有结束的一天，但在这期间培养出来的思维和能力却以它的形式保留了下来，所遇见的人也成为身边最好的伙伴。万物皆可表达，就像学院所说的，希望表达的魅力就像一颗美丽的种子，在我们的大脑中生根发芽，最终长成一朵朵令人惊艳的"奇葩"。

应对紧张，才能尽情发挥

我始终相信这么一句话：别人认识的从来都不是真正的你，而是你表达出来的你自己。仔细想想这句话，你是一个怎样的人，别人是通过什么来进行判断的，很大程度上，你的表达起到了决定性的作用。就好比你在公司里设计出一个很好的方案，你也是一个有自己独特想法的人，但当需要你把这样的方案很好地展示出来，把自己的想法完整地表述给别人听的时候，你却没有办法做得很好。那在别人看来，你的优秀，是无法被感受到的，没有办法被感受到，它就很难显性存在。

是的，这很可惜。表达这件事，对于现在的大多数人来说，都是相对排斥和恐惧的。就像在我们学校里一样，你别说让孩子上台来讲个话，即使是让老师们上来发个言也不是一件很容易的事。大家都十分忌惮上台说话这件事。其实我很能理解，这有多方面的因素。但如果我要找一个绝大多数人都会有的痛点的话，那“紧张”，或许是一个最有共鸣的答案。

上台表达一直以来都被作为一件令大多数人都排斥的事情，一个最主要的原因就在于“不知如何面对和处理紧张的情绪”。殊不知，会紧张是一件再为正常不过的事儿了。

讲到公共表达，好多理论和课程都会援引一段上世纪八十年代在美国的一份社会调查——你最害怕的事是什么？而在那份调查中显示，当时的美国人最害怕的事情居然不是死亡，“死亡”在那份调查结果中只排在第二位，而排在第一位的事情叫做“当众讲话”。所以在那时的美国人看来，当众讲话是一件比死亡更让他们感到恐怖的事情。

而英国首相丘吉尔也有一段广为流传的名言：人生有三件事情最为困难：一是爬上一堵向你倾倒的墙；二是吻一个决心离开你的姑娘；三是当众讲话。

所以人们普遍认为，当众发表自己的看法，做一次完整的表达，自古以来都是一件令人畏惧的事情。

是的，所有上过台讲过话的人都能体会到这种恐惧感，尤其是第一次站上台时，你回忆一下当时的自己有着怎样的反应？可能绝大多数人都会说，我双腿会不停颤抖，我手掌会大量冒汗，并且我没有办法控制这些糟糕的反应。是的，这些表现的确会让人对公共表达这件事情感到害怕。

其实公共表达分很多种，它不一定是当众演讲，可能是竞选、可能是探讨、也可能是面试……公共表达实际上就是一对多地进行信息量吞吐和影响力辐射的情境。如果你在这件事上缺乏练习，没有经验，就一定会紧张和害怕。不用担心，这很正常。

我曾经听过复旦大学熊浩教授的一节课，在这节课里谈到紧张的时候，对于紧张的缘由他给出了很好的理论依据。

人们在做公共表达时，让你面对一群人在台上侃侃而谈，你最本能的反应就是手心出汗、心跳加速、双腿发抖。而这一切和人类的“进化心理学”有着密切的关系。

在远古时代，我们都是未开化的蛮荒人，如果有一个空旷的平台，让你一个人站在上面，下面全都站满了人，一双双闪着光亮的眼睛死死地注视着你，这意味着在台上的你马上就会有危险。

而面对危险的时候我们往往有两种本能的反应：反抗和逃跑。

而“手心出汗”就是你的机体通过这千百万年以来的进化告诉你，马上就会面临危险，你得做好准备。而在危险的情境下，那个时代的反抗方式就是握取石块，随时准备抵抗。而手心里分泌的汗液则起到了很好的防滑功能。

而当你的机体判断对抗可能会无效时，逃跑就是你的另一个选项。机体在判定是否有危险的时候，就会让你腿部的肌肉事先做好准备，随时都能拔腿就跑。而双腿发抖也就是在这个情况下做出的本能生理反应。

所以我们的古代记忆和生命进化的本能，让我们对于公共表达这件事情非常忌惮。

而在处理紧张这样的情绪之前，我们首先要做的，就是面对这样的紧张，正视这样的紧张，你要知道，这一点都不丢人，这就是一种几乎人人都会有的极为正常的生理现象。

那我们用怎样的方法去面对公共表达时的紧张呢？

（一）

《论语·述而》里有句话叫做子曰："暴虎冯河，死而不悔者，吾不与也。必也临事而惧，好谋而成者也。"

孔子在谈到做事的方式上表示，凭着一股蛮力冲动行事的人是不能共事的，而必须要"临事而惧，好谋而成"，意思是：遇到事情会畏惧，会谨慎，那就必须非常认真，做好充分的准备！

所以面对紧张的第一个方法叫做：充分准备。

现在的我已经做过大大小小很多场的演讲，有两三分钟的小演讲、有四十分钟的长演讲、更有长达两个半小时的脱稿讲座。

在台上，你们都能看到我风风光光地侃侃而谈，仿佛说话这件事情对于我来说犹如家常事一般简单。但你们看不到的是，无论是哪次演讲，只要是上台，在之前的准备工作中，我都会用极为认真的态度对待。

2018 年的年底我需要做一次上海市重点课题的结题汇报，以演讲的形式，把课题中所要阐述的观点和事例表达出来，整篇有着四十分钟的时长。

在提前两周定稿之后，这十四天里的每一天我都会进行顺稿的练习，每天从头到尾完整的两遍。而在之后的顺稿中，我还会录下每一段自己觉得有问题的文稿音频，反复聆听，寻找不自然的地方进行修正。

上台前的那一刻，我能够信心满满，气定神闲，是因为这份稿子已经被我顺过不下三十遍，我已然有着万全把握。

所以，遇到一件困难的事，自然会畏惧，自然会紧张，但首先要做到的就是：必须充分准备，不留任何隐患。

而准备的方式按我个人的经验，可以分为以下几种：

1. 不拿现成稿当最终稿，要有自我消化和提炼，按自己的语言习惯。

我们在准备公共表达的时候，总会有一个非常偷懒的行为，叫做“网上随便找一篇”。从时间上来说，这的确是方便了，但如果你要做一次很好的表达的话，网上找的文章是完全帮不到你的。

我们所听到的演讲，之所以能够打动我们，是因为讲述者能够从心底里去认同文章里要表达的思想，让里面的每个字都内化成自己的情感，从而转化为本身所熟悉的表达习惯，才能让你有所触动。

就好比你要讲述一个“勤奋才能成事儿”的观点，如果拿自己的故事来讲，无论是你经历的还是看到的，都会是你自己的感悟和理解，你自己认同后才能有办法让听的人感受得到。自我的消化和认同，是一篇讲稿能让人听得进的首要条件。

另外，每个人的语言习惯都不一样，无论是语句的组织，还是事例的运用，每个人也都有各自的喜好。不要强行地去适应他人的喜好，做尴尬的顺从，而要用自己习惯和舒适的表达来做输出，才更让人感到自然和亲切。

2. 不“背”稿，要“顺”稿，把文本分段，学会练习失误。

我也曾在演讲中出过洋相，记得那是一次临时的升旗仪式发言，给我的准备时间非常短，在上台照稿念和脱稿上台搏一把之间，我仍然选择了后者。我试着在短时间内记住稿子上每一段的文字，逐段能够背下来之后才稍感放心。

但在台上讲到一半的时候，我的脑海中突然一片空白，完全想不起来下面要讲些什么，我到现在还清楚地记得那时在台上的感觉，双腿发抖，全身冒汗，然后语无伦次，颠三倒四地把话讲完，灰溜溜地钻下台去。

有了这一次的经历让我得知，如果仅仅靠“背”稿是远远不够的，那逐字逐句地背诵但凡有一个地方出了问题，就会失了方寸，导致满盘皆输。

在之前的练习中，我反思到我们都犯了一个错误，我们总以为准备稿子就是在家里一遍一遍从头到尾地背诵。只要当中出现了问题，就会从头再来一遍，直到那一遍完全顺利为止。

你要意识到,这是一个很危险的做法。

因为这样的练习方式叫做“练习正确的版本”,每次一遇到问题就停下来重新开始,你在家里练的每一遍也都是全然正确的。而真正到了台上的时候,一旦犯错是没有可能让你再重新开始的,你就只有这一次机会,“背水一战”的机会。只许胜,不许败的局面,会让你感到无尽的压力,从而让紧张加倍。

所以我们要在日常的练习中,尝试练习失误。

所谓练习失误,指的是你不用每次都从头到底完全正确的背诵,在顺稿之前,你就要理清这篇稿子的大致结构和内容,在过程中如果出现卡顿,不要停下,逼迫着用自己的话语“顺”过去,可以不和原稿的内容一样,只要在你自己的语言中能够自然衔接就好。这就是灵活的“顺”稿,而不是死板的“背”稿。

另外,在做好顺境的练习后,还要预设各种可能会遇到的困难。我们当然希望自己演讲时的环境会是完美的,在任何方面都不会出问题,但这只是美好的设想。真实的情境中,你永远不知道当天会遇到哪些突发的问题,比如:话筒故障、有人打岔、临时中断等。如果你从未想过会有这样的状况发生,那么等真的遇到的时候就会手足无措,不知如何应对。所以,与其去赌一切顺利,不如想好各种可能的突发状况下自己的应对措施,在心态上适应,并做好各种“问题锦囊”。

这样一来,你上台前的心态就会好上很多,你不会再害怕失误,也不会害怕各种状况,而你不害怕的原因在于,你已经在练习的过程中失误了无数次,也知道发生类似的失误,应该用怎样的方式去补救。你非常心定的原因在于,无论在哪里出错,你总能把它顺利完成,这是练习的结果。

我曾经听到过一个让我印象深刻的演讲,一位演讲者讲述一个观点,分为一、二、三部分,当讲述第二个部分的时候,他突然停了下来说:“第二部分我们先放一放,我们先来谈第三部分。”等第三部分讲完后,他说:“现在回过头来讲讲第二部分,大家一定很奇怪我为何会把第二部分放在最后讲,那是因为……我刚刚忘了。”底下一片欢笑,这个临场的忘词就这样很幽默地圆回来了。

我相信像这样子的临场反应,更多的是来自于他有做好失误的准备,哪怕一整段都忘了,他都能顺得回来。而如果你在上台前也有着这样的把握,就是:无论我会犯什么错,我都能够解决,那心态上就会好上许多。

所以在准备的过程中,练习失误要比练习正确重要得多。它会让你在台上的时候“万事俱备”,更为轻松。

3. 以故事带大纲,故事是很好的记忆装置,也是一种强大的防中断装置。

在整个讲稿的设计中,我们尽量要以故事为主,然后附以观点进行表达。

我们从小都是爱听故事的孩子,而那些小时候听的故事里,好多仍然存留在我们的脑海中:白雪公主、灰姑娘、小红帽、国王的新衣、卖火柴的小女孩……

很奇妙的是,即使我让你现在来讲一段《小红帽》的故事,你也不会太过紧张,因为你的记忆会告诉你这个故事的脉络是什么。你讲到小红帽去看望她的外婆,就一定会提及路上遇到了大灰狼,一旦提到大灰狼,就会想到它装作小红帽的外婆,骗了小红帽的情节,然后猎人再出场把大灰狼杀了……

你会发现,即使你讲得不是很好,但是也不会把这些故事中的主要内容遗忘,你不会在半路上忘记了大灰狼的出场,也不会在最后忘了提及猎人的捕杀。

奇妙的是,你能这么顺利地讲完这个故事的原因,难道是因为你在日常生活中一直都在练习讲《小红帽》的故事吗?显然不是。黄执中老师在故事课上说,那是因为故事本身的逻辑性就让它有着一个天然的防中断的装置。

而在我们的表达里,如果以一个故事来作为大纲的话,它可以帮你很好地梳理出要讲的内容,更不容易遗忘。

而且听众们的注意力是有限的,一段段长篇大论的说辞如果把握不好,就很容易让听众走神。但故事确是一个很好地可以抓住听众注意力的东西。

设想一下,如果你是一个从来没有听过《小红帽》故事的孩子,在当别人说到,大灰狼扮成了外婆想要吃掉小红帽的部分之后,如果戛然而止,你是否会对之后的内容很感兴趣,并且迫不及待的想要知道呢?这就是故事的魅力。

当然,我不是说都让大家去讲小红帽的故事,在故事选择的过程中,更多的倾向于自己亲身经历的,或者有着自身感触的事,这样的故事你最有发言权，也最熟悉，它也会让你的讲演更具感染力。

以上是我总结出的三种如何充分准备的方法。运用合理的方法才能够让准备事半功倍。

（二）

除了充分准备之外，应对紧张更为重要的一点在于——尽快适应。

现在的我在各种场合做各类演讲，已经不太会有害怕和紧张的感觉，原因是我早已适应了这样的紧张。

对于一些人来说，最可悲的状况在于，你们人生中最重要的那次公共表达，居然是你第一次的公共表达。如果是这样的话，你会失败就是再正常不过的事了。

你从小就是一个害怕表达的人，你从来没有站在公众面前讲过话，你从来没有参加过任何大型的演讲、朗诵、辩论或发言的经历，你也从来没有过类似的有关于表达的练习。当你面对突然砸到头上的机会时，很遗憾，你是怎么都抓不住的。

现在我们学校的一些大队委员在这一方面已经有了显著的进步，他们在学校大队部的工作和学习中，无论是在学校还是社会，经历过太多这样的表达练习，也积累了许多成功的经验和失败的教训。而当前几个学期开始，无论是参加市区里各种推优的竞选，还是参加各类自己看重的比赛，能大概率的胜出也就不足为奇。他们早就做好这样的准备，以至于当机会砸向他们的时候，也能够牢牢抓住。

而也有那么一些同学，生活的阅历已经不得不逼迫着他们参加工作的面试，而他们往往是以失败告终。当他们一脸苦涩地过来寻求帮助的时候，我总是觉得很遗憾。你样样都好，能力和成绩都是如此出色，但你从来没有经历过表达的训练，也从来不给自己机会上台发言。而当你的人生中突然出现了一次重要的转折和机会，你需要完成一次重要面试的时候，当你面前坐满着面试官，要你做一次完整表述的时候——这个与你的命运息息相关的表达现场，你居然完全是第一次参与。你会紧张、你会不适、你会不知道怎么处理突发的状况……那你，当然得接受大概率会失败的可能。

我始终坚信一句话“别人认识的从来不是真正的你，他们只会认识那个你表达出来的你自己。”

公共表达是人生的必修课，但很可惜的是，在我们的传统教育中，这并不是一门被列入课程，被诸多人所重视的“课”。以至于现在二期课改后，口语表达已然被列入全国统一的语文课本，但就因为考试不考，很多老师对于这个版块的态度仍然是忽略，太多人觉得，它远远不及其他会出现在考试卷上的内容来得重要。

考试不考，所以你就不学，所以你就不练。不要上当，没有人知道属于你的机会何时会到来，自己去投注时间，自己去有意学习和刻意练习，以至于当你真正需要它的时候，它早已成为你的“武器”，让你不会和眼前的机会失之交臂。

公共表达的品质，很大程度上取决于它在你生命中使用的频率。第一次上台当然会紧张，当然会有概率坏事。但如果你已经数不清自己是第几次上台，就会感觉到当你站上台的那一刹那，心中是淡定和从容的，你不会慌张，也不会错乱，你会试着将“紧张”的情绪迅速转换，很快地进入状态，兴奋且顺利地完成这次表述。

而在生活中应该如何适应，我们或许可以依照以下两个办法来做：

1. 多场合、低成本的练习。

在遇到那些重要的机会前，我们必须给予自己多次机会去积累自己的经验值。就好比打游戏一样，我们在去面对大 BOSS 之前，需要在一些无关痛痒的地方去打打小怪，升升经验，积累了足够的经验值才能有底气去闯最后的关卡。而打小怪的成本比较低，哪怕失败了也无关紧要，不会给你太多的损失。

表达也是一样，生活中到处充满着这样的机会。

当上课老师提问的时候，大胆举手，不要畏缩在后。

当听一次报告或讲座后，主持人询问在场是否有人提问时，赶紧思考和提炼，不要始终沉默。

当你参与一次主题的交流会后，现场需要大家提出自己的感想和意见时，果断出击，不要被动等候。

……

这些都是在学习和生活中常见的场合，而且这样的场合即使讲得不好也没有太大的关系，完全可以把它作为自己经验的积累，为下次更系统的发言多做准备。

2. 把握每一次的机会，习惯脱稿。

记得很多年前在参加某次骨干培训的时候，一位老师做了一次很精彩的讲座，主题是如何培养“语商”。其中说到一个很重要的事情就是，但凡你想训练自己卓越的表达能力，那么从现在开始，上台说话就不要拿稿，一次都不要。

这是一个很严苛的要求，从我们日常的工作和学习中来看，大部分的人都会选择“念稿”。能理解的是这的确可以节约出很多准备的时间，一个有着正常表述能力的人，都能在短时间内把一篇稿子读熟。

但这样做却失去了表达中最有价值的部分，读稿的表达是束缚灵魂的，我始终这么认为。无论多出色的表达，只要你拿着稿子照着读，它就会变成一种呆板的输出模式，没有充分在脑中植根和内化过的故事和观点，就根本没有感染力。

所以我谨遵这位老师的指导，在那以后，只要是上台说话，我就逼着自己不拿稿子。为了让自己没有退路，我当时也逼迫着那些大队委员们和我一起，必须脱稿。因为作为老师而言，你要求学生必须要做到的，你又有什么理由不首先这么做呢？

一开始，这样的模式是痛苦的，我们没有太多的技巧和练习，只能通过时间的堆积和拼命的记忆才能顺利过关。而每一次也都会有把小卡片带上去以防万一的冲动，但最终还是忍住了。我相信有一大部分人都会有这样的选择——要不要带小卡片上台？但在这里，以我的经验告诉你：最好不要，一次都不要。理智告诉我，像小卡片这种类似“退路”的东西一旦带上台，你就一定会看，人一旦有了简便的“退路”，很快这条“退路”就会变为“主路”。

关于如何克服紧张，不要去相信那些所谓“不要看台下，把那些人都当作一个个大西瓜”这样的速效方法，“把底下人当作西瓜”真的是很多人，甚至是一些所谓教演讲或主持的老师都会向孩子们灌输的所谓的方法。管不管用我不知道，至少在我看来，看着台下一个个大西瓜动来动去也是蛮吓人的一件事情。

而这样的方法我极力反对的原因在于，这样一来，我们会打下一个很糟糕的认知胎记，就是上台是一件应付的事，赶紧讲完赶紧结束，我不需要关注底下人的感受，我只要管好自己能够顺利讲完就好。我想这完全违背了演讲的初衷。**我们要上台演讲，就是要把一些想讲的故事讲给人们听，把想要传达的观点掷地有声地表述出来。而在这个过程中我需要接受底下听众的反馈，需要他们给予的回应，而不是讲给一个个会动的西瓜听。**你要知道，失去了热情和表达欲的演讲，最为可怕和无用。

不要害怕和底下的观众对视，我给你一个小建议，放松心态，不要奢望一场演讲所有在场的人都有很认真地在听，但你总能发现几个非常认真听你说话并且频频点头和微笑的人，你就盯着他们看，这样的正向反馈会给台上的你带来更多的力量。

所以克服紧张这件事，没有特效药。

表达这件事，越怯弱就越要练习，只有多次练习，才能对紧张有所管控、洞悉、从而有效处置。

（三）

另外一个会让我们感到紧张的场合，叫做即兴演讲。

在某一节课、某一个会议或某一个论坛上，你突然被点名要上台做一个即兴的演讲，我想，这是每个人都有过的噩梦般的回忆。

那在即兴演讲上，我们又可以有着怎样的处置方式呢？

美国的第 37 任总统尼克松是一个即兴演讲的高手，当某一天别人问他即兴演讲的秘诀的时候，他说道：“即兴演讲的秘诀就是——永远不要‘即兴’

演讲。”

这个看似无厘头的回答，其实是最好的建议。是的，永远都不要做真正的即兴演讲，永远都做好准备。

我有过一个极为尴尬的经历，曾经在一个专业学术的论坛上，我作为参与校的老师坐在下面旁听，由于是半途加入并没有听完全程，也因为场合略显轻松也就没有太过在意，所以在论坛即将结束的过程中，我拿出手机，和与会的其他老师聊着散会后的安排。

而正当这个时候，主持人突然点到了我的名字，要我对刚刚的讨论做一个感想。这是一个非常突然的“袭击”，脑中没有任何酝酿过的我顿时乱了方寸。这种情况下，无论是谁，即便有着再好的表达功底，也无法在没有思考过的情况下瞬间组织出有价值且有条理的语言。当时的我就只能边讲别想，结果支离破碎，很是尴尬。

从这件事中我得出教训，永远都不要存有侥幸心理，不要在这样的场合赌运气。当你把所有的运气都放在“别人不会叫到你”的概率上，那我们就等同一只听天由命的“羔羊”，失去任何的反抗。只有相信自己，才能进退自由。

我们来到一个会场，第一件事情就要迅速做出判断，看看自己在今天的场合中发言的可能有多少。一旦有概率，即使再小，都要立即在心态上开始准备，在过程中提炼观点，理好脉络、清晰思路。一旦真的要你发言的时候，你就不会太过慌张，发言看似即兴，实际你早就已经做好准备。

除了在心态上的准备，内容上也要有所顾及。

即兴演讲就好比让你临时组装一个符合主题的机器人，在时间有限的情况下，怎么才能迅速把这个机器人组装起来？

如果你所有的零件都是散的，在时间非常有限的情况下，你必定就会手忙脚乱，失了方寸。

试想，当你在组装前就已经准备好了许多类型的头部、身体、手部和腿部，那么现场要做的工作，也就只是把这些部分按需求组装起来就好，时间和心态上就会大大放松。

那些机器人的部件就好比演讲时所要用到的故事和观点，你平时在阅读和学习中积累着的东西就是一个个零件，你在日常的练习和准备中就要把他们组装成各种部件，理好逻辑、编好故事、形成观点……而这些已经组装成的部件，就是在即兴演讲中用得到的部件，你只需要在事先准备好的这些材料中进行选择和勾搭，就能完成一篇契合主题的即兴演讲。

心态上做好准备，内容上也资源充足，各种场合的即兴演讲就都是一场有“预谋”的表演，讨巧的是，它看上去就像是没有任何准备一样，只有你知道，这局势，你早就已经运筹帷幄……

只有能应对紧张的人才能尽情发挥，没有人会知道那次对你来说最重要的机会会于何时何地，以怎样的方式到来。我们所要做的，就是在平日里做好充分的准备，学好应对的方法。面对它，适应它，以至于当那个机会突然到来时，我们有着十足的把握，去完成生命里那次最完美的绽放。

分享阅读：

《高效演讲》	彼得·迈尔斯 & 尚恩·尼克斯	吉林出版集团
《演讲的力量》	克里斯·安德森	中信出版社
《刻意练习》	安德斯·艾利克森 & 罗伯特.普尔	机械工业出版社

彭一少年说——孩子们的声音

彭一少年说

2019 年年底的“彭一少年说”演讲决赛，是我这些年来举办的所有活动里最有成就感和价值感的，这样的成就和价值并不是来自于活动的平台有多大，影响有多广，其实那一天我们并没有邀请任何领导和嘉宾共同参与，也没有在我工作的少先队领域做过宣传，就只是借了一个偌大的场地，进行全校直播而已。而这样的成就感是来自于，我通过时间的淬炼，亲手拔擢出的一批小演说家们在舞台上展现了他们最大的魅力，让我知道即使是在小学阶段，表达能力的培养都是可以系统进行，并且卓有成效的。

从北京站第二期的“表达学院”回来之后，如何系统地去教授他人表达是我接下来个人需要思考和着力的工作，并逐渐形成自己学校的品牌与特色。我整合了在学院里听课的所有笔记，再结合自己这些年各个领域的积累和学习，在当年国庆假期期间对进入决赛的 12 名选手及其家长，以及学校里其他对表达感兴趣的同学做了一次两个半小时的培训。

国庆假期里把家长和学生拉到学校里来听讲座是一件很有压力和风险的事，他们推掉了课程，推迟了游玩，打乱了计划，但凡我的讲座不能让他们有所收获的话，这无异于是浪费他们的时间。

好在准备是充分的，内容也是扎实的，家长朋友圈里的内容，也从开始前的“假期里还要来学校听讲座”的抱怨，变成了结束后的“真是不枉此行”的感叹，这样的肯定让我对接下来的决赛准备充满期待。

比赛的赛制是：12 名决赛选手分别抽取了决赛的主题词，并两两分组形成同题 PK 的模式，每组的获胜者进入第二轮的即兴演讲，并最终决出名次。

孩子们在整个准备的过程中都极为认真，从写稿开始，12 名决赛选手的稿子我一一审核，每个人都经历了至少三轮的修改才最终定稿。

而磨稿的过程对他们来说更为痛苦，将近一个月的时间里，他们每个人在我这里完整顺稿不下五次，一个个问题的暴露，一次次尽力的改善，让他们每个人在决赛前，尽可能地做好最佳准备。

决赛当天的展现是使人惊艳的，准备了这么久，磨稿修改这么多轮，当决赛正式开场的时候，彩排时还极为紧张和忙乱的我，就安安静静地站在后排，听完了他们两轮全部的 18 篇演讲。很高兴，能够见证他们在磨炼下这么迅速地不断成长。

下面是他们此次的演讲稿件。

GLAMOROUS
THE EARTH
EVERY DAY, IN EVERY WAY I'M GETTING BETTER
POSTERLABS

演讲决赛(1)

演讲决赛(2)

PosterLabs
The Taste Of Happiness
2019/12/30 The Earth
Life is like ice cream, enjoy it before it melts
Meitu

演讲决赛(3)

（一）

关于爱

——陈欣怡

第一次意识到爷爷和奶奶，大约是在我 4 岁左右的时候，在我还残留着的模糊印象里，爷爷和奶奶对我还不错，可能是因为那时还太小的缘故，我对他们总是有点陌生。

一年一年的过去，我也慢慢在长大，和其他由爷爷奶奶带大的同学不一样，我和他们的联系在成长的过程中并不算多，爸爸有时会带我去看望他们几眼，但次数也是屈指可数。

上小学时，当我再一次得知他们的消息，是奶奶生病了，得的是肺癌，知道时已经转移到上海的医院了。从那以后，我每逢双休日就要去探望奶奶。让我印象深刻的是，每次看到奶奶时，身边总会有爷爷的身影。在我的脑海中存有的画面里，奶奶似乎永远是和爷爷在一起的。

因为化疗的关系，奶奶的病情时好时坏，全家人只能眼看着她一天天的消瘦。我看到奶奶现在的样子，不禁有些心酸。而爷爷呢，总是一声不吭地照顾着奶奶，无微不至。就这样，过去了五年，爷爷和奶奶始终在共同面对病魔，在一丝丝的希望中忍受病痛的折磨。

但奇迹没有发生，奶奶最终还是没能战胜病魔。就在去年 8 月，奶奶走了，走时一句话也没说，很安详地离去了……爷爷他哭了，在我脑海中，爷爷一直是一位坚强的老者，不管遇到再大的困难和挫折，他都能乐观面对。而正是这样的爷爷，他照顾了处在病痛中的奶奶整整五年，从一个做菜小白，渐渐变成了做菜能手；作为一个不善言辞的人，却始终想方设法用各种语言逗奶奶开心。

在奶奶去世后的一段时间里，爷爷看上去很孤独，他每天待在家里，不出门，也不说话，就只是呆呆地看着奶奶的照片……爸爸和我都不知道该怎么办，只寄希望于时间能够让爷爷逐渐走出这种伤痛的阴霾。

当奶奶去世一周年后，我们全家去祭奠她时，我发现爷爷变得不一样了。听爸爸说爷爷最近和人的交流变多了，心情也好转了许多，还约上三五好友时常出去打羽毛球。

有一天晚上，我看着天上的星星问爷爷："爷爷，我想奶奶了，你说奶奶会不会就在天上看着我们呀？"

爷爷一边笑着，一边抬头和我一起看着星空："我也正是相信，奶奶还在某个地方看着我们，陪着我们，也和我们想着她一样，念着我们……我们呀，都要活得高兴点，我想奶奶才会开心点。"

关于爱，我年纪太小，懂得太少，但我从我爷爷这里真真切切地感受到了爱的温度与存在，我很少听到爷爷和奶奶说"我爱你"，但我知道这个字的分量始终牵绊着他们度过幸福的一生。

唇齿相碰，轻轻吐出的那个"爱"字，如气泡、如幻电、如昙花，却值得珍而重之。只因那是多么脆弱的存在，又是多么永恒的表达。

(二)

关于爱——两个女人

——李季阳

关于爱这个主题，我今天想要和大家分享的是两个女人的故事。

第一个女人，我给出的关键词是"胡歌"。

不知道从什么时候开始，我身边认识的长辈见到我都会说"哎呦，小胡歌呀，像额像额，啧啧啧，赞额赞额……"；也不知道从什么时候开始，我家 ipad 的屏保不再是我，而是这位叫"胡歌"的男人；更不知道从什么时候开始，家里的电视机反复播放着《琅琊榜》、《伪装者》、《仙剑奇侠传》……

Oh, My god, Who——is——he? 我亲爱的妈妈，你是不是爱上他了？

当然不是！至少不全是……除了帅的因素，妈妈还告诉我，喜欢胡歌是因为他和我的大姨同是长江源环保公益行的志愿者，而我大姨是我妈妈心中最有爱的女人。

大姨芳龄50,到目前为止,365天,除了在上班的路上,就是在做公益的路上,用她的话来讲,工作也是为了给做公益积累"盘缠"。她做的公益活动多得自己都记不清了。长江源环保公益行,她是五年前加入的,在祖国的西北,平均海拔超过三千米的青海,大姨和她的小伙伴们拿着绿色塑料袋,认认真真地捡垃圾。脸晒黑了、晒红了、晒伤了都不在意,这些全被她调侃成是大自然馈赠的"面膜";眩晕了,呕吐了则是为了清清肠,可以更好的吐纳天地之灵气……我曾经问大姨,为什么要做公益?她说,让你妈妈给你看胡歌的微博呀,上面写的就是我想说的——心有大爱,人才会美丽。

第二个女人,我给出的关键词是"阿婆茶"。

在上海青浦淀山湖畔的商榻地区,喝阿婆茶的传统已经有700多年了,外婆就是那里土生土长的人。

平日里,好客的阿婆们只要知道相熟的老姐妹有了空闲,便会互相邀请到家里吃茶。一年四季,家家轮着做东。你来我往,好不热闹。妈妈说,她小时候每年寒暑假都会去商榻老宅里住上一段时间。外婆和太婆婆就经常招呼左邻右舍的婆婆们到家来吃阿婆茶,妈妈和小姨就搬着小板凳坐在旁边,很八卦地听着镇上的奇闻异事。让她印象最深的就是那份"远亲不如近邻"般和谐、温暖的氛围。谁家有困难,谁家有矛盾,只要吃上一次阿婆茶,一切问题都在这茶香袅袅,叽叽喳喳中迎刃而解,简直太神奇了!

2018年,阿婆茶成为了上海非物质文化遗产。在这之前,外婆就为了镇上阿婆茶的宣传把家里保存完好的老物件全部捐出,其中许多都是妈妈眼馋很久的老古董呢。"各地方额文化啊么了,各么各地方额魂灵头啊么了,各么总关要娘后头了宁晓得伐拉。"(如果这个地方没有地方文化了,那就是没有灵魂了,我总想着让后来人也得知道这些老玩意儿吧。)外婆的话说得很深奥,我不太懂,不过,妈妈说,外婆是最懂爱的女人。你们说呢?

我是个被爱包围的幸运儿,但我也是个不善言爱的天蝎座小男生,平时连和妈妈拥抱告别都僵硬得像做第三套广播体操。可这两个女人,这两位长辈润物无声,却直击我心——最有爱的姨妈教会我大爱无疆,最懂爱的外婆引领我将爱传承。从现在起,我要做个心中有爱,抬手播爱,口中宣爱的小小男子汉。

（三）

初

——龚依凡

初是什么？爸爸说："是初生牛犊不怕虎的精神！"妈妈说："是初次见到你模样时的回忆！"外婆说："是大年初一过年时的团圆！"外公却说："是初中时懵懵懂懂的青葱岁月！"

当我看到"初"这个题目的时候，脑海里浮现出的是我从小到大无数个初次的画面：第一次拿起毛笔时颤抖的右手；第一次尝试做蝴蝶标本时的紧张；第一次成为主持人时的忐忑不安；还有第一次登上山顶时的欢呼雀跃……在这些第一次中，我尝尽了人间的百味，看够了妈妈的白眼，听够了外婆的唠叨，受够了老爸的嘲讽……当然有时也会有爱的抱抱、鼓励的话语和技术上的支持。

记得有一次，我的数学练习册错了好几题，我怕被妈妈看到之后会被骂，于是便想了个坏主意——把练习册藏在学校的桌肚里，自以为这样就可以蒙混过关。可是，第一次撒谎骗人的我实在是缺少戏精的天赋，更何况道高一尺魔高一丈，因为演技拙劣，回到家没过多久，就被妈妈拆穿了我的计谋。于是，在一个月黑风高的夜晚，可怜的我被妈妈拎到学校里，灰溜溜地把桌肚里的练习册拿回了家。接下去，不用我说你们也知道，那天晚上发生了什么——鬼哭狼嚎的惨叫声，声嘶力竭的责骂声，据说持续了大概有一个小时……

这是第一次撒谎带给我的悲伤回忆，还有第一次语文考砸、第一次偷吃巧克力、第一次偷看手机……这些不堪回首的初次经历，让我接受了惩罚，吸取了教训，也少走了很多弯路……

当然，大多数的第一次带给我的还是美好的体验和甜甜的回忆！就像今天，这是我第一次站在这么大的舞台上参加演讲比赛，我不知道等待我的是失败还是成功，但今天会是个美好的开始，有了这样的第一次，我才有可能参与以后的第二次，第三次，第无数次的登台演讲！

有时,迈出了第一步,才能继续走出第二步,第三步……才会有后面无限的可能!我们离成功可能只差第一步的距离!莎士比亚说过:本来无望的事,大胆尝试,往往能成功。陆游也说过:纸上得来终觉浅,绝知此事要躬行。迈出第一步,这关乎我们的勇敢,关乎我们的自信,更关乎我们的成长!

开启了初体验,还需要我们用“初心”去坚持,去努力,去拼搏!作为一名小学生,虽然没有崇高的信念和精神,但我也有我的理想和坚持。

别看我每天开开心心的,笑容满面好似没有任何心事,其实我的心底一直有个痛。

两年前,我被信任我的同学们推选成为了大队委员候选人之一。由于少不更事,再加上缺少实战经验,毫无疑问,我被无情地刷了下来!看着其他同学带着鲜红的三条杠,满满的羡慕和嫉妒,但却没有恨!我想着,肯定是自己还不够出色,也不够自信,所以落选了,接下去,我要好好努力!

一年后,我又被推上了大队委改选的舞台,当时的我心想,今年应该能选上吧,可是又由于种种原因落选了……哎呀,我心里一股气啊!还好,我的后援团们并没有否定我,继续给我打气。两年的梦想就这样持续到了第三年。

今年,当我知道自己又要参加第三次改选时,耳边仿佛又传来了爸爸的调侃声:“龚依凡,你要陪跑第三年了!”眼前仿佛看到的是妈妈给我擦眼泪的纸巾!但是,在今年和团队成员们一起认真准备后,幸福来得太突然,我终于成为了大队委的一员!所以,我想说的是,坚持自己的初心,不忘记自己的梦想,努力提升自己,终究会有喜悦来临的一天!

坚守着自己的梦想,实践着自己的行动,这就是“初”和我的故事,这就是“初”告诉我的道理。

(四)

初

——于天辰

每个人都会有他人生中的第一次,它可能是快乐的,也可能是悲伤的,但每一个第一次都会为我们自己的人生添加了一次考验，我的第一次就是一个快乐的经历，是它为我的人生点缀了光彩。

三年级的时候，第一次参加演讲比赛的我虽然没有进入前三名，但被评为“为中华喝彩”校园演讲大赛“新锐演说家”的荣誉，这个结果是我意想不到的，我非常的开心！那我就来说说我第一次演讲的感受吧。

比赛的准备阶段我异常兴奋，先是上网搜集有关演讲主题的资料，然后尽可能的去发挥自己的写作水平。再是让妈妈和我一起修改文章，使它成为一篇具有煽动性的演讲稿。我们花费了两三个晚上，近五个小时，才觉得达到了理想的效果。在这段时间里，我踌躇满志，满怀着对胜利的渴望。

准备的过程是努力的，稿子写好了，我就在网上看看别人演讲的技巧，帮助我应该如何表达感情，怎样带动气氛……我努力学习着，同时也在思考、体会着。

而比赛时的感觉却是不那么轻松的，虽然我一直告诉自己要放松下来，可还是不由自主的紧张。轮到我上台了，我假装满怀信心地走上了决赛的舞台。中途，我还是抵御不了紧张的滋扰而突然卡壳，这时我瞅了一眼坐在不远处的妈妈，只见她像在家里一样朝着我微笑，并坚定地对我竖起了大姆指。这一刻给了我莫大的鼓励，我调整了下呼吸，立马跳过这一段，继续说了下去。

演讲结束后，我终于松了一口气，但在两两 PK 观众投票的时候，我却又忐忑不安起来，我刚刚的表现还好吗？我能打败对手吗？可还没等我缓过神来，选票就已经出来了，对手以高票赢了我。那一刻的我心里虽然有些难过，但转念一想，这一次的锻炼又何尝不是我人生中最重要的一课呢？

时隔两年，这次学校又举行“彭一少年说”的演讲比赛，我顺利地进入了决赛，看着当初的对手现在已经变成活动主持，而我仍然是参赛选手时，不免感到有些怀念。但对于这次比赛，却又是一次历练，又是一次可以展示自己的机会，两年过去了，我是否比以前更强，这个，就交由现场的同学和老师做出判断。

初是懵懂，初是尝试，初是为了在着力后更为璀璨的绽放！人常常在失败中成长。的确，人不经历风雨，又怎能见彩虹呢？失败是一次积累丰富经验的机会，只要有恒心，“有志者事竟成”。

人生的旅途上，充满着荆棘，只有努力和奋斗，才会跨越困难，继续出发，直到下一个站点！

(五)

很高兴遇见“你”——我成长道路上的“麻烦”

——陈怡萱

今天我给大家来段脱口秀，主题是：很高兴遇见“你”。大家觉得这个“你”是谁？老师？家长？学校？好朋友？我说的这个“你”，它既不是人，也不是动物，更不是植物，它就是我们人人都非常讨厌的“麻烦”。

也许有人会问，遇见麻烦有什么可高兴的？但是，如果这个麻烦不仅没有难倒你，反而被你战胜了，并且让你更加成长了，那是不是就很值得一遇呢？

给大家分享一个我最近遇到的麻烦，大家伙猜猜是什么？

数学不及格？No, No, No！这怎么可能？发生这种事的话我早就被我们数学老师“打”死了。

被我妈揍了？这个倒是经常发生，不过我已经习惯了，所以也不算啥。

减肥失败？我们看我这个身形，增肥还差不多。

好了，那我就直接揭晓吧，说出我的麻烦让大家伙高兴高兴。

同学们，你们喜欢背书么？我想是个正常人都不喜欢吧。但这个就是我近期遇到的大麻烦。

今年刚过十一假期，就有两个重磅“背书”任务同时向我发出冲击。一个就是我们这个“彭一少年说”的复赛，另一个是少代会的辩论赛。两个任务同样重要，同样紧急。但两手都要抓，两手都要硬啊。那如何制定对战方针呢？我掐指一算，哎，没有对策，怎么办？想啥呢，抓紧时间赶紧背啊！

但咱们大队部唐老师曾说过，上台发言不要去“背”稿子，而是要“顺”稿。因为只是机械地背稿，但凡背不出你就“死”在台上了。但是我想说啊，那是因为唐老师经验丰富以及高大英俊潇洒啊，对于我这种舞台小白来说，背，或许还有一线生机，不背绝对会“死”在台上！

当然，咱也不能死背，还是得想想办法。

首先，我把演讲的内容进行整理，做成像主持人手卡的那种小本本，一页纸上就是一张 PPT 的内容。这样将任务分块，就能方便逐个击破。渐渐地，你可以看到要背的页数越来越少，那胜利的曙光就在前头。用希望来刺激自己，就可以让自己继续坚持。

然后充分利用碎片化的时间：将手卡带去学校，在课间看；也可以在去课外上课的车上看；甚至可以充分利用上厕所的时间，抓紧每分每秒多看看。

最后我还进行了多次的试演，请来爸爸妈妈做观众。妈妈还帮我拍下我演练时的视频，方便我更好地认识自己的问题，不断地去修正，去完善。

过程是痛苦的，但结局……咳，结局美好不美好我也不知道。不过我觉得，今天我能站在这里，对我而言就是胜利。因为在这个过程中，我学习到了什么是演讲，什么是坚持；也结识了很多很棒的同学，参考了很多不错的经验；更是在过程中得到了老师很多的启发与引领，从而打开了自己的认知，拓展了自己的思路。这些，统统都是宝贵的收获，也都是这个“麻烦”带给我的礼物。

通过这次与“麻烦”的完美邂逅，我还领悟出了一些战胜“麻烦”的小体会，想分享给大家：

1. Look：认清自己的处境和所面对的麻烦。做到知己知彼，百战不败。

2. Think：明确自己的目标：想要有个什么样的结果。

3. Plan：针对目标，制定相应的行动计划。

4. Do：用自己坚韧不拔的毅力朝着目标，按着计划去努力，去执行。

5. Win：不单指胜利，也包括过程中的收获！因为即使失败了，也一定能在失败中得到收获，下次就有成功的可能。

当然，还有一点特别重要，就是要乐观向上，时刻提醒自己希望就在眼前。

如果生活只有晴空丽日而没有阴雨笼罩，只有欢乐而没有痛苦，那么这样的生活就不是生活。同样的，人生的道路是不可能一帆风顺的，“麻烦”是我们人生进阶的必要阶段，它帮助我们丢掉懦弱、丢掉懒惰，帮助我们去探索、去成长。做到面对任何麻烦都可以泰然处之，保持乐观的态度，积极寻求方法是我们人生中的无价之宝。

每一次“麻烦”，都是一次自我成长的机会。

我们要心存感激，对遇见的每一个麻烦说："谢谢，很高兴遇见你。"

（六）

很高兴遇见你

——王笑涵

我心里藏着一个梦想，那就是，我要当一个小小的画家。也许，在大人们的眼里，这是一个小小的希望，但是，在我这个小孩子的心里，这就是一个大大的梦想，一个宏伟的梦想！

听爸爸妈妈说，我很小的时候，就喜欢拿着铅笔，在纸上不停地画呀画，但是画的是什么，没有人看得懂。等我上了幼儿园，别的小朋友都喜欢上数学课、语文课、活动课，可是，偏偏我就最喜欢上画画课。在老师发的画纸上，我可以画一切我喜欢的事物。

我喜欢画蓝天，我就是在蓝天中自由翱翔的小鸟；我喜欢画大海，我就是在大海中嬉戏畅游的海豚；我喜欢画森林，我就是在森林里茁壮成长的小树苗；我喜欢画花园，我就是生长在祖国大花园中一朵幸福的小花儿……

爸爸妈妈送我去参加了美术训练班。得知这个消息后，我简直高兴得合不拢嘴！老师教我们画线条、画平面、画花草和动物。从临摹到创作，我的梦想在画纸上一次又一次地驰骋飞翔，我也在向着自己心中的目标阔步前行！

在老师的悉心指导下，经过我无数个夜晚的灯下疾笔，我的小小画作《笼趣》终于获得了上海市静安区少儿绘画比赛的二等奖！那一刻，我觉得，我就是全世界最开心的小女孩，也是全世界最能干的小画家！

很高兴遇见你，我的小小梦想！是你，让我懂得"不经历风雨又怎能见彩虹"的道理；又是你，让我在人生中第一次尝到了付出后收获的甜蜜！家里的长辈常常对我说：孩子，你以后还有很长很长的路要走呢！我想，如果在我以后的成长道路上，一直有我画画的梦想陪伴，那我一定不会孤单！

很高兴遇见你，我的小小梦想！感谢你为我插上了腾飞的翅膀！感谢你让我充满了前进的动力！感谢你使我的生活变得绚丽多彩！我要对你说：我的小小梦想，让我们一起加油吧！

（七）

我的偶像

——吴晋瑶

我的偶像不是一个人，而且是一群人，她们就是共和国的受阅女兵。我从小就被她们的英姿飒爽所吸引，也梦想有一天能够成为她们中的一员。但妈妈告诉我她们的训练格外辛苦，台上一分钟，台下十年功。她们咬着筷子练微笑，胸挺长杆练对齐，炎炎夏日一练就是一整天。长时间的户外训练，你可以看到，女兵们的腿被晒成了巧克力色，鞋子的表皮也已经被磨破。但正是她们这种顽强拼搏、克服困难的阅兵精神深深打动了我。“飒爽英姿五尺枪，曙光初照演兵场。中华儿女多奇志，不爱红装爱武装。”这首脍炙人口的七言绝句诗恰是女兵们最生动的写照。女兵们，我以你们为荣！

说起“偶像”这个称呼，在现今社会中存在着很大的影响力，提起一些明星，许多人都是一脸兴奋，争先恐后地述说着他们说喜欢的明星们的故事。而当提起在祖国 70 周年华诞之际 8 位共和国勋章的获得者，又有多少人能够清清楚楚说得出他们的故事呢？

伟大出自平凡，平凡造就伟大。共和国勋章的获得者都是出自各个领域的翘楚，为祖国做出过彪炳史册的贡献。水稻之父袁隆平，用一粒米改变了世界。不仅解决了中国人的吃饭问题，而且正在造福全世界的人民，帮助更多的地区解决温饱难题。尽管他不是那么的光鲜亮丽，那么的耀眼夺目。但比起那些演员明星，他才是真正值得被大家所铭记的人。

英雄，是一个民族最闪亮的坐标。今天中国的崛起，离不开革命军人，离不开工程师，离不开农民和工人，更离不开科学家。科技兴则民族兴，科技强则民族强。70 年的峥嵘岁月，这些科学家英雄们坚守爱国心、心怀报国志，将个人梦想与国家命运紧密相连。为了中国的强盛，他们情愿燃烧自己的一生。感谢他们的奋斗，才有了今天国家的兴旺发达。“共和国勋章”获得者，他们才是这个时代最该追的偶像，是当之无愧的国之脊梁！

致敬！共和国最闪亮的星！

（八）

我的偶像

——张怡苒

今天，我想和大家聊聊“偶像”。相信每个人的心目中都有一个“偶像”。这个“偶像”可能是像李现、王源、迪丽热巴这样的“大明星”，但更多的应该是像鲁迅、艾迪生、许地山这样赫赫有名的“大人物”。

而我的“偶像”，是大明星吗？

NO！NO！NO！

他特别著名吗？

也不是。

这个人，每天都戴着一副“博士”的眼镜，一头整齐干净的头发，一张能说会道的嘴巴。最令我佩服的是他的口才，上台演讲时从不紧张，还总是让人挑不出毛病来，这般表达的功底着实令我赞叹。

他，还言出必行，信守承诺。同学们，做升旗仪式主持人是很多人的愿望吧。曾经就有这样一位同学，他通过自己的努力获得了做主持人的机会，可不巧的是，他主持的那天正好下雨，准备充分的他就只能在广播室里主持了。可我的偶像看见了他略显失望的眼神，就告诉他有机会还会让他真正地做一次台上的主持人的。果然，在不久后的一次升旗仪式上，我又看见了这个熟悉的身影站在了领操台上……

不仅如此，他还愿意经常分享他自己的故事，讲述的风格也十分幽默风趣。更难得的是，他还从不用“有色”眼镜看人，每当学校有竞选和比赛时，他总会精心设计过程，把偶然性降到最低，把公平性做到最高。

当然，他还是一个很有原则的人呢！他说“一个人有多值钱，就看他的原则有多值钱”。而“时间观念”就是他的原则之一。

在一次大队委例会上，有一个大队委员迟到了一会儿，我们原本以为这会议又没什么大事，迟到几分钟也没什么大不了的呀。可没想到，他竟然很生气，并很严肃地告诉我们时间的重要性，没有时间观念并不仅仅是几分钟的事，更重要的是他不尊重别人的时间，也管理不好自己的时间，而这样的人，是不严谨的。这一直让我印象深刻，从而也使我成为一个能够管理好自己时间，也能充分尊重别人时间的人。

论博学多才，这个就说不完了，大家有机会去听听他的历史课，犹如《百家讲坛》，那叫一个精彩。

同学们，说到这儿，你们知道他是谁了吗？来，知道的一起大声说出来——唐老师！对，他就是我校大队辅导员——唐老师。说了这么多，偷偷地告诉大家我的愿望就是以后要成为一名像他一样的老师。

所谓的偶像，不是如明星般单纯的迷恋，也不是像先人般遥遥的远望。真正的偶像是一束光，是让你即使在很远的地方都能看得清楚路途的方向，是让你身处困境时也不至于孤独迷茫……让偶像身上散发的光，成为你生命中隽永的亮，他会告诉你，哪里才是努力的方向！

（九）

变

——陈乐菡

我从小就非常渴望一件事，我想和妈妈一起上学，因为我的妈妈是学校的老师，这么得天独厚的条件别人可不曾有。这一天终于来了，我高兴极了，不过进了学校以后不久我就发现，在我身上逐渐有了很多的标签。比如：你是老师的小孩，你和你妈妈李老师怎么长得一模一样啊……

慢慢的，班级里的同学也都知道了，我的妈妈原来是这所学校的老师。于是，同学们对我就有了很多的好奇。比如："你今天放学去不去你妈妈那边呀？""你妈妈一定对你很好吧，好羡慕你呀！"你别说，当时的我别提有多得意呢！

在妈妈的庇护下，我在学校里的日子的确过得风生水起：变天了，妈妈会给我加衣服；冬天时她会给我送来暖宝宝；高年级的大姐姐还会主动和我玩；

甚至班里好几个同学都回家和妈妈说，如果你也是学校的老师该多好呀！在优越感的光环下，这小日子过得别提有多滋润啦。

三年级的时候，我成功当上了大队委员，我的内心自然是既高兴又自豪的。可是有一天，一个同学悄悄地问我："你当上大队长，是不是因为你妈妈呀?"听了这个问题，我突然感觉有点怪怪的，晚上睡觉的时候也觉得挺难受挺委屈的，所有的自信和骄傲都被当头一棒打得支离破碎，这真的让人无法接受！我开始埋怨妈妈，觉得是她拖了我的后腿。

于是，我在学校里刻意对妈妈采取不理睬的态度，她走过来，我就换条路走，她叫我，我也假装没听到。妈妈似乎感受到了我的变化，开始问我，为什么这样固执的不理她呢？我把我的委屈一股脑儿地都告诉了她。妈妈说，我们两个在一所学校，肯定会互相影响，现在可能大家都说陈乐菡是老师的女儿，但是只要你足够优秀，同学们就会说，这个老师是陈乐菡的妈妈！

妈妈的这句话让我静下心来思考，是的，我想要改变自己，让自己变得独立！变得优秀！成为更闪亮的人！

于是我和妈妈定下几条小约定：

1. 学校里的时段不许妈妈来找我，自己校内的事情自己解决！

2. 除了一起进校，其余所有安排都和同学一样，绝对不搞特殊化。

自那以后，我下定决心努力做好自己。在学校里抓紧写作业，做好老师的小助手，班级里的主题班会，活动策划，交给我的主持稿，PPT 等任务，我都亲力亲为。我还是大队部里的积极分子，为了让自己脱颖而出，什么主持啦，演讲啦，小辅导员啦……只要唐老师让"秒杀"的，我都不放过！积分商城的兑换，我也会选择有挑战的心愿，锻炼自己的胆识和能力。渐渐地，同学们也不再关心我和我妈妈的事情，我也忘记了之前的困扰，并且也越来越强烈地感受到了自己的变化。这种变化让我非常骄傲，因为我知道自己变得独立了！强大了！

经历了这件事情，我有了许多的感悟。我想，一个人难免有被人质疑的时候，遇到了糟糕的事情，到底要怎么做，才能摆脱困境呢？

我觉得，首先要懂得分析自己，让自己尽快走出泥潭。其次呢，要懂得稳住自己，用自己默默的努力去改变现状。但最重要的还是努力咬牙改变自己，用成功，改变自己在别人眼中的看法。

最后我想说：我们每个人都希望自己的人生旅途一帆风顺，艳阳高照，但有时，恰恰是那些麻烦，困境和刁难，让我们变得成熟、理性和睿智。也正是因为这样的改变，带给我们超越自我的机遇，从而成就更好的自己！

（十）

变

——王泽毅

我有一位慈祥的外婆，可她又十分唠叨，“不要吃剩饭粒，粒粒皆辛苦”、“不要光玩了，快做作业”……那么多的“不要”，听得我都快烦死了，每次都是连忙逃到了自己的房间。

正躲避外婆的唠叨，认真看着历史书的我，突然金光一闪，眼前出现了一幅画卷，上面写着“时间画轴”四个大字。当我小心翼翼地抚摸着上面的不同数字，眼前出现了一幅幅生动的场景：

1840，硝烟弥漫，从鸦片战争到八国联军火烧圆明园，留给我们的除了战败的屈辱，还有割地赔款的不平等条约。

1937，日本侵略者践踏了我们祖国的寸寸河山，流离失所的同胞在沦陷的国土上苦苦挣扎。

1955，新中国成立初期，物资极度匮乏，粮食和日用品无法做到敞开供应，各种“票”飞进人们的日常生活中，伴随了我们40多年。

1969，广大青年中断学习，奔赴农村和边疆，用汗水守边垦荒。

1990，下岗潮来临，精打细算、自谋生路成了最热的词汇……

一阵敲门声将我唤醒，原来我是睡着了做了个梦呀，我连忙将梦中见到的情景告诉外婆。外婆连连点头说：“现在可不比以前了，和平的年代没有了战火的侵扰，改革开放以后国家越来越富强，大家吃得饱饭，穿得上漂亮衣服，孩子也读上了免费书，这多幸福啊！”

是的,70 年的征程,中国国防实力飞跃,实现机械化、信息化的威武之师,有力地捍卫着国家安全;70 年的征程,中国经济持续增长,成为世界第二大经济体,从温饱不足的贫穷国家到全面建设小康社会;70 年的征程,中国基础建设日新月异。一幢幢巍然耸立的中国楼、一座座跨江跨海的中国桥、一条条四通八达的中国路,让"一穷二白"成为历史;70 年的征程,国家科技迅猛发展,我们可以潜入蔚蓝大海,可以奔赴神秘月宫,从"看天吃饭"到征服星辰大海,我们敢想,更敢做!

我连忙对外婆说:"我以后要让中国变得更强大,让人民变得更幸福。"外婆笑了,摇了摇头说:"你可不行。"

"为什么不行?"我可不服气。

"你看你,肉少了就不吃饭;学习遇到困难就放弃,没有艰苦奋斗、披荆斩棘的精神,这样的你能做什么?"外婆一脸嫌弃。

70 年风雨岁月,中国每天都在变化,但有一样一直没有变,那就是中国精神。那是用胸膛勇堵敌人机枪的黄继光;那是放弃美国优越待遇,扎根戈壁的钱学森;那是让中国人民吃饱饭的袁隆平……一代代中华儿女克服一切阻力使中国旧貌翻天覆地变新颜,让东方巨龙再次昂首腾飞!

"变"从来都不是被迫等待,而是积极探索和勇于实践。犹如外婆那双粗糙皴裂的手,它是祖国变化的见证者,更是幸福生活的参与者。无数人用双手充满热情地加入到"变"的过程中。不要因为某些改变的微小而迟疑,改变需要我们每个人的坚持和努力!

所以我也要改变,让自己变得更好。新的起点、新的世界就在眼前,年轻的心承载的是坚定的信念,在坚守与变化中不断前进、再前进!

(十一)

关于我

——朱籽言

演讲的开始,我先问大家一个问题:在这个世界上,你最了解的人是谁呢？相信大家第一个想到的可能就是“我自己”。

在不同时期我都呈现出不同的“我”，前一秒钟和后一秒钟的“我”都是不同的。就好比每天清晨，当我们睁开双眼还没完全睡醒的时候，第一个想到的是什么呢？我是谁？我在哪里？我要做什么？这是个永恒不变“3W”的经典提问。但我想说，在我的小小世界里，我是圆心，而我的半径有多大，我的面积就有多大。今天我就来和大家分享一个我自己的故事吧。

我喜欢钢琴，第一次接触它时，我只有十四个月，当妈妈把我放在钢琴凳上后，我的小手很自然地就放在了琴键上，稚嫩的手指轻轻地按了一个琴键——“叮”的一声，清脆而优雅，震动了我心底最深处的那根弦。那一刹那，我几乎认为，它就是我的全世界。

随着我年龄的增长，在我懂事后，我主动向妈妈提出了学习钢琴的愿望。妈妈在和我一番长谈后，把我日思夜想的钢琴作为新年礼物送给了我。这之后的日子里，它陪伴着我，安抚着我，聆听着我所有的烦恼，也承载着我无限的快乐。

音乐是有感情的，我们之间的交流并不需要语言，在琴键上，留着我苦练的汗水和激动的泪水，更是我的欢喜和成就。可是，随着年级越来越高，我的学业压力也越来越重，时间慢慢变得宝贵起来，而我每天花在钢琴上的时间，也因为作业的侵蚀而在逐渐减少。每当我看着家里的钢琴像个好朋友一样在那里静静地看着我，就好像在鞭策我，让我加快速度去完成其他的事情，可以和往常一样尽快来陪她。

在我开始练习十级的曲子时，我受到了前所未有的阻碍。考级的曲子长度长、难度大，对于我现在这个年龄阶段来说，显得十分枯燥且乏味。我发现无论我怎么弹也弹不好，怎么练都练不会，之前积累起来的自信在这段时间里逐渐消耗。那原本像伙伴般亲昵的黑白键，现在却变成了完全冷漠的黑白色彩。我的世界仿佛失去了颜色，此时望着五线谱上的音符，我的自信跌到了谷底……

我在心里一遍遍不甘心地问自己：难道，这里就是我的极限了么？

当妈妈看到我的失落和不甘时，为了鼓励我，她和我进行了一次朋友间的对话。妈妈说了一个故事,故事的名字叫做《狮子和羚羊》。

在非洲,羚羊每天早晨睁开眼睛所想的第一件事就是:我必须跑得更快,不然就会被狮子吃掉。而在同一时刻,狮子从睡梦中醒来,首先闪现在脑海里的是:我必须跑得再快一些,为了能追上更多的羚羊。于是,几乎同时,羚羊和狮子一跃而起,迎着朝阳跑去。

一个拼命地跑,一个拼命地追,为什么?

因为一个害怕被饿死,一个害怕被吃掉,保命就是它们的共同目标。

生活又何尝不是这样呢?处处都是千帆竞渡,处处都是芸芸众生。生活是公正的,又是极其残酷的,在人生的每一个驿站,我们若消极懈怠,不思上进,必将被抛得老远,或是遗憾地淘汰出局。因此,无论你是羚羊还是狮子,每当太阳升起的时候,就要毫不迟疑地向前奔跑。

面对学业,面对这个必将决定每个学生今后生活状况和人生轨迹的阶段,你也必须"奔跑",而且必须跑得更快!

奔跑是一种学习方式,奔跑是一种做事原则,奔跑是一种精神追求,奔跑更是一种理想信念。所以,现在的你,做好了向前奔跑的准备了吗?学琴的路很漫长,并不是到了十级就结束了,你的目标还有很多,你要看清自己的方向。

听完这个故事,我和妈妈紧紧地拥抱在一起,在自己的心里,暗暗地下定决心,对我来说,现在的目标就是把握每一次机会,不让自己的努力白费。现在的我已经通过了钢琴十级的考试,但这并不代表我已经停止了前进的步伐,钢琴更像是我的良师益友,在我今后的生活中,继续陪伴着我、鼓励着我、开导着我。

而练琴的过程,也让我具备了面对困难不轻易放弃,锲而不舍的处事态度。我和钢琴的故事,若真要说,那三天三夜也说不完,因为酸甜苦辣诸般滋味,我皆珍藏心头。通过练琴,我也意识到,我们要有目标和追求,并且经常保持微笑,学会和别人一块分享喜悦。

我的未来是什么样的我不得而知,但在未来的我一定会回过头来看看现在的我,告诉我们,现在的努力就是为了在不远的将来成为更好的自己。当我们每天醒来,都要想到,美好的一天又开始了,不能虚度光阴,为了自己的梦想,为了自己的未来,加油!

（十二）

关于我的未来

——齐妙

未来，听起来似乎离我们很遥远，仔细想想却又非常近。明天是未来，后天是未来，明天的明天，后天的后天都是未来。没有人知道未来会是怎样，就好像小时候看到陌生人都会有些胆怯的我，也从没有想到未来会有这么一天，我能站在这么大的舞台上，面对这么多人讲自己的故事。

爸爸说他小时候生活在小城市，没有机会学习更多的知识，更没有想到过未来会在上海这样的大都市生活。直到背起背包走入军营才懂得，未来掌握在有准备的人手里。

当战士的他刻苦训练，受过伤，卧过床，也曾当街晕倒在包头路的马路上。爸爸的努力是看得见的，在军营当班长时，他曾连续半年多白天训练，夜里学习，每天只休息 3 到 4 个小时。当通过考试，收到军校录取通知书的时候，他说，那时的感觉，就仿佛未来就在他自己手中。

我有时也会问，如果你当时没有成功，那现在会是什么样子？他笑笑说，也许就回到以前的城市找份工作，又或许在外打工，谁知道呢？但只要努力过，即使不成功也不会后悔，如果未来就在面前而你没有努力，那才是最遗憾的。

我从小生活在上海，有着良好的教育环境，还可以参加各种公益活动，既开阔我的视野，也养成了我活泼开朗的性格。和爸爸相比我是幸福的，可我更希望能像他一样成为掌握自己未来的人。

记得三年级参加大队委竞选前我有些害怕，因为是第一次参加竞选，难免会有些紧张，既希望能够顺利当选，又害怕面对那么多同学和老师出现差错而丢脸。

爸爸告诉我要勇敢面对，有梦就去追，别去想结果！同组的学姐也鼓励我：无论多么紧张，在台上千万不能表现出来，即便错了也要继续说下去，最重要的是，在事前要充分准备。听了他们的话，我在家认真准备和反复练习，想着怎么才能自信满满地站上舞台展示自己。

我记得当时在学校的礼堂里，底下黑压压坐着一片少代会的代表，他们每个人仿佛都用最严苛的目光盯着你。虽然当时在台上我仍然是忍不住地手脚发抖，手心冒汗，但是我仍然完整地将准备好的内容表现了出来，最终如愿当选。我知道那是我必经的路，没有那一次的历练，你们也不会看到现在在你们面前侃侃而谈的我——我不再发抖，不再冒汗，我只是想站在这里，把我的故事，好好的，讲给你们听。

虽然我才刚刚步入五年级，“关于未来，我能做些什么？”这个问题还很难回答。但我知道过去的每一个经历都只是我迎接未来所做的一次准备，我要做的是珍惜不停在流逝的每分每秒，努力把今天的事做到最好。或许结果并不能事事如意，但只要努力过了，时光就没有白费，我也无怨无悔。

古人云：志当存高远。就是告诉我们要从小树立远大志向，并为之努力。不要总想着等到明天，因为明天过后是又一个明天；不要总想着等到未来，因为当你说未来要实现梦想，却没有行动的时候，未来就永远也不会来，因为总有一个明天会让你推卸，总一个未来会让你延迟。未来其实就是每一个现在的延续，只有抓住每一个现在，才能真正拥有未来。

爸爸妈妈说他们是听着《我的未来不是梦》长大的——“我的未来不是梦，我努力地过每一分钟……”我想说正如歌词里唱的那样，如果想让我的未来不是梦，那么就要努力地过好自己的每一分钟，就要从今天开始更加努力学习，勇于拼搏。

梦是不可把握的，但是我的未来不是梦，我的未来可以掌握在我自己的手中！

以上是十二位选手在决赛第一阶段的演讲稿，在这里第一次以成文的形式进行分享。

最终，通过由学校学生组成的大众评审，和来自复旦大学演讲与口才协会的专业评审的评判，有六名同学进入第二轮的即兴演讲环节

晋级选手当场抽取了即兴演讲主题后，只有短短二十分钟时间准备，他们分别对“勇气”、“挫折”、“谢谢”、“礼物”、“家”、“等待”这六个主题进行演讲。

在即兴演讲中，这六位选手姿态从容，主题明确，每个人都讲述了属于自己的故事和观点，发挥出了超出预期的水平。

多元且有深度的思考，温润且又流畅的表达，“彭一少年说”的演讲比赛从筹备的过程，到决赛的展现，我们看到孩子们由内向外地输出，再由外向内地根植，最终拔擢出一众有思想、有温度的声音。

“彭一少年说”，也就像最后的演讲主题一样，作为少年的我们，在生活中需要尝试和挑战的勇气，同时在过程中，我们也会面临着诸多挫折与失败，但要记得，家永远是你最温暖的港湾。你还要相信，无论是怎样的获得或者是挫折，这些都是生活带给我们的礼物，你要谢谢在路途上帮助过我们的所有人，保有最好的耐心，去等待属于我们少年最美的花期。

二、关于情感与修养

——好好相处，人人都是宠儿

难得的都是送过时间的人

去年 5 月的婚礼,现场有着一群特殊的宾客,他们十来个人,坐落在主桌和离主桌最近的地方。这是一群要命的宾客,说他们“要命”并不是在有意吐槽他们,而是我真的一次次地见过他们“催命”的样子。

之前的若干年,但凡我去参加朋友或亲戚的某档婚礼,在社交媒体上发出自己对新人祝福的时候,底下整齐划一“唐老师,你可要抓紧了啊!”、“老唐啊,你看看人家!”、“你要让我们等到什么时候!”的队形整整一串……一个个真的比我亲爹亲妈还要关心我。

每逢寒暑假快结束的时候,也会出现类似“等到唐老师脱单了再让我们开学可好?”的言论,从而获得了大批点赞。这也是我见过不想念书的最委婉的说法。

当然,这归根到底是我自己“造的孽”,我曾经在我第一届学生毕业的时候,信誓旦旦地答应他们,我应该会在他们初中毕业前解决我的人生大事,并且一定向你们“汇报成果”。而如今,我深刻意识到了当时自己的盲目乐观,现如今他们这一批都快大学毕业了。估摸着再过两年,我就会收到好多他们的结婚请柬,这事儿,总能吓出我一身冷汗。

而 5 月的那一天,他们终于等到这一刻的到来,虽说是晚了点,但“终于”这个词我总觉得有更为浪漫的解读。“终于”意味着不容易,“终于”意味着那始终向往的结果就如此真真切切放在你的面前。而这一刻,我邀请你们,共同见证。

在场的这十几号已然毕业的学生之中,有在大学混得风生水起的、有在高中准备厚积薄发的、也有在初中经历着青春萌芽的。他们有些是典型的乖乖牌、有些是经常被我骂到臭头的“浑不吝”、还有些是在大队部的工作中，曾与我一起奋进过的大队委们。

谢谢你们，都还在

他们就坐在离我不远的地方，一眼望去，那曾经儿时懵懂的模样一个个已然蜕变成少年初成的样子。婚礼的过程中，他们每人都录了一段视频祝福我或吐槽我，而当司仪问我：“你又有什么想对这些特殊的宾客们说的吗？”

我想，这些，都是送过时间的人，而时间，会给予我们最好的答案……

（一）

春春是我第一届的学生，也是这一次的伴郎之一。用学生当伴郎虽说实属无奈，毕竟当时我已经找不到身边还有哪些未婚的男性朋友来担任如此重要的角色，但好在春春有着一种超出年龄的成熟感，那老成的模样，倒也不会让人感到有多少违和。

和春春的故事在他就读高中之后，都很迷。

我这辈子最尴尬的饭局之一就和他有关……

中考后，和春春的联系变得愈加频繁，我们都是那种喜欢找一个地方安安静静地坐上一下午，喝喝咖啡看会儿书的人。所以附近的咖啡馆成为了我们时常阅读和聊天的根据地。

恰逢有一天，书看到一半的他接到一个很突然的电话，高中的新班主任要来进行新接班后的例行家访，且已经在路上，没有什么可回旋的余地。又恰巧他的父母当时都在上班，无人接待。

接着电话的他突然有了一个“大胆且创新”的想法，他把他高中班主任的目的地转换到了我们的咖啡馆，由他的小学班主任作为家属的身份，来迎接他高中班主任的家访。

电视剧都不敢编的情节，写出来都没人信的故事——来自于刚读完初中的一个男生的“临时起意”，以及他之后所谓的“急中生智”。

因为临近饭点，在简单的会面和介绍之后，他还匪夷所思地提出了一起吃个晚饭的建议，而更匪夷所思的是，那位新接班的班主任，居然，同意了。

我有点不知道应该怎样去形容那顿饭的尴尬程度，当两个不同时期的班主任都坐在一起吃饭的时候，如果是我，我绝对会吃得消化不良。但春春却好似没有那么拘谨，那熟络的表现和神情，足以让我产生，我就是有这么一个略显老成的儿子，并且正在接待他高中新任班主任的错觉。

这就是他高中生活谜一样的起点，以至于他现如今谈到这段往事的时候都会觉得，就是因为这个起点，让他的高中生活有够错乱，最终导致高考的语文学科发挥失常。而我这个小学语文老师，必须要付出没有帮他打好基础的责任……

好吧，是我的责任，也很庆幸，在你毕业的11年后，我还能为你的人生，继续负责……

（二）

和小胖子的认识来源于一段时间的“喂养”，在小学阶段，我并没有任教过小胖子他们班级的课，但不知为何，他们班级的午餐管理却是由我来负责。所以，那段时间和他们班级的感情，统统来自那一个学期的午间“喂养”。

他们那个班级是极为可爱的，时不时地会在我的桌上投喂零食和饮料，并且留下一张张类似于怪盗基德的卡片，激起我强烈的好奇心却又不知道从何查起的纠结感。而他们也足够保密，以至于到临近毕业时，我才偶然得知，这时不时的“基德”卡片和那零零散散的投喂零食，都是来源于这个我从未任教过一节课，只是在午间为他们分过饭的可爱班级。

而小胖子在他们之中，又是另一个独特的存在。

和他的熟络，来源于几场上海申花队的球赛。他是一个足球迷，和大多数小孩子一样，从小对一支球队的喜欢多数来源于这支球队的实力有多强，所以那时的小胖子，作为一个土生土长的上海人，喜欢的却是一支名字叫做“广州恒大”的球队。朋友圈里发的清一色都是恒大赢球的感受，看上去比一个广州人来得更爱这支球队。

作为一名24年的资深申花球迷，那时候总会带着他去虹口足球场看球，不可否认，我有那么一点点的小私心——想着一个地地道道的上海人，应该被引导着去喜欢一支家乡的球队。而虹口足球场的气氛着实是有魔力的，几次三番下来，小胖子对于这支蓝色的球队有着越来越浓厚的归属感。

记得那是一场申城德比，赛前球票极为紧张，在不断地打听和求人下，终于在比赛前不久拿到了三张球票，和球友两人带上小胖子一同前往。但不幸的是，那是一场惨败，申花以1∶5的悬殊比分输给了同城对手上海上港队。比赛一结束，小胖子就难过得一言不发，圆鼓鼓的脸蛋上挂满了伤心的泪水。我和朋友为了安慰他，在球场外买了一件申花球衣送给他。申花的球迷是输得起的，而真正喜欢一支球队，并不会因为他的成绩起伏而有所选择，这来源于情感的积淀，也来源于信仰的追寻。

而我们也知道，一场惨败后仍然穿上申花球衣一脸骄傲的他，至此以后，定会成为一名真正的申花铁杆球迷。

2019年的足协杯，申花再次夺冠，小胖子略显矫情地在群里发布了他喜极而泣的视频，那张挂满泪水的脸和那一年德比赛后一模一样，唯独的区别却只在于，这张圆脸，比起四年前，更圆了而已……

(三)

小朱朱是当时的大队主席，也是在我担任大队辅导员后，第一批和我一同努力创建各种各样活动平台的学生。“午间深呼吸”广播站的创立、校园志愿者团队的组建、各种活动的主持担任……每一件事都有她的参与和努力。

说实话在那段时间里，对于小朱朱这样子的学生，我也总是愿意把最好的机会给予，也很乐意把最棒的资源共享。

而在她毕业之后，很多年都没有她的消息，甚至几年后的某一天，在马路上偶遇时，即使面对面走过，也只是擦肩而过，像陌生人般没有任何交集。这对于当时的我，是有着一种微妙的打击感的。

在做老师的人的概念里，总会有这么一种设定：毕业后能够记得你的多数是那些顽皮的、被你训斥过多次的、读书并不那么优秀的学生。而那些成绩优秀的好学生，毕业后多数就会把你遗忘……

以前我也对这个概念深信不疑，因为在自己的教师生涯中所经历的，和这一说法高度吻合。

但某一天小朱朱的来访让我对这个概念有了新的理解。

那是她毕业六七年之后的事了，眼前的这个小朱朱已然不是那个在小学期间稚气未脱的小女孩了，戴着一副框架眼镜，脸上虽说有些许痘痘，却也掩盖不住那种在高中女生中出类拔萃的知性气质。

那一次的来访略显尴尬，因为太多年没见，我们都不知道怎么开口才更为自然。只记得她说初中时因为选择了一所很不错的中学，每天的学业都过于繁忙，没有办法和其他学生一样，在教师节或者周末这样子的当口来小学探望，她每天的日程都被排得满满当当。而当略微能空下来的时候，却又因为太久时间未见，而不知道如何自然面对，她也怕尴尬……而当得知我即将结婚的时候，她怎么着也得鼓起勇气来一次，送上准备了许久的新婚礼物。唐老师，其实，我并没有忘记你……

这一次的对话让我有着太多的感悟，我们总是自以为是地判断，学生毕业后不再联系，是因为他们早已把你遗忘。但我们不曾冷静地去想过，之所以那些皮大王们能够经常来，或许是因为他们的时间略显自由。而正因为经常来，所以和老师的会面会更显自然，且有着可延续的话题，那自然是十分愉快的体验。而那些传统意义上的好学生，他们大概率会去一个比较忙的中学，或者有着比较满的档期，致使他们的自由时间并不充裕，也正因为这样，再亲密的关系，但凡长时间的空白总会显得有些尴尬和不自然，这也是阻碍着他们再次前来的理由，久而久之，关系就渐渐淡薄，却并不意味着，他们会将你遗忘……

我们总是习惯性地用眼前的现实去揣度事情的真相，而真正的情感则更需要我们用更多的同理心去体会。而老师们不用去奢求让每个学生都能记得你，而是在他生命中最好的童年时光里，你能够给予他足够的养分和温暖、关爱及照顾，即使散落天涯再也不见，这也会是他们内心里最美好的回忆，不是吗？

（四）

“老王”在初中的时候就跟着父母去往美国定居，期间回来过几次，每次回来都会有几天和我厮混在一起，讲讲见闻、谈谈人生，很是愉快。现如今他有了一个很漂亮的女友，更是时不时地参与着一些健美比赛，那一身紧实的肌肉着实让人羡慕……

但和“老王”的故事在一开始的时候并不愉快。时任语文老师兼班主任的我对他们这个班非常严厉，有时候也总会有一些惩罚手段。当时才四年级的“老王”总也改不了一些坏毛病，也并不能忍受这些动不动就要被惩罚的命运。所以他大胆地谋划着进行“起义反抗”。

那天晚上我就接到了那条措辞极端的短信，在短信里面用上了他所能用的各种语言进行宣泄。当然，小孩子的手段总显得那么拙劣，“老王”犯了一个很低级的失误就是，他居然拿他自己的手机发送信息，而那个手机也居然就这么不静音地好好地躺在他的书包里，查起来毫不费劲。

当天晚上接到他们家要求我家访的请求，还没进门就听到里面撕心裂肺的叫喊声，“老王”的爸爸正在里屋用不知道怎样的手段惩罚着他，从传来如此惨烈的声音判断，“老王”正在经受着最严厉的责罚，而他的妈妈则在客厅不停地和我说着抱歉。

"老王"的认错是必然的，但事后我们再谈起这段往事时，我总觉得他最大的失误就是拿自己手机发短信，以及提醒他以后要记得调静音。

微妙的是，至此之后，我和老王的关系不知怎么的就愈加亲密，我们有话可以一起说，有游戏可以一起打，他有女朋友的时候也会第一时间分享喜悦，我也总是第一时间进行赞叹或吐槽。

在我的眼里，"老王"始终是一个纯粹的孩子，这个"孩子"并不是说他幼稚，而用林清玄的话来说，小孩子的心理特征最难得的地方在于，他能忘了过去，纯粹沉浸现在。他也能对于极简单的事发生浓厚的兴趣，从而能将全部的生命向一点贯注。且他只是专注现在，没有未来的忧虑。

"老王"就是这么一个难得的"孩子"，他能不计过往，也不过多地想着未来。他只是完全地专注现在，用心爱着他爱的人且爱得坦坦荡荡，用力做着他喜欢做的事并做得颇有成就。而人最难得的就是在成年之后仍然拥有小孩子的心境：少忧虑、要从容。

（五）

小王和"老王"是一个班级的同学，不曾想到那个原本呆头呆脑，时常闯祸的他，在进入大学之后俨然成为了一个人高马大，帅气洒脱的大男孩。

小王的儿童时期大概和我们大部分的男孩子一样，就是把能挨的骂都要挨一遍、把能闯的祸都要闯一遍，只要他想，他就一定会去做那件会被骂、会被罚的事儿。

你说做眼保健操不能睁眼，他就偏偏当着你面睁眼给你看；你说今天的作业一定要交，他就一定会拖到最后还不完成；你说走廊上不能奔跑，他就一定会在下课的第一时间到走廊"嗷嗷"飞驰……

想来在小学阶段，他应该是被"教育"次数最多的孩子之一。用他的话来说，现在他所有写文章的技巧都离不开小学时写检讨的基础，各种类型，不限字数，只要是叙事型的检讨书，他都能够保证写到态度诚恳，感情真挚。

现如今的小王显得成熟多了，前阵子他为了帮他女友过生日，提前大半月开始筹备和策划，一系列的准备过程通过镜头一一捕捉和记录，然后在女友生日当天剪辑成微视频，和准备好的礼物一同呈现，成为当天最大的惊喜。

这样的用心是能够让人肃然起敬的，我怎么都不会想到当初毛手毛脚，把所有祸都要闯一遍的他，会为了一个心爱的人，做如此细腻和繁琐的事。

我在他朋友圈底下不禁留言道：小学读书时如果你能有这样的一半心思，你说你能少挨多少骂？他立马回复到：哈哈哈，谁让那时不懂事……

是啊，懂事了的小王，潇洒、帅气，又如此真挚和细腻，又有谁能想到这会是当初那个令人头疼的“皮大王”呢？

（六）

阿康是唯一一个举家来参加我婚礼的学生，由于地理位置的关系，他是在我所有任教的学生中离我最近的那个，也是我“家访”次数最多的那个，无论是在毕业前，亦或者是在毕业后。

我记不太清阿康的变化是从什么时候开始的，小学时中规中矩、老老实实的孩子，到了中学以后，或许是因为环境的变化，渐渐的让他对未来的目标变得越来越模糊。

但好在这小子对我还是极为尊重，刚开始时遇到什么麻烦和不悦，也都会和我讲讲，我也会给出一些自己的建议。虽然这样子的建议，他采用的频率都不高，持久力也不强。他的爸爸妈妈也会在家里碰到问题的时候把我临时拉过去做“老娘舅”调解，几次三番下来，我也多多少少了解了他的现状，有些事难以回头，有些事积重难返，不免会感到有些无力和遗憾。

模糊的人生规划是可怕的，阿康至今还不知道自己究竟要走在怎样的道路上才更为稳妥和踏实。每当我看到你在别人的诱惑中放荡形骸，又接连遭受打击，在创伤的过程中踽踽独行的时候，我真的心疼你。你像一只看不清方向的候鸟，早早地踏入社会后又在社会的风浪中摇摆不定，彷徨无措，伤害了别人，也亏待了自己。

婚礼上的你多多少少有些发福了，但唯独不变的还是你看到我时那毕恭毕敬的样子，像极了小时候教室外的走廊上，你和我打招呼时那憨态可掬的模样……

（七）

“阿革，听说你要去美国留学了？”

“是啊，下学期就要动身了。”

“你少来，你是专门过去看 NBA 的吧。”

“哈哈哈，对对对，顺便念个书。”

我想，阿革确实是这帮学生中，最为独立和有自我决定能力的那个了吧。

严格意义上，张革算不上我的学生，在我刚做老师任教那时的 5 班的时候，张革所在的班级是隔壁曾老师的 3 班。

而在春春上了高中后，他和春春成了形影不离的好友，也就很自然地融入了我们的圈子。

和阿革的缘分更多是来自于在兴趣上高度的契合。那时候他健身带着我，我跑步带着他，我们相约过两周比一比谁的体重变化比较大，体脂上升比较多，谁就要请吃饭。那几年里，两个人的相互较劲，让那段时间成为了我们最为营养的岁月。

高考后，阿革考上了南京的一所大学，而他的父母则因为生意的关系把上海唯一的住宅出售，举家搬到了浙江。阿革就在南京度过了一个人的大学岁月，虽然他嘴上说着自在，但我们都知道他比常人来得更为独立和坚强。

而当现在，当所有人以为马上要毕业的阿革即将会找份还不错的工作，来完成他说他要凭借自己的努力回到上海的愿望时，他却选择了去美国继续留学深造，没有人建议，也没有人支持，完全是他自主决定的结果。

而我们身边有好多人，人生中的重大投入，耗费大量时间成本和精力成本的决定，都是被裹挟着产生的，都是被环境建构的。小时候，我们为了学奥数而去报班，因为别的孩子都在学；长大后我们为了考证而去学习，因为别的同学都在考……我们曾几何时能有自己的独立思考，真正想清楚自己要什么，而不是被其他人裹挟着往前走。

在这个时代里，没有一个力量可以清晰地承诺你生命的坐标，你得自己觉得，你得有像阿革一样自我决定的能力。

我希望有一天，我能够在上海等着你，等着你用自己的力量，稳稳地，重新站在这片生你养你的土地上。

（八）

阿荫是我见过最帅气的女孩子，无论是从外形，还是气质。

初识阿荫是在她二年级的时候，一位扎着马尾辫的，戴着绿领巾的小女孩敲开我办公室的门，用她稚嫩的声音拜托我给她一次广播念稿的机会，而这是一篇她在周末刚刚完成的，对某一个社会议题的采访稿。

小学里很少会有“毛遂自荐”的事情发生，孩子们大多都习惯等着机会砸向他们，而面前的这位小女孩，才二年级，就能有这样的勇气来讨要机会，着实是一个独特的存在。

而在那次广播中，阿荫虽然没有高年级的同学那么干练，却也准备充分，表现得十分出色。至此，我记住了这个扎着马尾辫的酷女孩儿。也因此，从三年级开始，她就始终是我大队部里的骨干，无论什么事，她都可以做到自己能力范围内的最好，而更让人欣喜的是，随着年龄的增长，她能力的阈值也越来越高。

难得的是，在学校的学习和工作之余，她在体育方面也颇有成就，作为这个年龄段业余跆拳道的顶级选手，阿荫经常出没在大大小小的比赛中，并且获奖无数。而跑步作为打拳的基本训练之一，她的水准也远超同龄人。至今我还留有陪同她参与“上海 NIKE 少儿马拉松”她跑步时的照片。那飘逸的跑姿，那爆发的力量以及那自信的笑容，让身处跑圈的我们都为之惊叹。

你要相信，这样的自信不是凭空得来，而是完全建立在自律的基础上的。就像拿下金牌，脱下跆拳道服后那一块块的乌青一样，那些光鲜亮丽的背后，又有着多少我们看不到的付出和努力。

等着吧，若干年后，这定是一个拥有无限精彩的炫酷女孩。

（九）

大炮是春春和阿革的同学，一次偶然的遇见，让她也成为了我们之中的一员。

虽然我不知道“大炮”这个名字是怎么来的，也不知道为何要给一个相貌端庄、五官秀丽的姑娘取如此一个霸气外露的名字。但不得不说，这是我见过取得最为成功的绰号，它足以让我们这些关系最好的朋友们，在某一个瞬间提到她的原名时，都会不约而同地愣一下神，然后出现各种同音不同字的版本。

大炮同学最大的特点就是单纯，单纯到非常“好骗”的地步。

有一次我在群里无意间发了一个有关于大理和丽江的新闻链接，大炮一脸诧异地问：“怎么了，你要去丽江啊？”

我想也没想，脱口而出的就是：“对啊，计划很久了，下个月就辞职，然后准备用一年的时间到处转转。”

由于这个群都是由最好关系的学生组成，所以在日常聊天时，说话可以几乎不过脑，也不用太认真，大家都习惯了平时互相玩笑和吐槽的模式。

但大炮不知怎么的就相信了，询问各种细节，而群里春春、阿革和小胖子这种看热闹不嫌事儿大的人，就你一言我一语的替我把这个故事越编越完整，我也就将计就计地表示这就是计划中的事儿，而我，即将离开你们一段时间。

我至今难以忘记大炮之后几天的反应，她非常用心地替我找了些当地城市的资料，认真地询问了我一些出行的具体计划，更要命的是，她居然手写了一封离别信，用邮寄的形式寄到了我的单位。

那封信我至今保留着，那每一句话都显得如此真挚，她细数着我们之前的种种回忆，也憧憬着之后我去往各地所见所闻的分享。这一切都是那么美好，除了这傻姑娘真的把这事儿给当真了之后，这要命的台阶我该怎么下……

而到了原本故事中那个离别的日子，大炮早早地来到了指定的地方会合，而我拖上了那些和我一起编故事的同伙，一起来收拾这个残局。

得知真相后的大炮一脸惊讶得让我们觉得好笑，她涨红着脸，站在人行道的中间，一言不发地和我们憋着气。不一会儿她忽然往旁边移了移，说道：“不要挡着别人走道了，你们再等等，这事儿没完，让我再气一会儿！”没错，大炮就是这么一个单纯和善良到极致的姑娘。

她一边骂我们“神经病”，一边也狂锤自己的脑袋，说自己简直笨得可以——“我不管，你们得赔偿我精神损失，我难过了大半月，你们可不能再让我被人骗了！”

行，就冲你些话，就冲你那封信，这世上，只有我们才能“骗”你，其他人，想也别想！

（十）

小旻在这些同学中我见的次数最少，但每次教师节或者是我生日的时候，她总是会先来一条信息：今天放学又会很晚，不能来见您了，祝福一会儿送到。

所以，虽然见面最少，但小旻给的“惊喜”却是最多的。

每次接待外校的老师来我办公室的时候，在他们走过橱窗时，我总是会带上一句：“这些带有我照片的拼图啊、抱枕啊、玩偶啊以及那些照着我样子做的蜡像啊什么的，统统都不是我自己弄的，千万别觉得我很自恋。”

是的，这些带有我个人元素的东西，九成都是小旻送的。她会在节日前就做好各种企划，然后提前很多天去联系完成，再在当天让家人亲自送到我的单位。每次打开盒子，卡片里满满都是她要说的话，而盒子里，多数就会是这些极具特点的礼物。

在我看来，虽然毕业后和小旻的见面略少，但却始终把她当作是一个很重要的人来看待。她会让你知道，有些情谊，即使不用见面也是可以感受到温度的存在的。而不管生活多么忙碌，只要真心在乎，对方总能感受得到。

就像某本书里说的一样，不管是什么关系，有一种最好的相处模式，是两个人即使没有相见，也知道在一个空间里，我知道你在，你也知道我在，我们彼此专注着眼前的事。偶然某一天的遇见，也会像从未分别过那样从容和自然。

（十一）

记得在当辅导员的第一个学期，所举办的第一个活动是学校志愿者队成立仪式暨校园首届风采大赛。决赛的10位选手，加上串场的3个节目，一共13个舞台节目，在一个偌大的舞台上进行比赛和展示，而所有舞台呈现的内容只由我独自负责，从构思、到编排、再到最终的彩排和呈现。

那一段的经历是辛苦的，而在那个活动中，给予我最多鼓励和支持的学生就是以阿恒为首的学生团队，而阿恒不仅仅担任主持，串场的节目也都有她的协助。在需要彩排的每一个周末，她没有一天是落下的。

在刚担任辅导员，一切都不是那么顺手的时候，有这么一个学生副手，着实是一件令人欣慰的事情。而和阿恒的情谊，也就是从那个时候开始的。

作为"午间深呼吸"的主创人员，我们一同改革了学校原有的读稿式的广播模式。阿恒是一个追求精致的女孩，一个个栏目的设计，一首首音乐的把关，我们从"实验期"开始，一点一点地打造出了一个同学们爱听的广播电台。第一期、第二期……阿恒毕业的时候是第二十期，而就是这样子的电台延续着我们当时的风格，至今也已经快两百期……

而现在正在就读大学的她无疑是更为精致的，我指的精致并不是物质上的精致，而是那种不需要刻意雕琢，从而能自然地显露在气质中的典雅格调。而这样的格调，足以让每一个认识她的人都露出会心的微笑。

（十二）

嘟嘟经常会在我在外看书的时候搞"突然袭击"，她们似乎早已摸清我的习性，只要是假期的这个时候，我就一定会出现在某个固定的咖啡馆的某个固定的位子上看着某一本喜欢的书。而她们的出现并不会让我感到有丝毫纷扰，暂时合上书本，买好饮料，开始天南地北地聊聊，却也是件难得的快事。

我会和她吐槽一下最近工作的不快，表示现在这个班的学生还真不如你们，想想还是当初的你们比较好。而她会和我探讨这是一件极为有趣的事情，老师们都说现在的班级不如以前的，其实也并不是错觉，而是现有的痛苦感是真实的，且残留的问题也是急待解决的；但过往的痛苦感却因为时间的关系被稀释了，留下的都只有美好的回忆。

你看，有些问题，他们要比你更为通透。

而她则会和我说一些她们班级的八卦，毫不避讳，毫无保留，青春期的那些事儿也总是有趣。

现在的我仍然有和当初一样的阅读习惯，有时候书看得累了，倒也希望在放下书的那一刹那，就能看到嘟嘟做着鬼脸站在窗口挥了挥手。

你来，我再去把咖啡续上……

（十三）

最后的部分留给安安。

不管你承不承认，每个老师多多少少都会在自己的学科里有着自己最宠爱的学生，而安安就属于这样子的学生。

大多情况下，我们的相处都是愉悦的。安安喜欢写作，我就集合班内三位在写作上颇有造诣的同学，加上我一起进行"交换随笔"，每人写一篇，往下传阅。几个学期下来，厚厚的两本随笔本里记满了我们的故事。

我也曾把她骂哭过，因为一个很小的失误，我非常生气，觉得这压根不是你能犯的错误。我们总是不自觉地对自己最重视的人加以最大的期待，也总是最承受不住那些最关心和最在乎自己的人的责备。

进入中学后，我常常可以收到她在文学社新作品的刊登，看到她的水准每次都在提升时，总是略感欣慰。

我藏着一篇她在中学时写到我的文章——

我的良师益友

沈安卓

雨水自雨伞"倾泻"而下。

雨滴像是泄愤一般，将忍了几个星期的躁动不安一并化为了力量，撞在路人匆匆移动的伞上，撞在路边小店的黑瓦上，撞在路面的砖块上，噼噼啪啪地全然没了江南雨的朦胧情意。天与乌云一起沉沉压下来，压在一把把花花绿绿的伞上，同样压在了我的心头上。

如今的我还记得第一次被他批评，也是在如此一个梅雨季的下午，恍惚而不知所措地尴尬着。窗外的雨无情地敲打玻璃，檐下的话深刻地叩击着心扉。心，渐渐随着乌云沉了下去。

当时的我因一时不愿动脑思考的念头兴起，而照着同学的预习作业乱抄一气。其实预习并没有多大的量，无非是抄写字词并解释，但原想回家后补的一个漏洞，因我们的疏忽大意而同时空缺，他发现了，我俩在教室里伫了整整一节课，听他的数落，听他的怒火。

我想控制住泪水不随雨线一同淌下去，但情绪终究不能被想法所压抑，那天，我真的感到了他的失望。我本想：我是他的得意门生之一，应该能逃过惩罚吧？但我的侥幸并没能成真，我依旧受到了很重的惩罚。我本该想到的，他一向耿直不阿。

雨渐渐小了。

听着雨回忆，久久才发现雨已小了很多，细密的雨线与豆大的雨点都消失在了我的眼帘之中，那种江南雨熟悉的温柔情愫逐渐回归了。偶尔几滴雨接连从屋檐滚落，在浅浅的水潭中溅起几朵舞着曲儿的水花。

不久后，他邀了一个与我同级的女生，一个高中的哥哥还有我，四个人去人民广场闲逛。我们像孩子一样吹泡泡看泡泡，在空中幻化成泡沫；我们去钓娃娃，为失去的机会捶胸顿足；我们去打生化危机，被逼真的3D效果吓得心惊肉跳；我们在饭桌前互相调侃，比如他什么时候才能找到师娘……起初我还因惦记着上次被严惩的尴尬而拘谨，随着时间的推移我心中激起的水花也被抚平，最终我们莫名其妙地在人民广场的栏杆上笑趴。

雨停了。

念及当初在人民广场的那次疯狂，嘴边不由得再扬起了一抹藏不住的笑。树枝上的叶子被雨水洗刷得锃亮，和滑落的雨滴显得如此和谐，毫无违和感，作业事件给我带来的最后一丝不安也随风而逝了，不着痕迹。

他有时也会很文艺，为了培养班中同学对于写作的兴趣，交换日记成了彼此心灵之间的牵挂。在字里行间，我们了解了他，他也了解了我们，我们心甘情愿让那本与字典一般厚的笔记本吞了情绪，存了回忆。也正是那本笔记本，充满大家心情与想法的笔记本使我爱上了写作，从此，“写点什么”的想法一发不可收拾。

天晴了。

柳絮抚胭脂，微风弄青丝。正是暮春百花盛开之时，我人生的旅途中也有了不少成功之花的陪伴。也正是他，我的良师益友，纠正了我的错误，将知识倾囊教授给我们，拥有不凡的亲和力，培养了我们的兴趣，扶持我们走向成功。

春天最烂漫多姿的时刻踏着轻盈的步伐而来，这是属于我的春天，也是属于我良师益友的春天。

人们常说，在人生的道路上碰到一个好的老师有多重要，但人们不知道，对于老师而言，在执教生涯中，如能碰到有缘分的学生，同样也是一件值得庆幸和骄傲的事。

“良师益友”——对于安安和我来说，都是一样……

写完十三位学生的故事，整个过程中脑海里奔腾过各种各样的画面，那从教13年里的片段一点一点地浮现在了眼前。原来回忆是不会凭空消失的，只要和你共同回忆的那个人还在你的生活中，你们的回忆就不会消散。

曾经的我有一个执念，总认为一个老师能有多成功，就在于他所任教的学生里，在毕业后还有多少人会记得他。殊不知，这人世间有多少的痛苦都来源于这等执念。

而现在，我从不奢求有多少学生能够记得我，岁月比你想象中残忍得多，随着时间的推移，朋友圈里进进出出，来来往往那么多人，又有谁能始终留着谁。

我们要做的，就只有在孩子们人生中最美好的这几年里，用心爱他们，用心教他们，以至于让他们在长大后回忆起童年的生活时，能留有最美好的回忆。它就像是一列列车，到站后，纵然有再多不舍，总有许许多多的人从此站下车。但也总有那么些人，会在车门关闭的那一刹那停下脚步，留在这儿，继续和你一同领略下一站的风景……

在婚礼的舞台上，我望着他们全体起立祝福的方向，眼前的这 13 个人，每个人都一脸稚气地朝着我微笑。

各位，很高兴认识你们，也很衷心地谢谢你们，谢谢你们这群始终送着时间的人……

分享阅读：

《时间会证明一切》　　辉姑娘　　中信出版社

分享观影：

《老师好》

《嗝嗝老师》

离别这么近，又那么远

老高的离去是在2008年，至今为止已经有13年之久了。我从1998年认识他，11年的时间让我们从萍水相逢的玩伴儿成为了无话不谈的朋友，再从无话不谈的朋友成为推心置腹的挚友。却怎么也不会想到，迄今为止，我们离别的时间已经开始超过我们熟知的时间，这份感情逐渐开始淡落，说起来真是一件令人难过的事……

而离别送机时的场景至今深深地留在脑海里。

（一）告别的消息

飞机场的骚乱一会儿就停止了，这里的人都有着自己的方向，匆匆地起飞，匆匆地降落，带走一个个的故事，留下一串串的回忆……

我想，他离我远了。

老高要离开的消息是在送机不久前才知道的，说实话，有些突然，并且不以为然地觉得这只是一个开得稍微有些过火的玩笑。我拿着电话还是像往常般嘻嘻哈哈，控诉着他的“不仗义”，却忽略了电话那头那异常的镇定和安静……

“嘿，和你说件事。”

“啥事这么一本正经的要特意打个电话来说，赶紧请哥们吃饭，你的事必须得下饭说。”

“后天周末是得请你们吃顿饭，把老郭他们都叫上。”

“哦哟，这执行力可以啊，说吧，啥事得这么兴师动众的？”

“下个月我动身去美国，要和你们告别一下。”

“我去！请假去旅游啊？啥时候回来？带件火箭队的球衣呗。”

“去留学，估计一段时间内不回来了……”

“你少来，你上班上得好好的，去留啥学啊？”

“后天晚上6点半，具体地址我明天再短信你。”

一阵沉默……

美国——一个当时在我看来只有在看NBA或者战争消息的时候才会偶尔注意的国家，老高清楚地说道这就是这次航班将要飞往的目的地，以及清楚明确地告知了我们具体的航班信息。

最后一次的聚会上，我仍然开玩笑似的一再强调我不相信这个略显离奇的玩笑，你是怎么回事？这么多年的兄弟，计划这么久的留学，这么大的事，你怎么能直到现在才告诉我们？咱们说好的一起看奥运决赛这件事咋办？你还给我说说，下个月本就计划好的球局咋算？好的，这些都不重要，那你再说说，你女朋友咋办？老高却一再地说着不好意思……不知怎么的，一句句的“抱歉”，就如此简单且重复的，把这么多的“咋办”都给搪塞了过去。

我虽然不停地在吐槽，却也暗自明白，这就是个不可逃避的事实。我只是在想，我该如何面对这个突如其来的，计划外的，我不得不面对的离别。

11年……我说生活太压抑，他说现实很残酷；他说你博客的《这里应该没有别人》是篇好文章，我说其实你写的《川树》也还不错……更多的时候，我们会在一个房间里、一间阳台上、亦或者是一个操场上，谈理想、听光良、踢实况、说《东京爱情故事》……

我和他之间的熟悉就好像《皮囊》里说的，我知道那种舒服，我认识的这里的每一块石头，这里的每一块石头也都认识我。我知道这里的每一个角落，怎么被岁月堆积成这样的光景，这里的每一个角落也都知道我，如何被时间滋长出这样的模样。

这是一种谁都企及不到的境界。

（二）离别的机场

2008 年老高的背影，是我迄今为止见过他的最后画面

2008 年 8 月 17 日，浦东国际机场。

这是我第一次感受到原来机场是如此嘈杂，在这里，我要把自己的回忆和别人的故事一起送上了太平洋的彼岸……

我和老郭在脑海中设定了各种离别的方式，总觉得在离别的时候就应该有离别的样子。甚至都想着，如果在恰当的时候能够播放起《东京爱情故事》的主题曲，在他走进安检口的那一瞬间，音乐随即到达高潮，他能够像丸子那样回过头来，而我们每一个人，都露出赤名莉香般的微笑，这将会是多么浪漫和经典的一个画面……

但和我们的想象背道而驰的是，最后的离别并没有多少伤感，我们还是像往常一样，说话、表情都没有像电视剧里那样来得那么戏剧，原本定好的“剧本”，也都没有谁能在这个气氛中去实施。只是这么生活化的场景在我看来，似乎挑错了地方。

我没有告诉他我会在他进通道的时候拍下他在中国的最后一个背影，但当那个时刻就这么到来的时候，我不知道是我的手抖得厉害，还是他走得实在太快,我只能勉强抓下了一个他转弯时的影子……一切都和想象中不一样,他甚至没有回头,那一刹那我们似乎能体会到《东京爱情故事》里莉香当时的心情。

他爸说,他不敢回头……

我微笑不语,我那抖得厉害的手确实也告诉我,或许,我也不敢他回头。

我们转身快步向反方向走去,不知怎么的,刚刚还略显安静的机场,却又恢复了往常的嘈杂。

某年某月某日,离别这么近,又那么远……

(三)致每一年的11月7日

我想我们都已经渐渐长大,长大后就不愿意去做一些类似于怀念的事,因为长大后会有许许多多的事情逼着你只能向前走,甚至有些时候都不会有机会让你停下脚步。长大后的时间永远是过得那么仓促。

可我偏偏是一个喜欢回忆的人,并不是因为那些过往有多么美好,也不是因为现在的生活有多么糟糕,只是那些过往的片段里有我类似快乐的承载。所以选择在11月17日这个特殊的日子里,关上灯,放一首歌,让心绪渐渐平定下来,借着屏幕的亮光,和着音乐的回荡,回忆,一点一点开始播放……

我从未刻意计算过你已经走了多久,在我的概念中,这应该是热恋中的情侣才会去做的事。而我只是记着你离开的那个确定的时间,记得那一天里所有的片段以及瞬间,也曾记得当我得知你要走的消息时,那种茫然惊讶的神情,以及你一如往常般的平静和淡定……这么些年来,你没有回来过哪怕一次,就连电话的次数也少到可怜,甚至在某一个特定的阶段,在网络上也用彼此最擅长的文字,产生过以往十几年来都从未曾有过的争执……或许这些都是距离带来的影响。

我一直在我所任教的班级里和孩子们灌输对于"朋友"的概念,我想到了我这样子的年龄,应该已经能够很好地把"朋友"和"玩伴儿"分得清清楚楚,只是我不知道当距离这么远的时候,我所说的"朋友"在自己脑海中反射出来的影像，是否依然如2008年之前那般清晰。

我想已经太久太久没有人和我好好说过话了，人长大了，失去的人和东西也就越来越多。我极力想找回那时候所有共同的归属感，只是我始终无法预见另外一头的苍白与淡忘。我不止一次和你询问过你归来的日期，这并不是那种客套式的寒暄，在我看来，那个日子对我来说极为重要，当身边的人越来越不了解自己的时候，我也开始渐渐对自己的影像产生模糊，我有着太多太多的话要和你说，但这些年来，我根本不知道你在哪儿……

老郭和我都已经结婚了，我记得当时在我家那个大露台上，才20出头的我们三个肆意地畅谈着未来。我们按自己的猜想排列着我们之中组成家庭的依次顺序……结果还是老郭走得最快，他的儿子现在帅得可以，一转眼也已经三年级，他也总和我探讨着一些有关教育的话题，这时间过得真快。

老郭和我的婚礼你都缺席，甚至在你离开11后，在我的婚礼前，我都不知道该用怎样的方式来通知你，我只是在想，那个露台上承载过的究竟是些什么……至少我，把它称为一种名叫"快乐"的东西。

大冰说，时间无情，它才不在乎你是否还是一个孩子，你只要稍一耽搁，它帮你决定故事的结局，它会把你欠下的对不起，变得还不起；又会把很多对不起，变成来不及……

11月7日，2008年前每一年的这个时候，我都会通过各种不同的方式为你庆生。而这些年，我有点不确定你是否还看得到。那个当初还是我给你的QQ号你用了那么多年，现如今也已经被你一清而空，完全找不到任何你存在过的痕迹。如果那些文章和心悸可以随意格式化，那回忆，是不是也会一样……

你在美国已经过了13个生日，我依然不知道你的归期，或者说不知道还会不会有归期。同样，我也无法得知在那儿的你过得怎样，更不知道那里有没有人为你庆生。如果在大洋彼岸的你依然记得这里有我们共同的记忆，是否可以忘记时差，停下忙碌的脚步，共同寻找……

生日快乐，在有我没你的这儿。

生日快乐，在有你没我的那儿……

（四）——现在致老高的一份信

老高：

写书的时候犹豫了很久，要不要把你写进故事中，现在的我好像很难来把我们的关系进行一种准确的定义。前阵子电视里谈起《东京爱情故事》这部老剧就要翻拍了，我下意识地说了一句："可千万别毁掉老高最爱的剧。"我妻子问我老高是谁。我一下子愣住了，从"我最好的一个朋友，现在在美国"，变成"我有一个在美国的老朋友"，再变成"我曾经的一位朋友，08 年去的美国"……

但既然书中要写的这个段落叫做"关于情感"，我怎么能否认，在我人生中关于友情的那一部分，又怎么能少得了你的故事。

我已经很难找到一个具体的时间点来回忆，我们究竟是怎么从无话不说，到现在的几乎没有联系。以前还用着砖头机的时候，短信可以发个几十条，无论几点，无论在哪儿，电话也是拿起来想都不想就拨了过去，根本不用去想要说些什么，没有任何顾虑，因为无论说什么都不会觉得尴尬。

而现在，微信已经加了许久，除了刚开始时的几句闲聊之外，谁也没有再一次的起头……我们聊的话题大相径庭，时间太久，离得太远，又是这么多年没有过像样的交流，或许再难找到当时那种默契的温度。生活模式差得太远，我们也很难再站在对方的角度看待问题了……和老郭建的那个三人小群，也已经沉寂了多久，似乎除了搜索之外，再也翻不到它在哪儿了。

我清楚地记得上高中的时候，我们每天骑着车，不紧不慢地从家里赶去学校的方向。一路上说说笑笑，总觉得自己一个人回家的路总比和你一起上学时的路要长很多，虽然理智告诉我它们在距离上是完全一样的。

我在昌里路拐弯，你去不远处的历城路进校，这两条路前不久我刚刚经过，虽然有些许不同，但是仍然保留着当年的模样。如果你哪一天回到这儿，一定也还是会记得哪个拐弯处的小吃摊最好吃，哪个角落的书报亭是我们常去买体育报的地方，又是在哪条小路，曾一起等候过那个给你写过情书的姑娘……虽然这已经过去近 20 年了，总得有些东西没怎么改变，才能多少保留住一些当时的回忆。

这些年和老郭的交流中，也偶尔会带到你，但也点到即止，谁都没有勇气把这个话题展开，也不知道该如何不失尴尬地进行下去。我老妈也是一样，问过好多次老高最近怎么样，我却始终不知道该怎么回答后，这些年来，也不再提及，好像我们都默契地和时间进行着遗忘的妥协。

前两天翻开高中时写的随笔，那字里行间，多多少少有着你的痕迹，我微微一笑，唯独那高中随笔本至今保留着你我的羁绊。就像很多人所说的，两个灵魂既然相认过，彼此默默的祝福，也不失为一种最好的结局。

写着信的我，CD 机里放的是游鸿明的歌，我依稀记得你是靠一曲《荒芜心田》追上当时的女朋友的。那张当年的 CD 还在，我保存得很好，就像保存你我那些年的回忆一样……

——老唐

2020 年 2 月 9 日　晚

（五）尾声

用复杂的心情写完了我和老高的故事，这些文字有些是当年的，而更多的是出于现在的心境。

宫崎骏说过一段话，大意是说人生就像一列列车，路途上会有很多站，上上下下的人会有很多，其中很少有人会至始至终地陪你走完，当陪你的人要下车时，即使不舍也要心存感激，然后挥手告别。

我不知道有多少人和我一样，那些原本在生活中炽热无比的感情，随着时间的流逝，也不知道从何时开始，就逐渐变淡，慢慢地，就这样消失不见。

那些原本在上学期间好到可以穿一条裤子、为你打破过头、为你跑断过腿的朋友们，上次见是什么时候？是不是某个同学的婚礼？却又完全不确定下一次见又会在哪个场合，又或许根本不知道到底还会不会再见……

很多人，走着走着，就散了……

我记得我在自己的婚礼上，对着在场邀请来的学生时代的朋友们说过这么一段致辞：今天到场的还有我学生时代的各位朋友，有小学的，有中学的，还有大学的，他们就坐在那儿，人并不多。我发现我们越长大，圈子就越复杂，进进出出的人越来越多，我们一直在面对接受和离开。但很高兴，这么些年来，你们都还在。谢谢你们在我人生中的各个阶段给予我的美好回忆，也很高兴你们能够留下来。进进出出的人这么多，我知道，留下来的才是最重要的……

但我知道，不管怎样的感情，都是需要去维护的。在看文章的你如果还有那么些重要的人陪在身旁，不要去天真地设想：我们的感情这么好，一定可以经受住各种考验。却不知，越是美好的东西，就越需要安静的力量去守护。

愿我们都能把最好的回忆，随时能和那个最重要的人分享。
因为有你在的回忆，才能听得到声声回响……

《偶然》
你我相逢在黑夜的海上，
你有你的，我有我的，方向，
你记得也好，
最好你忘掉，
在这交会时互放的光亮。
——徐志摩

分享歌曲：
游鸿明　《荒芜心田》
林志炫　《凤凰花开的路口》

最温暖的问候

河口湖旁的富士山

每次去往其他城市，总会带上好几套跑步的装备，在我看来，在一座陌生城市的街道上奔跑，满眼都是陌生而新奇的景色，是一件极为有新鲜感的事。

这些年来跑过重庆的山路、厦门的海边、北京的故宫、杭州的西湖……在很多城市的景观里，都曾在清晨留下过自己跑步的足迹，而去年在日本的旅行也是一样。

日本旅行的第四天，我们来到富士山脚下河口湖旁的酒店，这真是一个很迷人的地方，绕湖的那一条公路几乎没有多少车子往来，而临湖而站，右手边是水平如镜的湖面，湖上迷蒙着一层层的水雾。左手边是错落有致的房屋坐落在高低不平的山脉之中，别有一番景象。我不由地感叹，这着实是一个晨跑的好地方。

次日的清晨 5 点，按计划顺时针绕湖而跑，立马就进入到了这一片美丽的风景之中。

一路的景色的确迷人，让人不自觉地放慢配速，边跑边享受着这清晨湖畔最好的风景。正当这时，迎面跑来一位中年男性，擦肩而过之前朝我的方向挥了挥手，并大喊了一声“Fighting！”

说实话我是诧异的，在国内的时候，我们不习惯和陌生人打招呼，总觉得跑者们在路上的偶遇是再自然不过的事情，即使想打招呼，也担心突然间的热情会不会让人有所尴尬。

而这位大叔的脸上，看不到任何不自然的神情，他热情地和你挥着手，鼓着劲，然后继续朝前跑去，似乎这就是他生活中最常见的情景。

而使我最为动容的是和一位日本老奶奶的“邂逅”。

路程行进到第 13 公里时，刚跑过一座大桥的我有些喘，不自觉地放慢些脚步。和刚才不同，过了桥，河口湖畔则是另一幅景象。马路旁的小店和温泉旅店鳞次栉比，木屋式结构的建筑浸润在层层山林之中，在那天清晨蒙蒙的迷雾里显得别有意境。

离我不远处有一家小店似乎已经准

静谧的湖畔

最温暖的一次跑步邂逅

备营业，开门的是一位穿着简易和服的老奶奶，花白的头发下是一张极为祥和的脸，那静缓的动作让你仿佛感觉不到岁月的流动。

清晨的路上只有我一个人跑步的身影，那个老奶奶很快就注意到了我。正在把门上的木板一块块卸下来的她停下了手中的动作，把身体转到了我的方向，双手合着放在身前，用日本妇女最标准的动作向我微微鞠躬，满脸微笑地说着："哦啊哟，刚八代！（早上好，加油！）"然后右手握拳向我表达着奋进的意思。

我下意识地和老奶奶挥了挥手，却惊讶地有些说不出话，跑过去的那一刹那，我回头向她望去，只见她继续拿起木板，迎接着这再普通不过的新的一天的到来……

不得不承认，这是我近些年来感受到最温暖的时刻之一，不来自家人，不来自朋友，而来自遥远的日本富士山脚下的河口湖旁，一位素不相识的八旬老人的清晨问候，简单且纯粹。而这就是我在日本期间，最美好的回忆。

是的，真挚的问候是可以给人带来温暖的。

生活中的我们总是腼腆，好多时候我们都不善于主动和人产生联络。这并不是过错，毕竟在我们的生活环境和成长轨迹的熏陶里，"体面"太过重要，从而"避免尴尬"就成为了最安全的做法。

而在人际关系中，一旦当我们太过追求安全，从而刻意保持距离的时候，我们就必然会失去一些只有近距离接触才会带来的温度。

我们害怕被拒绝而不敢开口，我们害怕接触而固守不出，我们害怕尴尬而躲避交流。我们始终在一个最为安全的地方进行着自我的酝酿，却不敢勇敢踏出一步，尝试一下人与人之间基于友善的"碰撞"。舍得去做一些改变，或许在你不经意的举动后，也会有些意想不到的别样收获。

好几年前，我在家附近的一条马路上和往常一样夜跑着，由于这条路刚刚开通，并没有多少人知晓，这些天来在这个时候来这里跑步的人，也多数是那么几张熟悉的面孔。

正当进行了又一个往返的时候，不远处有一个熟悉的身影，我大致判断这就是某一个我非常熟悉的跑友。我立马快步赶上去，和往常一样用最随意的拍肩和他打了声招呼:“嗨,这么早就出来跑啦,今天什么计划?”

只见一张诧异的脸庞回转过来,一张完全陌生的脸上布满了疑惑的神情……原来,他俩有着这么相似的背影。

异常尴尬的我只得硬着头皮往下聊:“以前没见你在这里跑过步嘛,刚来的?”

“是啊,都说这条路新开的,人少车少环境好,就想着过来试试。”

“没错,趁人少的时候多跑跑,难得有这样空旷的马路了,今天准备跑多少?”我一边跑,一边和他聊着。

“也就 10 公里吧,一起?”那人微笑地发出邀请,我也很愉快地接受了邀约。

那天晚上,我们一路畅谈,我了解到他是一名在校的大学生,做着许多有意思的公益。他也非常感兴趣地询问我去外地参加马拉松比赛时需要注意的事项……10 公里的路程比起往常轻松和愉悦了许多。

就这样,身边又多了一个可以约跑的朋友,我们至今仍保持着不错的关系。这全部都来源于一次误打误撞的,陌生人之间的“问候”。

早在 1973 年,第四次中东战争期间,一对澳大利亚的兄弟就体会到了人与人之间情感的重要,倡议建立了“世界问候日”。而现如今,越来越多的国家都响应了这个号召,在每年的 11 月 21 日,倡导人们为身边的人送上最诚挚的问候。

记得某一年的世界问候日,地方台做了一个这样的行为调查,记者在马路上随机地问候了几名素不相识的路人,记录下他们在面对陌生人热情的问候时,会有怎样的反应。

不出意外的是,大多数的路人都会感到惊讶和无措,但在愣神几秒后,也会热情地回应对方的问候。

采访中他们表示,的确会不习惯陌生人的问候,因为在生活中这样的问候几乎无迹可寻,但他们又无不认同,能受到陌生人诚挚的问候,即使是一个微笑,一个点头或一次挥手后,都能让自己的内心更为愉悦。

是啊,我们都能感受到对方的温度,但为何不试一下自己去创造这样的温度呢?

2008 年,上海 SMG 推出了一个名为的“和谐城市,心灵乐章”的公益广告,广告中的各个主持人身处不同的场景,用心温暖着身边的陌生人。

有帮助游客拍照,并提醒别人脚下安全的;有打伞护送没有雨具的乘客的;有为快递小哥送上一杯水表示感谢的……

广告里的每一个场景都是陌生人之间的交流,他们用微笑传递着友善,并且用行动表达着关爱,这样的问候,多么诚挚,又如此自然。

用微笑与他人交流,伸出援手是最温暖的问候。

2015 年的北京马拉松是我第一次独自出市参赛的比赛。由于是座大城市,且是国内的顶尖赛事,所以不管是出行、住宿还是各项赛事前的准备工作中都没有遇到什么阻碍,一切都显得尤为顺利。

比赛当天很顺利地跑完全程后,在终点鸟巢的广场上坐了好一会儿,和陌生的跑友交流着赛道后半程的路,还是太虐;也和志愿者吐槽着这北京 9 月的天,依然很热……

等一切恢复完毕后,从鸟巢打车回不远的酒店。本来一切都很顺利的北京之旅,却唯独没有考虑到这座城市的交通,是如此让人闹心。

看我一脸焦急的神情,司机大哥先开了口:“小伙子,你是哪儿的人?”

“我上海来的。”我一边看手表一边回答着。

“上海来的您急啥呀,上海不跟这儿一样嘛,您还没被堵习惯呢?”司机师傅边笑边说。

我看了看我回程的动车班次时间,一脸无奈地说:“您要是 20 分钟内到不了,我回去的火车可能就赶不上了。”

“哟,那可不是闹着玩儿的。”司机师傅边说边比刚才换挡的动作更快了一些。

虽说时间上并没有比之前提升多少,但是明显可以看得出,车子的行进比刚刚更为紧凑,而从司机师傅的神情来看,他也着实是想帮我这个忙。

踏着点回到酒店,下车的时候司机还不忘嘱咐了一句:“别着急小伙子,走的时候东西理理干净,别落下了。”这还真是一个热心的师傅。

回到房间,用最快的速度洗完澡,拿上行李,去赶那快要来不及的火车。

如果有人问,一个人外出跑比赛什么时候最虐?不是比赛的赛道,而是回家的路途……

我始终不明白的一个未解之谜就是:比赛后的行李,为什么永远都比来时要重得多。我背着一个重到极致的包,拖着两条刚跑完42公里的腿,掐着手表上的时间,尽力地向火车站移动。

时间还有不到10分钟,我才刚到火车站的门口,那沉重的包着实是个累赘,这两条灌了铅的腿让这个包背在身上走不动,拖在地上也拖不动。

正在尴尬的时候,身边出现了一位和我一样跑完回家的大叔,他看到了我跑马的装备,主动地过来打了个招呼。在得知我也是刚跑完比赛,并快要赶不上车的时候,急忙询问了我的检票口,并一把把我的包放在了他偌大的行李箱上,带着我一同往入口走去。

分别时,我反复地感谢着他的帮助,而那位大叔则满脸微笑地回答:“我郑州的,下次有机会来郑州跑啊,一路小心。”

上车3分钟后,车子就启动了,我瘫坐在座位上,满脑子都是刚才司机师傅和跑友大叔的影子,来自陌生人的问候和帮助是多么让人暖心。

北京是个好地方,郑州,有机会也一定会去。

我们或许不会有像日本那位老奶奶的生活环境,那种耳濡目染的气场每时每刻都在影响着周围人的谈吐和教养。

但我们可以改变自己所身处的地方,从你我开始,改善我们身边的环境和气场。要坚信,纯良的温度是可以感染和延承的,我可以想象老奶奶身边的亲友在她的熏陶下都会是怎样的模样。

那我们也是否可以想象,那些无意间被你感染过的人,又会感受和散发出怎样的温度和力量,从而温暖着多少你从未谋过面的人的心房。

最温暖的问候,希望不仅仅是在遥远的河口湖旁,而是从你我开始,让问候的温暖始终在我们的身边徜徉。

分享阅读:

《一禅小和尚》　　　　一禅小和尚　江苏凤凰文艺出版社

《你总说没事,但我知道你偷偷哭过很多次》	一禅小和尚	上海文艺出版社
《乖,摸摸头》	大冰	湖南文艺出版社

分享观影:

《遗愿清单》

时间的意味

（一）

那些熟悉我的学生但凡谈到我，有一个印象是他们所共有的，那就是唐老师这么些年在时间观念上，有着近乎苛刻的要求。

我想他们总结得没错，对于时间，我总有着最为严格的管控。大队委员开会，说好几点开始那就是几点开始，你只能提前不能晚到；日常活动的邀约，只要约定好的时间一到，立马启程不会等待……在与学生接触的时候，这样的时间观念总是我最为看重的部分，有种不留任何情面的冷酷。

在我看来，一个不会善待他人时间的人，又怎会尊重自己的时间？

而时间，是这个世界上最公平的东西，我们每个人出生在这个世上最公平的就只有两件事：1. 每个人都会死，无论你是权贵还是百姓。2. 每个人每天都只有 24 小时，也无论你是富有或是贫穷。正因为这样，我们的人生价值区间，就在于怎么在有限的生命里，有效地利用好自己的时间。

可惜的是，太多的人并不明白这个道理。

我曾在某个课堂里，深刻反思过自己人生中 21 到 25 岁这世俗眼里最美好的几年。

学生时代的剥离，加上一份稳定的工作，让我对那个阶段的人生充满着惬意的想象。当时间、精力和财力都逐渐富裕的时候，随之而来的就是不堪回首的报复性地享受。

依稀记得那些年的寒暑假我是如何度过：从早上睁开眼睛开始，电脑就成了唯一的“伙伴”，打怪、练级成了那段生活的主旋律，我甚至可以在两个月内将一个崭新的网游账号，瞬间练到满级。投入的时间和精力不计其数……

在那节课里，我和同学们细数了下我这些年来的“成果”：

我在 29 到 35 岁这段期间，主要学习的方向是表达，并有了一些阶段性的成绩。并且在 32 岁的“高龄”开始接触辩论，并在 34 岁这一年获得上海表达者联盟 2020 赛季的冠军。

在 28 岁那一年，我跑了人生中第一个全马，并在之后的 7 年里累积了近 20000 公里的跑量。

在 26 到 28 岁的这三年里，我维持着减肥的成果，并以此为起点，养成了良好的生活习惯。

而在 26 到 35 岁的这几年里，我每年都保持着阅读，并且通过学习始终维持着知识的增量。

而当我回忆起我 21 到 25 岁那些年的时候，我压根就想不起这些年里我都做了些什么，完全没有记忆，有的只是记得那几个网游的名字，而这些当初熟记于心，闭着眼睛都能打上的游戏的账号，我现在却连一个字母都想不起来……

彻彻底底地浪费……

所以我在二十多岁的时候经历了好多次的失败，有些失败可以弥补，但有些错过就真的是错过，再也回不来了。

那些年的空窗期所造成的那个空洞的自己，直到现在都让我悔恨不已。

如果你连自己的时间都不尊重，又有谁来为你的人生负责？

跑步伊始有幸读过一本书，日本著名作家村上春树的《当我谈跑步时我谈些什么》。

作为知名作家的村上春树，在日常的生活中对于自己有着严格的时间管理。每天凌晨四点起床，在之后四小时的写作时间里将近要完成十页稿纸。即使在写完后仍有灵感，也绝不多动一笔，严苛地完成每天的写作计划。

除此之外，他还坚持着每天跑步一小时的习惯，他说："希望一人独处的念头，始终不变地存于心中。所以一天跑一个小时，来确保只属于自己的沉默的时间，对我的精神健康来说，成了具有重要意义的功课。至少在跑步时不需要和任何人交谈，不必听任何人说话，只需眺望周围的风光，凝视自己便可。这是任何东西都无法替代的宝贵时刻。"

"而当今天自己不想出去跑的时候，想到那些自己不愿意做的事情，比起这些，每天一小时的训练又算得了什么，在我看来如果连这么一丁点事儿也不肯做，可要遭天罚呀。"

30多年的跑步生涯不但帮他养成了良好的习惯，更是让他有了一种超脱的气质。那宛如修炼般极度自律的生活，让他不但成为日本文学史上鼎鼎大名的作家，更是培养出一位马拉松和铁人三项的优秀选手。

是的，只有对自己的时间能够严格管控的人，才能让自己的生活熠熠生辉。

前不久，小C同学参加了一年一度的考研，最后一门考完后，他就在社交媒体上发布了一条消息："什么破地方，怎么都打不到车，迟到了些许时间，还差点不让进，卷子都没做完，整个做题的心绪都被破坏了。"我们得知后都在群里听他尽情地抱怨，时不时地安慰他一下，表示这次即使没过，明年也还有机会。

过了几天，作为他的朋友和师长，我给出了自己的建议。人生中还会遇到好多类似于考研这么重要的事：面试、见客户、签合同、结婚……这些人生的大事对于自己的重要性不言而喻。而在这种事情上如果你都能迟到，不管出于什么客观原因，大多只是因为你对这件事情不够重视，以及对自己的时间管控不够严格。

考研当天的情况，时间早就已经知晓，路上所要花费的时间又有个大概的预估。而考试当天早上，"在郊区打不到车"是不是一件意外到让你没有任何准备的事？当天早上的你，又有没有给自己预留出足够多的时间来以防这样的"万一"？

面对一些重要的事，你必须把这些考虑在内，因为有些机会，就只有这么一次不是吗？

就好像我们每年都能在高考的那一天,看到某地的某位考生,因为迟到而不让进考场,无论考生和家长在门口怎样请求和哭闹仍然被拒之门外。只留下路人的一阵同情和唏嘘。

不要去责怪规则无情,在人生的许多事情上就是这样,你没有引起重视,你没有管控好时间,错过和遗憾,就接踵而至。

(二)

而能够尊重自己时间的人,往往也能够尊重他人的时间。

大家有没有过以下这些困扰:

1. 和别人联系工作时,你刚刚回过去一段文字,对方回过来的就都是 30 秒以上的长语音。你耐着性子仔细听,却发现这好几段几十秒的语音里充满着口语化的废话,而听完后就是这么一件简单的事,50 个字以内也足以说清,却花了你好几分钟的时间去拿着手机仔细听。

2. 微信里突然冒出的一句"在吗?"之后再也没有下文。看着这陌生的名字和头像,你一时不知道应该回复在与不在。

3. 需要寄快递的时候让对方输入信息,他却把姓名、地址、电话分好多条分别输入,让你在输入快递单的时候来回切换。

以上这些行为都是提升沟通成本,浪费别人时间的行为。

我们时常在联系对方的时候习惯以自己为主,只要自己能够方便了就行,却往往忽略了对方的时间成本。

试着在微信沟通的时候不要去发长语音,输入言简意赅的文字表达意思,就能节约对方逐条去听的时间,并且就能快速做出回应。

试着在找对方的时候,用一段完整的话说明来意,而不仅仅是个"在吗?"给予对方时间想好用最合理的方式来回复,避免双方的尴尬。

试着在输入地址的时候整段输入,让对方可以在粘贴信息的时候更为便捷。

尊重他人的时间,才能节省沟通的成本。

（三）

我们身边还多多少少会有这样的一些朋友。约定了一个时间点，到点了联系他，他的回答始终是“快到了快到了，路上堵车。”结果等了许久还是没到。

时间久了我们明白，对于这些朋友，“出门了”意味着还没换衣服；“路上了”意味着刚准备出门；“路上堵车”意味着刚出来；而“快到了”则意味着刚上车……

他们的时间观念十分具有弹性，而熟知他特性的你，不得不在以后约他的时候，把时间特意往前调个半小时，才能让他“迟到”得不那么久。

在生活中还可以忍耐，但在工作和学习中，这样的特性就显得不负责任。

前几年学校参加市里的趣味运动会，由我来带队，一共 20 个学生组队前往。

当天早上在约定好的时间，大多数孩子都已到来，就唯独缺了一人，而且怎么都联系不上。大巴司机使劲催着时间，我们所有人都在原地干着急。

20 分钟后，这个小男孩和他的妈妈才姗姗来迟。妈妈不停地打着招呼：“不好意思不好意思，今儿天太冷，孩子早上说什么也起不来，只能由着他又多睡了一会儿，我们已经尽量在赶了，给你添麻烦了。”

我应和了两下，看了看小男孩的样子，他已经和那边的小伙伴嬉闹在了一起，很显然，他并没有意识到，自己白白让另外 19 个孩子等了这么久。

那天的比赛我们掐着时间赶到现场，因为没有任何的准备，一下车就得直奔场地，导致最终的结果很不理想。

没有人是天生应该等你的，每个人的时间都很可贵，而但凡你参加的是两个人以上的活动，你就应该意识到这是一个“团队”，你的散漫和不负责任最终损害的是整个团队的利益。

不要再表现出一副全世界以我为主的样子，当你把别人的时间都不当回事的时候，别人也最终会把你排除出队伍之外。

尊重他人的时间，更是一种责任和修养。

（四）

周末一群朋友约好要去老师家里探望，和她老人家定好中午 12 点到达。

因为我的路途较远，周末又怕路上会堵，所以以防万一，提前了更多时间出门。结果那一天出奇得顺畅，比预定时间还早了 30 分钟。

当我快到达老师家门口的时候，发现阿雯在小区的健身区域旁正坐着看书。我上前打了招呼："嘿，你也这么早，干嘛不先进去？"

阿雯说："是呀，路比较远，所以提早出门了一会儿，就早到了。在这儿等到 12 点前再进去吧。"

我有些不理解："早到不是挺好的呀，先进去'打个头阵'呗。"在我看来，早到着实是一种美德，而我平时也信奉着"宁可早到，不可迟到"的原则。

但阿雯摆了摆手说："今天的约会不一样，我们这些人过来，咱们老师哪一次不是盛情款待的，现在离约定的时间还早，她和她爱人这会儿估计还在准备着呢，我们早进去会打乱他们的计划的。"

我想了想，的确有道理，所以就和她等到其他同学一起来的时候，差不多在 11 点 55 分时敲响了老师的家门。

阿雯猜想得没错，老师围着围裙，满头大汗地微笑着："来得真准时，刚刚做好最后一道菜，洗洗手先一起吃饭。"说完，就进厨房把最后一道菜端了上来。

可以想象，半小时前为了这一桌子菜，老师究竟有多忙碌。而如果这个时候我们就已经来访，的确会打乱他们的计划，阿雯想得不错，我们可不能添乱。

我以前总以为，准时是最好的美德，迟到万万不可。但那一天阿雯告诉我，迟到虽然不可取，但太过早到，或许也会让人措手不及。在约见的时候，想着自己，也想着他人，做一个时间上刚刚好，不给别人添麻烦的人。

尊重他人的时间，还是一种为他人着想的善良。

时间的"考验"每天都在进行着，而尊重一个人的最好方式，就是尊重他的时间。

让每一分钟都用得恰到好处，是能成为生活的强者；使每一分钟都不曾与人辜负，是在为各自的人生负责。

分享阅读：

《当我谈跑步时我谈些什么》　村上春树　南海出版社

《高效人士的7个习惯》　史蒂芬·柯维　中国青年出版社

别让“歧视”冠以“正义”之名

这本书绝大部分的文章都是在2020年上半年，那段因为疫情，不得不在家隔离的时候写的。从一月底开始，整个中国就进入了一个非常时期，面对突如其来的新型冠状病毒，我们大多数人不得不自我闭关在家，用隔绝来抵抗病毒的蔓延。

而在这段特殊的时期里，平时挺爱翻朋友圈的我，渐渐地开始减少翻阅的次数，直到后期每天也就只看个一两眼，了解个基本动态和权威发布。并不是在这段时间有多忙，而是那满屏的信息实在鱼龙混杂，就宛如一滩浑水让人辨不清方向。

其中让我最感到不是滋味的，是网络上的部分群体不停地向武汉的人们群起攻之的行为。

记得在武汉还未封城的时候，有一对夫妻在当地医院几近饱和的情况下，带着自己发烧的小女儿来到上海的医院求医。

从安全的角度上来看，这样的做法有待商榷；但如果是从人性的角度来看，在生存面前，这又何尝不是一种可以被理解的选择。

而当时人们一股脑地开骂，用最恶意的心态猜测和揣度，用最粗鄙的话语辱骂和诅咒……却不以善意的心理去理解，用理智的方法去解决。

这一幕像极了韩国电影《釜山行》中，当主角一行人从丧尸的车厢想要进入幸存者的安全车厢内的时候，那车厢里所有的人都用尽最大的力气堵住门不让他们进，以确保自己绝对的安全。

不能说他们错，只是，不免欷歔……

之后的时间里，身边对于“武汉”的议论日益加剧，那一条条武汉不守规矩的“个例”新闻被不断发酵和扩散，导致了朋友圈里对于“武汉人”这个群体的无差别辱骂和攻击。

“恶心的武汉人！”

“武汉人该死！”

“就让武汉人在武汉自生自灭吧！”

……

很奇怪的是，那些平时看上去挺老实和体面的人，在这样的疫情面前，似乎也按捺不住自己的心绪，被网络群体的情绪裹挟，以至于越来越多的人开始加入这样的队伍。

我们站在大多数的群体中，在这样的时刻，在那些不怀好意的煽动和引导下，对于“武汉”的个体进行贬低和孤立，我们中的一部分人，已然开始“歧视”。

《乌合之众》里说，群体不善于推理，却又急于行动。群体中的个人是沙中之沙，风可以随意搅动着他们。于是，疫情之下，每天都在上演乌合之众的狂欢。因为他们人多势众，似乎数量即是正义。

群体对于人们来说，始终是一个可以“偷懒”的地方，当事情发生后，不需要思考，不需要揣摩，最简单的方式，就是跟着大多数人的方向走，以为那就一定是正确的方向。当人数越走越多，队伍越来越庞大时，这里面的所有人都会坦然地认为，自己就是正确的一方，虽然其中绝大多数人，根本没有看清楚事情的真相。

这就是群体的可怕之处，他会影响你的判断，为了获得认同，愿意抛弃思考和理性，去获得那种与之同流的安全感。

前几年有一部电影叫做《奇迹男孩》，讲述的是一个面部有缺陷的小男孩奥吉的励志故事。

我们无法忘记在奥吉刚进入学校的那会儿所经历的那些排挤和嘲笑：校园内充斥着异样的眼光，所有人都在嘲笑他，没有人愿意和他玩……我不知道对于这么小的孩子而言，他们明不明白“歧视”的含义，但之所以会做出这样的行为，更多的是因为——其他同学都是这么对他的，所以"我"也这么做，这样才最省事，这样才最"安全"。

很少有人会脱离群体做独立的思考，从而做出自己的判断。

如果你在人生的某个阶段因为胖、矮、穷或家庭原因等一些问题被同学排挤过的时候，**但凡有那么一个人愿意脱离他们，用最真诚的善意来对待你的话，这个人才最伟大不是吗**？但可惜的是，这样的人，并不会很多……

2019 年奥斯卡最佳影片《绿皮书》讲的也是这样的故事。很幸运的是，那个黑人音乐家，在茫茫人海中遇到了这么一个"伟大"的人。

黑人钢琴演奏家唐雇佣了白人保镖托尼，去往美国南方进行巡演，在二十世纪六十年代的时候，那个地区有着非常严重的种族歧视，唐和托尼在一路上遇到了各种各样的麻烦。

即使是声名远播的音乐家，唐也免不了因为肤色而备受歧视：餐厅不让他进去用餐、服装店也不愿为其做衣、连洗手间也拒绝让唐进入而让他去室外的茅房……

当唐一脸迷惑地问他们"为什么"的时候，我相信那些老老少少的普通人很少有人能说得清楚真正的"理由"，更多的答案就只是——"从来如此"。因为在他们出生之后就受到这样的"教育"。而唐却始终没有低头，为了保持自己的体面和尊严，不断地做着努力。

那些排挤唐的人里面，各种人都有：有街上的混混、有贵族的绅士、有体面的管家、也有街头的浪人……他们每一个人在歧视唐的时候，都不会觉得自己在当下是错的，因为他们是一个群体，而群体就是会让每个人在其中的错误缩小，同时又让每个人的恶意在当下被合理地放大。

而托尼从一开始也是如此，对黑人的歧视也是他从小就接受到的耳濡目染，但之后他越来越多地发现唐身上的优点和现实的不公，最终他勇敢地"跳"了出来，作为那个去和群体背道而驰的人，从内心深处去接纳和尊重面前的这位叫做唐的黑人音乐家。

世界本就复杂，改变人们的观念需要莫大的勇气。暴力没有办法永远取胜，保持尊严，才能赢得真正的胜利……

以前我听过这么一个故事,在一辆美国的出租车上,一名黑人司机载着两名白人母女,那个看上去才四五岁的小姑娘问她妈妈:“妈妈,为什么司机叔叔的颜色和我们不一样呀?”

黑人司机听到这个问题,整个人都显得紧绷了起来,眼里流露出了极为尴尬的神情。

妈妈却回答说:“那是因为上帝觉得这个世界太单调了,才需要更多的色彩来填充这个世界的美丽呀。”

黑人司机突然泪流满面,充满哭腔地对女孩的母亲说道:“谢谢你,夫人,真的谢谢你,我在小时候也问过我妈妈这个问题,而她给我的答案是:我们黑人生来命苦,低人一等,你老老实实的就行。如果我妈妈当时也和你有同样的回答,或许我整个人生就可以不一样!”

是的,那个妈妈是伟大的,她可以用她自己的独立思考和人性温度,去跳脱当时那个群体的束缚,从而给她女儿如此完美的答案,让这样的温度可以继续延存下去。

这样因为群体的偏见,在生活中,其实也经常存在。

上学期曾经批阅过一篇随笔,班级里一位男生写道,他在外面游玩的时候,在景区用餐时,清洁工阿姨第一时间帮他处理了身边的垃圾,他表示很感谢,就对旁边的妈妈说:“清洁工阿姨真好,我以后也要和她一样。”

她的妈妈却立刻脸一沉地说:“你不要说这么没出息的话!这是你要干的事吗?这些都是没好好读过书的人做的事!”

小男孩文章的最终结论是:我要好好学习,将来去做有出息的工作。

批阅到这篇文章的时候,心情很是复杂,就在底下留言说:我不同意妈妈的话,每个工作都有它对社会的贡献,如果你也愿意为他人奉献,这真的是一件太好不过的事了。妈妈说的其实是,至于理想,不要这么急着下决定,等你再大一些后,你会根据自己的特点做出最棒的选择,加油!

偏见,从来不是无中生有,而是来自各种在群体中的耳濡目染。

写这篇文章的前几天,疫情的传播慢慢波及到了世界的其他地方,有些国家对于中国的疫情也做出了决策,拒绝国人入境,保证国家安全。

而在这个时候，国外的一些自媒体上就出现了一群针对中国的打击言论，那些激进分子分不清什么“武汉”和“湖北”，就只是把矛头都指向了中国。

而这个时候我们会觉得很受辱，事实上，只要是针对中国的歧视言论，我们都会非常生气。那是因为一旦矛头指向我们，我们就成为了群体对面的个体，一旦位置发生改变，心态立马就会不同。

而不知你又有没有意识到，中国对于世界，也就等同于武汉对于中国，当受到无差别的排挤和歧视的时候，作为“中国人”的我们会生气和难过，那对于现在的“武汉人”来说，是否也是一样？

“凡是人，皆需爱，天同覆，地同载。”（《弟子规》）

在天下太平的时候，我想我们每个受过基本教育的人，都能够做到尽可能友善地面对他人，不会产生莫名的恶意和排挤。

而当遇到类似现在疫情的时候，我们又可以有着怎样的心态来保证自己可以独立思考，从而面对那种群体的滋扰和渲染呢？

子绝四：毋意、毋必、毋固、毋我。（《论语·子罕》）

孔夫子用自己的人生体验告诉你，有四件事情不要做：

1. 不要凭空猜测。任何事情的判断都要有依据，信息要完整、举证要明确。不要仅凭他人的只言片语就加以自己无根据的推论。

2. 不坚持己见。在受到他人质疑的时候，不要因为颜面而坚持，则应该在第一时间重新论证，看看自己之前的认知和推断有没有存在漏洞和谬误的可能。

3. 不顽固拘泥。试着从其他不同的角度去看问题，试着从他人的立场去寻求事情和合理性，并平衡决策解决的方法。

4. 不自我膨胀。不以自我为中心，不自视清高，不从自己的角度去做层次的划分，平等且随和地去看待身边的人和事。

夫子的这“四绝”，不仅仅是一种处事的智慧，更是一种修持的境界。

在疫情开始蔓延的时候，日本的中小学给孩子的家长发出了这么一份通知，大意是这样的：

大家知道，中国的武汉发生了新型肺炎。我们在家里一定要和孩子做好预防对策，而现阶段的预防对策和流感一样，现在我们要比之前做得更好。

随着信息不断在网上传播，我们担忧可能会对中国及武汉相关人事产生歧视言论。希望您在家中和孩子说起此事时加以注意，培养孩子正确的人权意识。

这是我们的邻国在这件事情发生后，对于他们未来的下一代所进行的倡导。在这样的大事面前，我们更应该用大的格局去看待，去处理。

勇敢地跳出人群的裹挟，不要再去纠结“武汉人”能不负责任地乱跑，为啥我们就不能够发表歧视他们的言论。

一个是在攸关生存的情况下的自私自利，一个是因为少数人的行为而歧视一大群人，文明到了现在这个程度，你必须要意识到，这两件事情，都是错的。

这就好比你们班的某些同学做了错事，导致全校的师生都对你们班的所有人产生歧视，让班级里的每个人始终生活在言语和行为的暴戾之下，更可怕的是，这样的行为，被他们的群体，居然冠以了“正义”之名……

而自古至今，因为别人的错误，从而立为自己犯错的合理性，这又是多少悲剧的源头……

分享阅读：

《乌合之众》　古斯塔夫·勒庞著　民主与建设出版社

分享观影：

《绿皮书》

《奇迹男孩》

让人非我弱

最近几年不管是在网络上还是在现实中,家长和老师在微信群里起冲突的情况时有发生,因为一件小事,家长不满意老师的方法从而发表自己的言论,老师也因此开始反击,造成一系列难堪的局面。

我有一位朋友大陈,他是一名四年级学生的爸爸。有一天他儿子回来后一脸委屈,显得非常不高兴。大陈关心地问他怎么了,孩子憋了许久才告知真相:自己今天的默写还是不及格,被语文老师批评得很惨,并且和另外几个不及格的同学一起拍了照片,老师说放学后会在家长群里点名批评。

过了一会儿,大陈果然在家校的微信群里看到自己儿子和两个同学的合照:照片里的每个人都拿着自己不及格的本子,一脸尴尬地站在黑板前。

大陈是一个急性子,在看到照片后气不打一处来,立马在群里回复了一大段的言论,大致意思是:我们在家里也很认真地给孩子准备默写了,虽然效果不是很理想,但也不是老师可以这么当众"羞辱"他的原因。大陈觉得孩子的努力有被无视,孩子的尊严有被冒犯,晒照片在家长群的形式让学生的人格受到了侮辱,也让家长下不来台。

我看了大陈发的那段文字后,也着实能够感受到他的愤怒,那言语间充满着对这位老师的指责。作为旁观者,我也十分能理解他当下的心情。

过了一会儿,老师开始反击说:自己这样做也是本着对孩子负责的态度,大陈的儿子默写不及格也不是一次两次了,家长如果引起足够重视的话就不会有这样的结果了。反而现在的局面是老师在拼了命地在重视,家长却拿孩子的人格和尊严和他们叫板,这实在是太不负责了……

还没等大陈想好怎么回复，群里的其他家长们就本着息事宁人的态度，纷纷表示也理解老师的做法，让大陈息怒。无论之后大陈怎么表达自己的立场，都被群里这样的气氛打压得十分尴尬，气得他整晚都睡不着觉。

第二天，大陈实在气不过，直接找到学校领导进行理论，而这样的举动却又让整个事情变得复杂起来。孩子在班级里的处境变得略显微妙，而经过事情的发酵以及信息的不对称，自己在家长群里的形象也因为人云亦云变得更为复杂。

事后大陈找我倾诉，非常委屈地表示，至今仍然觉得自己在这件事上并没有什么错误，作为一名老师就是不应该把学生的照片发到群里公开批评。但他现在也着实感受到了局势的尴尬和处境的为难，不知该如何排解。

我是有些同情大陈的，是的，在这件事的理解上，肯定不能说他错，老师的处理方式也的确是错误的。但是大陈在处理的方式上，却可以有更好的选择。

首先，当老师在惩罚学生的时候，我们是可以大概判断出他（她）的“发心”的，老师是真的为了孩子的问题而着急，还是只是单纯的排斥和反感，你其实是能够明显感受得到的。

而但凡这个老师的“发心”是好的，是积极的，如果在处理问题的方式上有欠妥当，我们就有比直接“开撕”更好的应对方法。

大陈第一个失误在于，第一时间在微信群里公开和老师“叫板”，用自己的理念凌驾于老师的做法，在语势上强压别人一头来证明自己言论的正当性，从而逼迫别人认错和退让。

但这真的是个很理想化的做法，因为在家长群的环境里，不可否认的是，老师有他绝对的“权威感”，如果你在这里对其公开发起“挑战”，大多数老师即将面对的处境叫做“背水一战”。即使他们在理智上也多少认同你的某些理念，但在那个当下，他没得选，在群里他绝不能认怂，就只能千方百计地找到自己做法的合理性。老师知道，他只要一旦败下阵来，就会立马削弱自己在家长们心目中的地位。不是他不能输，而是他绝不能在微信群里众目睽睽地输。

而群里的另外一些家长们，对他们而言，毕竟和老师的关系维系要比和一个家长的关系维系来得更为重要。更何况，板子不打到自己身上，人们总也感觉不到疼。大陈反映的问题，那些家长们大多体会不到，也自然不会有过多的共情，就一定会出现不利于大陈的站队形势出现。而一旦家长们和老师站在一起，大陈的处境就会变得极为尴尬。

大陈第二个失误在于，当情绪还没有完全得以消化的时候，在没有任何预案的情况下找到学校领导将问题升级，把更多的人牵扯进来，让局势更为复杂，从而拉长战线，难以迅速地将问题得到解决。

我想大多数和老师在微信群里起冲突的家长们的心路历程几乎都是这样的：因为对一件事的极度不认同，直接在群里“开战”，以为“有理走遍天下，无理寸步难行。”却往往忽视了信息对称的重要性，也忽视了人际往来中利益不等于立场，要明确自己的目的，有时也需要“退一步说话”。

遇到类似这样的事情，切记不要第一时间在微信群里开怼，我们先明确一下自己的目的是什么。对于大陈来说，我们的目的在于让老师更关注孩子的心理健康，不要再用这样的方法批评孩子，找到更合理的方式来解决。

本着这样的目的，大陈可以在收到照片后，平复好情绪，私信老师说明情况，并把自己的想法和老师交流。并且表示自己不在家长群里发声，来做这次的私下交流的原因，也是因为体谅到老师也有自己的用心和立场，但是在方法上略显唐突，看看能不能在以后的处理上有所甄别。这里的心理模式，可以参考本书第一篇文章《让问题成为共同的“敌人”》，把老师当做可以帮自己解决问题的盟友，而不是在一开始就把他推到对面，成为一个“有问题”的人加以敌对。

要知道老师们和你一样，在家校沟通的过程中，他们比你更不愿意将一件“有问题”的事情曝光在众人面前，从而发展到尴尬的地步。当你提醒他“问题”所在，把台阶都铺设完毕，并且把“公开发声”和“寻求他人协助”作为一个隐形筹码来加以谈判，老师会立即判断现在的局势，从而分析利弊得失，归于理性的他就会多少认识到自己的问题所在，从而解决你当下的问题。

大陈听了我的分析后也颇有意味地点了点头，但没过一会儿又皱了皱眉头说：“这样会不会太委屈自己了？”

我笑道：“成年人解决问题最成熟的方式之一叫做节约成本，按我前面说的这样处理，比起你之前的方法，能节约出多少时间成本、精力成本、情绪成本和风险成本，而比起这些，委屈一点又算得了什么呢？你要知道，你的‘委屈感’是你取得这么些好处，所用来交换的代价。”

是的，我们在遇到冲突的时候，不要总想着自己当下是占着理的就可以横冲直撞，退一步并不是因为我“示弱”，而是用成熟的方式去合理地解决问题。

这世间横冲直撞的人太多，而我希望当你不幸遇到的时候，你是他对面最成熟的那个。

而在日常生活中，我们还往往会碰到更为糟糕的局面。

我们有没有碰到过这样的情况，在生活中和人遇到一些小摩擦，对方不依不饶地用最粗鄙的话语肆意攻击着你，引来人们的围观，这时候作为一个不常面对这种局面的你，又应该怎么办呢？

几个月前，朋友小江就在单位里碰到了这么一件事，让他十分郁闷。

有一天小江在单位的微信群里和同事们聊天，说到兴起的时候就发了一些自己觉得挺有趣的表情包。不巧的是，在众多图片里面有一张是一个脱发的男子在摆出各种搞笑的表情，当时所有人也都一笑而过，并没有把这些当回事。

而第二天，同事老张在单位食堂午餐的时候满脸怒气地冲到小江的饭桌前，大声责骂着他，说他昨天的表情包明显是在揶揄他的缺陷，当着这么多同事的面看他的笑话。老张气势汹汹地让小江给他当众赔礼道歉，并在过程中始终用着最粗鄙的言语对小江进行着攻击和谩骂。

老张平时在单位里性子最急，遇到事情的态度也比较跋扈，用这样的措辞来攻击别人并不算稀奇，大家平时也都让着他，不怎么和他产生交集。所以在这个当下，也没有多少人愿意站出来去蹚这个浑水。

小江明显是被眼前的景象搞懵了，他一开始还在竭力解释自己并非揶揄，对老张也绝无恶意。但听到老张始终谩骂的语言，年轻气盛的他也着实忍不住和他吵了起来。但越吵，周边的人就越多，人越多，对面的老张就吵得越来劲，各种扒皮的话，各种不堪的词统统冒了出来。小江哪里经历过这种场面，只能满脸通红地和他僵持着，直到最终因为经验不足被骂得浑身发抖，哑口无言。看到老张摆着一副胜利者的姿态得意洋洋的样子，自己却只能悻悻而去，实在感到憋屈。

而之后几天，单位的饭后谈资则变成了“老张和小江在食堂对骂”的精彩故事，比起事情的真相和起因，人们更关注的是当时的惨烈和劲爆，这也让小江非常难受。

生活中像小江这样的情况很多人都遇到过，碰到几个没有素质却始终拉扯着你的人，场面的确会很难堪。

但小江在这件事中，做得最错误的决定就在于，在讲道理无果之后，当场和老张“开战”，并拘泥于这个“战场”久久不愿脱身。

我们设想一下，作为接受过良好教育的我们，在面对一个满口把你家里女性成员问候十八遍的人，你怎么可能骂得过他？如果你能骂得过这种人，那你，还是不是人？

而这样的人，往往会在那个场合里，拼了命地想把我们拉到他熟悉的局势中，去和他的擅长开战。这仿佛就像一个泥潭，一旦你被拉下去，无论什么情况你都不会体面，满身都是泥，甩也甩不掉，必将成为周边围观人的谈资。

而在泥潭里的争执，我们更是没有任何胜算。追求体面的人第一时间想的是怎么把自己身上的泥巴撇清。而那些“身经百战”的人则根本不会在意身上的污渍，他们太过习惯这样的局面了，在之前的人生经验里，这样的事情不知发生过多少次，他们已然适应，所以他们会使劲地把泥巴往你身上泼。这样不对等的局势，你又怎么可能争得赢？

所以我们在面临这种局面的时候，一定要冷静判断，在对方拼了命地要把你拉下泥潭的时候，无论如何别进去，即使认个怂，即使道个歉，也不要让自己陷于这个会让你更为尴尬，且满身污渍的境地。

小江事后问的是：“面对这样一个人，我要怎么才能吵得赢？”

而我的回答是：**“面对这样一种人，输赢不重要，第一时间撤离，从而在今后与其保持距离，保留住你的体面，才更重要。”**

有些事情不那么重要，我们不能掉入一个固定的思维陷阱里去。就好比曾经有过这么一个笑话：你开车在路上，看到一个人和一条狗，你是先撞人还是先撞狗？不要去尝试分析撞人和撞狗的利弊得失，你正常的反应应该是——赶紧踩刹车！不要让这糟糕和两难的局面出现。

要知道，生活中的有些人你是吵不赢的，他们长年累月所形成的那种格局和层次也并非是你能改变得了的。不幸在生活中遇到，最好的方法则是远离和退让，尽可能的不和他们产生任何交集。

有些时候，退一步，让他赢，并不是因为你弱小，而是在你的格局里，并没有必要与他计较。

曾经有这么一个让我始终印象深刻的公益短片叫做《垃圾人定律》：

两个朋友开着车，开开心心地出门办事。突然，一位中年大叔在路中间直接横冲出来，还好朋友一脚刹车踩得及时，才没有撞到他，避免了一起车祸。

正当车内两人都惊魂未定的时候，面前乱穿马路的中年大叔却发飙了，他在车头的位置始终骂骂咧咧，做着一个又一个不文明的手势，大喊着"你疯了吗？哪里学的开车？你害我要迟到了！"之类的话语，他丝毫意识不到自己的错误，并在言语间尽情发泄着他所有不满的情绪。

而车内的两个朋友，一个愤愤不平想要下车理论，却被另一个拦住了，只见他朝着那个大叔满脸微笑地表示歉意，并向他招着手，示意让他先过。大叔再骂了一阵子之后没得到任何的回应，也就悻悻离开。

那位想要理论的朋友显得很不理解，问他说："明明是这个人的不对，你为何这么冷静和友善，他刚才差点毁了你的车！而我们差点一起进医院！"

朋友微笑着说："兄弟，我告诉你一件事，有些人就好像一辆垃圾车，他们每天带着垃圾到处走，充满着失望、烦躁、挫折和愤怒。然而当他们的垃圾装满了，就需要找一个地方倒掉。有时候会倒到你的身上。但你得知道，这不需要太过在意，你只需要招手、微笑、祝他们好运，然后继续过你的人生。不要让他们的垃圾传染给在工作、在家和在街上的人。你喜欢那些对你好的人，也要记得祝福且远离那些对你不好的人。生命的10%在于你创造了些什么，剩下的90%在于你怎么去接受。"

这个短片始终萦绕在我的脑海中，也时常在我碰到类似情况的时候不自觉地跳出来。它告诉我，如果在生活中遇到这些充满"垃圾"的人堵在你的面前，记得，不要对抗、保持体面。

让人非我弱，笑一笑，任他赢，让他过……

分享阅读：

《不争，是一种慈悲》 林清玄 九州出版社

《不辩，是一种智慧》 林清玄 九州出版社

三、关于思辨与判断

——好好思考，人生充满选择

不要等，六成把握就上路

（一）

在我们的生活中，有一个词始终是享有浪漫色彩的，也始终是积极向好的代名词，那就是“等待”。《朗读者》里说：“等待，是我们和时间的一场博弈，我们凭借着智慧和耐力，与未来做一个交换。等待的不可知性，是一份考验，一天一天，一步一步地走向希望。”

多么美好的注解和诠释，让我们天然对“等待”有着太多美好的想象……

记得前不久“彭一少年说”校园演讲决赛前夕，对于复赛阶段的关键词“等待”，我在和几位小选手共同探讨要讲述的方向时，我提问他们，对于这个词有什么想法？那些孩子们给予我的答案极为类似，无非是要耐心面对挫折、要安心面对成长、要静心面对生活……所有的一切都是正向的，基本符合我们大多数人对于“等待”这个词的原始感悟。

我打断了他们的回答，问他们：“你们当中有谁在参加这个比赛前，有过类似这么一种想法：这么高水准的比赛，这么大的舞台，身边又有这么强的对手，以我现在的能力似乎还没有准备好，要不再等等？”

问题一出，孩子们想了一想，12 个人里有将近一半的人不好意思地举起了手。

我说：“那现在，你们又是否很庆幸，自己当时并没有‘再等等’呢？”

是的，我相信每个人都有过这样子的经历，在某一个选择的当口，犹豫不决要不要去行动的时候，脑海中会有这么一个念头不停徘徊：要不再等等……就是这句话，帮你规避了好多你本应早就做出的选择。

（二）

朋友小陈是一个“理论音乐爱好者”，之所以叫他理论音乐爱好者，是因为他对音乐有着绝对痴迷的热情，大学期间看到我们的吉他社成立，一直喊着要学吉他，可也总停留在说说的层面。

他第一次对于吉他抱有想学的热情，大概起源于听我们弹了一首《我是一只鱼》，作为任贤齐的狂热粉丝，他吵着要学这首歌。

我爽快地说行，这周末我先带你去买把吉他，下周咱们就开始。

听说要花钱，他犹豫了一下说：“要不再等等，这个月的零花钱都用得差不多了，等过阵子宽裕了你再陪我一起去买。”

我当时抱有完全的理解，毕竟是大学生，手头紧也是常事，这件事就暂时搁浅。

下一次再谈到这个话题，差不多已经快毕业了，他们寝室里有一位男生拿着把琴，就弹唱了一首光良的《童话》，便成功脱单。他极为羡慕地再次找到了我，说这次随便怎样都要练成。

我说成，正好我换琴，这次你不用买琴，我把旧的先借给你用。

小陈高兴地接过琴，那神情，仿佛我帮他解决他学琴路上的最大障碍。

紧接着我扔过去一本《弹指之间》，告诉他这是目前最好的吉他自学书，周末回家你先看看，咱们下周开始，有啥不懂的随时问。

等再一次回到寝室，他愁眉苦脸地拿着书说：“我是想问，但这上面的东西对我来说跟天书似的，我真不知道从何问起。”

我安慰他说：“看似复杂，其实不用管那么多，略微有点乐理知识，我再指点一下就好。”

小陈放下书：“要不再等等，我去熟悉一下基本乐理，先认认谱，不然连书都看不懂也太打击人了。”

好嘛，再一次的不了了之。

就在几周前，在朋友圈看到他转了这么一个视频链接：有一个素人歌手发布了自己的一个弹唱视频，歌是一首新歌，很好听；琴也是一把好琴，音色纯正；更重要的是，手更是一双好手，指尖的弹拨和着这柔美的音色，相得益彰。

转发视频的文字写到：当年我要是能够好好学，现在估计也和他差不多了吧，如今的工作忙到真的是无心再去兼顾当初的梦想。

我苦笑地点了个赞，没有留下任何评论。

我们好多人都活在如果之中，我们有多不甘自己现在的生活状态，就会有多想象"如果当初怎样，我现在也会怎样"的虚幻之中……

我已然认定小陈学琴的念头那只是停留在"念头"的层面，她要等的事情太多了，从上学时"等有钱买琴"、到"等学会乐理"、再到现在需要"等到工作闲暇"……永远都在等，永远都在盼望着最好的"时机"和"条件"，却永远都没有付出行动。再过个若干年，小陈的理由或许会变成有了家庭的牵绊，带孩子实在辛苦；或许再过几年，理由会变成我已经一把年纪了，错过了最好的时机……

我们要等的东西太多，却怎么都没有勇气跨出"开始"的那一步。

（三）

前不久参加了两期"表达学院"，在这个学院中，集合了全国各地、各行各业之间最会表达和思考的人。八月底的北京站之后，没几天就恰逢是第六季"奇葩说"的全国海选，也有很多人报名参与，但无奈基数过于庞大，最终能晋级的却寥寥无几。

之后听一位学姐说到，其实在第三季的时候就有过这样的机会和打算，但由于各种原因搁浅未能成行。而最让自己后悔的原因是在于，那个时候她也认为自己没有做好完全的准备，她害怕自己在舞台上表现不好，那还不如再磨练个几年，总有机会的。而当她觉得自己已经准备得差不多了的时候，谁也想不到那个当初受众并没有这么多的节目，如今的影响力会如此爆棚，而进入的门槛会变得如此之高……

没错，你在努力，别人也在努力；你在进步，这个世界也在和你一起进步。

你又有多少信心能赶得上他们的步伐。

《奇葩说》第二季的 BBKING 邱晨也曾在节目里说过，她来的第二季没有进行过任何海选，几个好朋友的邀约就让她参与到了这个节目。之前也有过犹豫和迟疑，但好在她做了一个“管它呢，去了再说”的决定，成就了她如今这样的局面。在第六季海选做评委之后，她也说到：如果是按照现在的选人标准，当时的那个自己，极大概率也是会在海选阶段被淘汰，而好在，我比你们所有人都更早地来到了这里。

我承认有时候的“等待”是会让自己比以前更好，做好更充分的准备，让你更有信心去面对机遇和挑战。

但这个社会变化得太快了，那些机遇和挑战不停地在变动着，你现在不选择它，它就会寻求其他人的青睐。

生活中太多了的“要不再等等……”，于是有了太多的错过、放过……机会真的不会乖乖等到你有万全把握时。

有一个汽车广告我至今印象深刻，品牌我已经记不得了，但广告中有一句话说：“不要再等，有六成把握就应该上路。”

是的，有六成把握就应该上路，有些尚未准备好的事情会在路上备妥，有些尚未完善的技能会在路上精进，有些尚未遇到的贵人也总是在路上邂逅。这一切，都要等你上路了再说。

（四）

今天是 2020 年 2 月 11 日，因为疫情隔离在家，在电脑前写着书的我说实话也没有做好完全的准备。而当我收到一位长者的建议说，你看了那么多，做了那么多，也该是时候做一轮集中性的输出了，要不，写本书吧。这着实是一件我计划之外的事，对于写书，在过往的岁月里，除了偶尔飘过的一丝零星的念头之外，也不曾有过太多考虑。所以我第一时间想到的其实也是“还为时尚早，要不再等等……”并且如果真要找的话，我也可以顺理成章地找出一大堆可以“再等等”的理由。

你看，这就是绝大多数人在碰到自己不熟悉、需要跨出舒适圈时的一个最快的，也是最为正常的反应。

“季文子三思而后行。子闻之曰：‘再，斯可矣。’”（《论语 · 公冶长》）

其中的某一句话我们十分熟悉且沿用至今，就是“三思而后行”，这句话警戒人们做一件事情前一定要谨慎，想之又想，考虑清楚再去做。但却有很多人不知道，针对这五个字，孔夫子有着自己的见解，叫做“再，斯可矣”。也就是说，不用想太多，两次就够了。

那这“想两次”是要想什么呢？

1. 首先要想的是，这件事你该不该做，想不想做？这是做一件事的起点和初心，以及对它本身的价值判断，在这个层面上，没有人可以帮助你下决策，你必须自我决定。

曾经有个朋友找到我，有过这么一次让人挺无语的对话。

他说：“唐老师，我发现我的表达能力很不好，我真的很想改变一下，你有什么办法吗？”

我基于对他的了解，诚恳地说道：“你缺乏的是练习的机会，你先试着刻意让自己有上台说话的机会，在练习中去聚焦和修正。”

他无奈地说道：“唉，我就是很害怕上台嘛，现在上去我肯定是不行的，还有什么办法吗？”

我说：“那这样，你花点钱，花点时间，去到某个训练营，让环境逼迫着你练习。”

他为难地说道：“练习表达还要花钱我觉得很不划算，而且哪有那个时间去专门学啊！还有什么办法吗？”

我叹口气说道：“那这样，我这里有几本很好的有关于表达力的书籍，你拿回去先看看，看完之后我们再来讨论一下？”

他又说：“我早就没有看书的耐心了，很多年不翻书了，还有没有什么办法？”

我说："来，我们回到你最初的那个问题，你一开始问我的是啥？"

他说："我说我表达能力不好，真的很想改变一下，有啥办法吗？"

我斩钉截铁地说："不，你不想！"

这是一段很让人无语的对话，我能很清晰地感受到他的困扰，但我也很明确，他并没有多大的动力真的去解决这样的困扰，而对于"想不想"这件事，你必须得有明确的自我决定。

2. 然后要想的是怎么做？也就是做这件事的方法有哪些？你又有着多少做这件事的储备？还可以通过怎样的路径获取资源，从而更好地完成？

想清楚这两点，就可以"上路"了。

而真的上路后，你会发现：**当你全情投入其中时，你的心智会开启一个与众不同的模式，你在之前所积累的每一处的能量，都会在此刻帮助你去完成眼前的那些事。有些没想清楚的会在过程中受到启发，有些思维的空缺会在现有的资源里得到链接**。这一切都是需要在路途中才能探寻得到。

如果现在的你很顺利地能看到这本书的话，那说明我已经做到了。你有没有什么想要去做却一直还没有下定决心去做的事呢？你是否也还有那么些担心，觉得做这些事的准备还未完全成熟呢？

管它呢，咱们做了再说！

分享阅读：

《被讨厌的勇气》 岸见一郎、古贺史健 机械工业出版社

分享观影：

《波西米亚狂想曲》

《一点就到家》

成长就是接受过去的自己

去年参与的某一次复旦大学演讲与口才协会的活动中，大家谈起了时下比较流行的“平行宇宙”的概念。复旦的学子们有从理论角度加以分析的，也有从各种作品中加以解读的，但更多的是像我一样的——我们都想回到自己的时间线中，去探寻一些片段，这些片段或许欣喜、或许难过、又或许有着别样的遗憾……

我在学生时代所了解到的类似于这个话题的见解比较浅白，总觉得不管发生了什么，以后的事情都是不会发生改变的。所有一切所谓的改变最终还是会落到那个既定的结果中去。这是宿命论，太可怕了，就好像我们所有主观意愿上的改变，都不会对结果产生影响，那个结果已然存在。

就好比《寻秦记》中的项少龙，他回到秦朝，在穿越前，别人郑重地警告他说不能在那个时代轻举妄动，因为历史这件事儿，只要差之毫厘就会改变原有的秦国统一的结果。而我们现在的一切元素全部都是历史的组成结果，其中一条断了，那“现在”也就不复存在了。但他回到过去后仍然处处惊动，但历史就是阴差阳错地始终朝着那个原有结果的轨迹上不断前行，改变不了。

到了现在这个时代，我们开始有了平行宇宙的概念，《复联 4》里的各位英雄穿着量子服回去遇见各个时代的自己；《龙珠》里特南克斯能够回去拯救悟空先生的生命，改变了另一个平行宇宙的格局；包括前阵子有部电影叫做《海市蜃楼》，隔着时空，那个原本去世的小男孩又有了一条属于他生存生命的时间线……随着这些作品，我们好像都相信，只要我们能够穿越时间线，就会有一个和现在的自己完全不同的自己存在于另外一个世界之中。

想到这儿，我在想，如果我能回到原本的某个时间点，我会去哪一年？会去做些什么呢？

我想，我第一个想回去的时间点是1998年，12月2日，下午放学。

当时的我在学校里还算是一个乖乖牌，但就恰巧是这一天的放学，班内的几个男生提议要去街机房单挑一款名叫“街头霸王”的游戏，放在平时我肯定是拒绝的，但是那一天不知道是什么情绪驱使，我选择和他们一同前往……

街机的魔力在于，只要你一坐上机器前的那把椅子，所有的注意力就统统由原本的世界向游戏里的世界转移。

我清晰地记得那一盘游戏我选择的角色，上海话里的别名叫做“白风”，就是那个穿着白衣，头绑红丝带的男人。前两盘都被对方打趴下的情况下，男生在游戏上的那份自尊心便油然而生——“再来！”我不服气地又一次地向身边的小伙伴发起挑战。

这一盘正在胶着期间，后面突然出现一只手拍了一下我的肩膀。你们知道，游戏胶着的过程中有人打扰是非常让人恼火的一件事，我不耐烦地喊了一句：“走开！”，头也没回地继续按着按钮。

肩膀又被拍了一下，恰巧游戏也以微弱的劣势败下阵来，我生气地把手向后甩去：“你怎么回事！烦不烦啊！”转头一看，却发现班主任那张早已凝结住的脸。班内的几个小伙伴见状成鸟兽状散去，可笑的是，就是因为这样，整个班这么多男生同行，而那天被抓现行的，仅有我一人。

我被我初中班主任从游戏机房里一把拎出来，就像电视剧里的情节那样充满戏剧性。我恳求她不要将这件事通知家里人，可能考虑到我平时还算不错的表现以及这是第一次的初犯，她也答应了我这个请求。

无巧不巧，那天本就沉重的我回到家后发现父母都不在，我被安排在楼下爷爷家吃饭。整个过程中不管我问什么他们都是支支吾吾的，敏感的我当下就意识到，有那么一件我绝不能承受的事情即将发生。我也一直在应和着他们言语中的躲藏，或许也只是我根本不想面对，也无力面对罢了。

晚上我果然收到了一个沉重的消息，我最爱的小舅在这一天离我而去，虽然他生重病已久，我也早已有了那种心理准备，但当这惨痛的事实就这么突如其来时，那一天晚上我还是深陷在痛苦的情绪中，久久难以自拔。

而那时，烙印在我脑海中的一个最不可磨灭的印象就是，当我父母在打电话给班主任请丧假时，我心里的那种紧张感到现在还能够记起，我不想在这个时候让我的父母听到我做的那件混蛋事，恰巧就发生在我们家最悲伤的那一天。但我也有着些许侥幸，班主任答应过我不会告诉父母的，她应该会遵守诺言……

但侥幸终究只是侥幸，班主任还是把我去游戏机房的事情一五一十地全部告诉父母，在电话里好好数落了我一顿。我不知道她在绘声绘色地描述这件事情的时候，有没有那么一秒钟记起过，一位学生哀求着你不要告诉家长时的神情，并且你也满口答应了的那个时刻……

我无法忘记那时我爸妈那极为复杂的眼神和情绪，往常他们一定会打我一顿，而那一天却很平静，但他们的眼神，却让我觉得比狠揍我一顿更让人难受一百倍。

如果能回到那时和自己交流，我大概会在班主任前先一把把我自己拎出来，扇一耳光然后告诉他，赶紧滚回家，今天已经够要命的了，别再让心里添加那种痛楚的烙印了，它会长在你心里，那会是你几十年都消解不了的疙瘩……

我或许还想回到 2008 年，那一年太扯了，你们完全想象不到那一年的我是什么样子的，那段岁月在书中那篇《致曾经胖过的岁月》中已经完整讲述……没错，2008 年的我是一个超级自暴自弃的胖子，然后当体重到达 211 斤的临界点后，我不得不采取措施减肥，整个过程超级痛苦，我现在都不敢仔细回想，想起来就是一头冷汗的那种痛苦……

在那篇文章中满满都是减肥过程中的励志，仿佛告诉你，只要你想，就没有减不下去的肥。

这话自然是没有错，但如果我可以回到那一年，我一定会拿出那几张胖成猪头的照片给他看，并且用我这些年所有的表述功力绘声绘色地告诉他整个减肥过程中都发生了些什么，再这么吃下去意味着什么，然后逼着他换个新的电子称，因为现在吃得正爽的你根本体会不到胖到一定程度会经历些什么，而那个减肥的过程又有多么要命……

人生中还有好多好多类似这种想要回到过去的时间点，所以呢，或许在那个时空的我避免了这么一个片段，之后会继续拥有怎样的故事，我不得而知，我大概是弥补了一个当年的遗憾，以及填缺了一个痛苦的经历……

这会让当时的我的生活变得更好吗？我还是不得而知。

那我知道的是什么？或许我知道的是当下的这个自己，经历了时间的历练，最终成为一个怎样的人。

现在的我不再会轻易地给自己的生活留有遗憾，因为我明白，有些痛会始终追寻，不是所有的遗憾都有机会去弥补。现在的我还是一个马拉松的爱好者，从那时候减肥开始，越跑越长，越跑越快，是因为曾经那段时间胖过，也经历过那份减肥的痛苦，让我有着决不能让自己再胖回去的决心，从而拥有了目前还算健康的生活状态。

之后的我还会是一个怎样的样子，我不知道，因为总得经历了些什么，才会懂得些什么……

刘若英在《我敢在你的怀里孤独》中说，很多事终究是“回不去了”的，然而我却感恩自己保留了记忆，那份欢乐、勇敢、遗憾……我从不对过去“告别”，我只是背负着它向前走，也因为如此，我才知道我比以前更有“气力”，才发现我们比想象中更坚强。

我是一个习惯在个人平台上发布一些自己生活琐碎的人，有自己的生活状态，也有自己的兴趣成就，还有一些是对某些事情的观点和见解。

我尤其喜欢QQ空间里的一个叫做“那年今日”的功能，这个功能可以在当天看到之前六年里，自己在同一天里发表的动态有哪些。我每天定下来总会翻一翻往年的今天发生了些什么，我都说了些什么，有着怎样的情绪和状态。

有意思的是，在翻阅的过程中，很多时候都会不好意思地挠头欷歔：当初的我，又怎么会是这个样子的……

这让我想起几年前，我听过一个令我印象深刻的理论，并且时常拿来做自己生活的标尺。这个理论认为，怎样判断自己目前还仍然处在向上的程度，是有一个指数的，它叫做“傻瓜指数”。它是说，以现在的你的认知和判断，会觉得多少时间之前的自己是个傻瓜呢？有些人说十年、有些人说三年、有些人说一年……当然也有从来都不觉得自己是个傻瓜的人。

他们说，这个指数，越小越好。越小就越能从某种程度上说明，你在不断

地成长。

谁说不是呢?

所以,会不会有那种幻想,就是将来会有一个来自未来的我,站到我的面前,告诉我,这件事不能做,这个地方不必去,这个人不要见……我在想,我需不需要接受那些来自未来的指引,让我在现有认知下从眼前的决策中抽离。

我不知道自己的未来会成为什么样子,但我能肯定地知道,现在所经历的一切都会是形成未知未来的种种因素。而面对这种不确定性,不正是人生中最有趣的一部分吗?

你说呢?

分享读物:

《我敢在你的怀里孤独》 刘若英 世纪出版集团

《一切都是最好的安排》 辉姑娘 中信出版社

分享影片:

《蜘蛛侠:平行宇宙》

在经典中寻求指引

(一)

上学期快结束的时候,学校德育处组织开展了由各个年级组参与的四场“星光熠熠弟子会”的《弟子规》大赛,旨在让我校的学生在进行了系统的《弟子规》学习之后,看看有着怎样的感悟和体会,借由此次大赛来进行一次集中性的分享和展示。很荣幸,这四场比赛,我都是担任最后的点评老师。

说实话在为第一场低年级的比赛做点评前,多多少少还是能感受到一些压力的。就在前不久,一名资深的中学语文教师对于《弟子规》进行了严厉的抨击,并且在网络上制造了不小的舆论。只是很遗憾,在我看来,作为一名中学语文老师而言,其对于《弟子规》的理解过于浅显,对于传统文化的理解更是浮于表面。

网络上能激起这样的舆论虽然很好理解,毕竟大多数的人在没有好好深入研究和学习过这些之前,有着这样子的反感和抵触,也是情有可原。但对于这一次有家长参与观摩的比赛,点评中的引导却十分重要。

低年级的孩子和家长共同完成的表演很可爱,他们根据所抽到的《弟子规》中的字面意思,把一个个故事通过戏剧的形式完完全全地表现了出来。

有两个故事我印象深刻:

1. “衣贵洁,不贵华。上循分,下称家。”

孩子们在小品中表示,不要过多注重外表,不要总想着穿漂亮衣服,最后把那些别人送的漂亮的衣服统统还了回去。

2. “年方少，勿饮酒。饮酒醉，最为丑。”

孩子们在小品中发现爸爸妈妈原来也喝酒，表示很生气，而爸爸妈妈为了能够给孩子起到榜样作用，决定戒酒。

这两个故事，孩子和家长们都演得十分可爱，过程中也笑料百出。但看完笑完，我也总觉得有些许遗憾。如果我们把《弟子规》的学习只停留在这个层面，也难怪会有人对此表示不理解，从而加以批评，甚至进行抨击。

（二）

黄执中老师曾经帮我们厘清过一个概念，他说，这世上的格言也好，警句也罢，有些产自安稳年代，有些来自动荡时局。

我们在安稳时关心体面，所以才会有所谓“君子爱财，取之有道”，才会有“予人玫瑰，手有余香”。

我们在动荡时关心生存，所以才会有所谓“胜者为王，败者为寇”，也才会有“人不为己，天诛地灭”。

哪一句是对的？哪一句又是错的？你很难分辨，那是因为它们产自于不同的时代，盛世的时候我们人人温饱不愁，追求精神层面上的超越。乱世的时候我们人人安危难保，用一切手段得以生存。

所以网上那些所谓“名言不可信”的笑谈——一会儿告诉我“宰相肚里能撑船”，一会告诉我“君子报仇，十年不晚”；刚刚还说“男儿膝下有黄金”，现在又说“大丈夫要能屈能伸”；上次还说“在天愿作比翼鸟，在地愿为连理枝”，现在又说“夫妻本是同林鸟，大难临头各自飞”……

这么多的矛盾，我们应该信什么？哪句是对的？我们陷入了迷茫……

其实哪句都是对的，只是在说这句话时，每个人的处境不一样，每个人的时局不一样，每个人所需要的方法和指导自然也就不一样。

所以我们发现，格言和警句的任务，不是要分个你对我错，更多的是要在当下给出指引，不同的时局，不同的时代，就会需要不同的指引。

盛世教人体面，乱世教人生存。

（三）

对于《弟子规》而言也是一样，我们学《弟子规》时究竟在学些什么？如果只停留在字面意思的理解，简单狭隘地从“事”的层面学习、理解和践行，你自然就会发现，因为时代及生活方式的不同，其中很多话语的确和我们现在的实际生活是脱节的。例如“亲有疾，药先尝”，如果我们从“事”上学，努力效仿古人在那个时代限定情境下的“药先尝”的话，那真是学死了！

那，是不是《弟子规》错了呢？当然《弟子规》没有错，而是我们学错了。

当我们从“事”的层面，提升到“理”的层面；从事的模仿，到做人道理的把握时，就会豁然明白“亲有疾，药先尝”讲的是“孝”道，告诉人们：为人子女的，应该无微不至照顾父母，以父母的利益为先为重。

“孝”道，是做人的根本，通古今达中外，这一点亘古不变，这是“理”，这是任何人都要学习的。但是在“事”上，却是千差万别了：不同时代，不同地方，不同人群，行孝的方式多种多样，千姿百态，这些都是没有问题的，绝不能强求“药先尝”。

如此，就能领悟《弟子规》的真意，就能通过学习践行《弟子规》，给个人、社会、国家带来真实的利益。

而在之前那些小品的例子中，你说“衣贵洁，不贵华。”而现在身处在这个时代的我们，在一些重要场合，一些重要仪式上，需要正装盛装出席，与气场相应，以示尊重和恭敬，这是从“事”上的理解。

如果我们学习的方向调整为——它要指引我们的道理是什么？或许你就会发现，在这句话里其实告知我们的是：无论你穿的是什么，整洁和干净，永远都是体面的首要标准。

所以，小品里无需把那些漂亮衣服都还回去，而是每天都要穿得整整齐齐，干干净净地见人，这才是《弟子规》中“衣贵洁，不贵华”所要提供给我们的指引。

你又说“年方少，勿饮酒。饮酒醉，最为丑。”所以我们的家长很伟大，为了这句话，他们可以改变自己这么些年的喝酒习惯。仿佛告诉孩子，喝酒就是一件不正确的事情。

但是李白也说过："人生得意须尽欢，莫使金樽空对月"、"古来圣贤皆寂寞，惟有饮者留其名"。

哪个是对的？

在李白身处的时代，加以他的个性，他所追求的是洒脱和自由，宁愿牺牲一些体面和清醒。这是他的选择。

而在我们身处的时代，我们追求的更多是体面和健康，却可以牺牲一些肆意和欢愉。

没有对错，只是时代不同，选择自然也会有所不同。

所以不必为了这句话就和孩子信誓旦旦地保证要戒酒，这可不是一件容易的事，再搭上自己的诚信成本，这实在是一件风险过大的事情。而是要通过这句话给孩子引导——凡事，皆要有个度，要懂得克制，不能过度地放纵自己的欲望。这才是这句话所要带给我们的指引。

找到指引，这正是我们学习《弟子规》的意义。

（四）

如果有人说，《弟子规》里的话语离我们的生活太远了，有些和我们现在的时代完全不符，所以就没有学习的必要，甚至抨击它是糟粕的话，那只能说明他学得非常糟糕。

而我们深入学习《弟子规》的人则要知道，没有任何一个经典文本能够给予这个时代的我们完全契合的价值。随着时间的变量，地域的变量，那些文字多多少少总会和我们现有的生活有出入，甚至冲突。

所以我们的学习不要停留在表面，不是仅仅为了"背"，也不是单单为了"理解"，而是要更为整全地去了解，更为深入地去汲取，才能知道如何在这样的经典中，更为有效的找对学习的方向，这样才能够寻求到相应的指引。

而这样的指引，却又能实实在在地帮助我们在各自生活中，成为更好的自己。

不功利，方可见“真利”

每年过年后，身边总有一拨学生会开始焦虑。考大学的学生考虑的是：我要报考怎样的专业？大学里的却在想：我要去考个什么证？而临近毕业的则在纠结：怎样的工作才是最好的选择？

他们其中有一些人会和我聊聊天，发发牢骚。我发现，他们之所以会困扰的一个共同点在于，他们都不知道怎样的选择才是最有用的。专业的前景、证书的范围以及职业的规划，他们全都捉摸不定，就任由时间裹挟着他们向前走，然后在自己的思考中迷茫，最后在别人的建议里决策。

在人生的岔路口，我们都倾向于找到一个最优化的选择：选专业要选最热门的、考证书要考最有用的、找工作要找最赚钱的……在这个功利的社会当中，能选择一个性价比最高的生存之道，自然是极有竞争力的。

这是人之常情，也非常理解。

我们每个人在社会上，都会想要以一个最佳的姿态去生活，我们的努力也始终是朝着这个目标来奋进，所以功利一些无可厚非。只是我在想，我们是否对“功利”可以有一个更大的尺度来丈量……

无论是在学习还是工作中，我们都会顺应着往前走，只要是对现在有利的，就一股脑地钻进去，投入时间和精力，去面对和处理眼下的局势。

刚工作的前几年，我也是选择这么一种模式。做班主任和语文老师的时候，我就把时间大量投入到班级管理和学科教学的活动中去。而自从担任大队辅导员后，任务变得多元，时间变得压缩，就又不得不摒弃一些学科的研究，一门心思投入到少先队的研究中去。

那时，只要是活动我就接，只要是会议就参加，只要是领导安排下来的任务，不管什么，我都尽力地去完成，不加任何筛选。

直到现在，我回过头去看看那几年的收获，横冲直撞的我顺应着当下的“主流”，做了很多的事，承接了很多的活动，参与了很多的项目……那时候的风风火火看似风光，却犹如烟花般只有着瞬间的璀璨，繁华散尽后就又归于平凡。直到现在，那段岁月对于我个人来说，都宛如浮云一般，能真正留给我的收获，少之又少。

当时我也在想，做语文老师的时候就好好钻研语文，把精力都花在学科上，看看能否在这个领域有所建树；而担任辅导员后又把时间转移到少先队的各项繁杂的事务中去，想着在这个方向，或许也能有着自己的突破和成就……

这种极为狭窄的功利有两个特别糟糕的认知缺陷：

1. 没有可持续的发展，任何技能都不容易在你内心有延续的生根。

2. 在人生的选择上，容易出现多次的变道。

朋友小 Q 就是这么一个很可惜的例子。

高考的时候，她迫于无奈选择了一个自己不喜欢的专业——土木工程。在学习了一段时间之后发现这个领域对于自己的阻碍太多，而对它的兴趣却又少之又少。

听了朋友的建议，觉得做老师或许是一个不错的选择，所以她又去攻读教师资格证，但又因为缺乏对相关知识的了解，和本身对孩子的抵触情绪，最终让她放弃了这个选择。

工作后，随便找了一家公司开始了朝九晚五的模式，却又在几个月后悻悻辞职，觉得这里无聊透了，根本不是自己发挥的平台。

而现如今毕业仅仅三年的她，已经辗转了四个单位，两种职业，却仍然找不到自己前行的方向和目标……

小 Q 始终抱怨自己的运气很糟糕，每次都想要做最优化的选择，却每次在进入之后发现其实并没有想象中那么好，所以再一次地变道，做又一次的选择……循环往复，无休无止。

而认识小 Q 这么些年，我也始终不知道她到底喜欢些什么，擅长些什么，只见她被社会裹挟着向前走，一步一坑，异常吃力。

小 Q 不是一个消极的人，她总想着让自己的生活变得越来越好，但可惜的是，这特别狭窄且冒进的思考问题的方式，给她打下的认知胎记和心智模式，最终还是耽误了她。

那一年在表达学院的学习中，我们提到了职业的“底层逻辑”，在这个问题的剖析上，导师给了我们一些思考的方法，其中有两个我印象深刻。他说，你想一想，在你的职业里，一般高手与顶尖高手的区别在哪儿？而如果现在让你转行，你又有着哪一项技能可以直接带走并为你所用？

这是两个特别好的问题，它让你找到当下的着力点究竟在哪儿，正不正确。以及如果离开了本来的职业特性，在这么些年的努力中，你投入的时间和精力所培育的结果中，又有哪些是真正属于你的东西？

很庆幸的是，在最近的这些年中，我并没有保持着像以往一样的工作模式，我不再被其他人裹挟，那些与主线无关的任务，我也已经逐渐学会了筛选和拒绝。

而在此期间，中国传统文化和表达的系统学习作为我的两大爱好，这也成为了我之后绝大多数工作的主线和灵魂。

近些年来，我在学习和研究这两个领域的时候，也会有些许声音出来质疑：这和你现在的工作有什么联系，你把大部分的精力和时间放在这里，对你现在的职位没啥帮助，会不会太过浪费？

2018 年的年底，我完成了上海市少先队的市级课题的展示，课题的名称叫做《基于传统美德的少先队体验式活动的研究与实施》。

学校少先队工作作为德育工作的一个重要组成部分，育德是我们重要的目标之一。而这个课题的出发点来源于《大学》里的一句话：大学之道，在明明德，在亲民，在止于至善。

那怎么明明德呢？《大学》里说，古之欲明明德于天下者，先治其国，欲治其国者，先齐其家，欲齐其家者，先修其身，欲修其身者，先正其心，欲正其心者，先诚其意，欲诚其意者，先致其知，致知在格物。所谓格物致知，是中国哲学理论的重要范畴。格致，就是倡导认知后的实践，也就是我们体验活动的最终目的，认知后的实践是明明德的起始，也是我们这个课题的价值所在。

而在整个课题的展示中，长达 40 分钟的主题演讲，也是在同类的课题结题形式中所没有的。

传统文化作为课题开题的原点，公共表达作为课题结题的方式。

这，丝毫没有浪费。

我突然意识到，在你学习和工作的生涯中，如果你前进的方向是你的兴趣，它就会给你带来巨大的动力和价值。让你在整个过程中不慌乱，不焦虑。

子曰："譬如为山，未成一篑，止，吾止也。譬如平地，虽覆一篑，进，吾往也。"（《论语 · 子罕》）

孔夫子是说：我们所要做的事，就像堆土成山，还差一筐就成了，如果停下来，那是我自己要停的。如果要把地填平，即使只倒了一筐土，如果继续，也是我自己要做的。

人生中所要做的事，要以个体为基础，要有自己坚定的选择，培养自己对生活的决定能力。

而《论语》里的这段话，用在这里，就恰到好处。

这又怎么会浪费呢？

对于生活，我们都有追求，有追求就会有所"功利"，但对于丈量功利的尺度能否再宽泛一些。

复旦大学的熊浩老师在某堂课里说过，在你的人生中，有没有一样兴趣和追求，可以提供给你生命的定力，提供辽远的创造性，在生活的意义可以自我提供，从而维持我们人生豁达的调性、格局和暖意。而这些，都不存在于我们的课表中，都需要我们在工作和学习中自我探索，不断精进。

我始终坚信一句话——"有情怀的，就都是有用的；能生根的，就都是有利的"。

而"有用"和"有利"这件事，除了明天能找到一个好工作、能取得一个好成绩之外，有没有更大的参照系统？

愿我们都不被生活裹挟，愿我们都能找到着力的原点。

分享阅读：

《批判性思维工具》	理查德·保罗&琳达·埃尔德	机械工业出版社
《我喜欢人生快活的样子》	蔡澜	湖南文艺出版社
《人类群星闪耀时》	斯蒂芬·茨威格	江苏凤凰文艺出版社

分享观影：

《无问西东》

《印度合伙人》

思辨的价值

大队辅导员的工作已经进入第 10 个年头，这几年里的方向选择如果要说和前些年有所不同的话，或许在于，我正努力尝试着将辅导员的工作从被安排要我干什么，逐渐转变为我想要去干什么。

说实话，这是一个很艰难的过程，也是一个阶梯性的过程。大队辅导员的工作纷杂而琐碎，不得不说很多事情其实流于表面，花了大量时间和精力在其中，事情结束过后就如同繁华散去，除了一些基本资料以外，便留不下什么痕迹。

这些年的思考始终围绕着在既有的活动范围内，怎样融入自己的想法，从而设定出一个特定的方向让孩子们真正有所得，而这样的“有所得”并不仅仅限于当下，而是在他们的成长轨迹中也能有一个重要的引领和奠基。

少代会的选举模式或许就是一个很好的起点。

所谓的少代会，全称是少先队代表大会，在会议上，要对学校的少先队工作进行交流和总结，然后结合队员们提出的提案，学校加以答复，让少先队员们能够从自己的角度出发，从而参与到校园各个层面的规划中来。之后会议还有一个很重要的环节，就是选举学校新一届的大队委员。

我观摩和接触过很多学校的少代会选举，包括我做辅导员的前几年也是如此，大队委员的选举(我们俗称选大队长)，绝大多数所采用的形式叫做“自我介绍 + 才艺展示。”

因为没有接受过太多的表达训练，没有方法论的孩子们做的自我介绍大同小异，极少能有亮点。而才艺展示则更是五花八门，现在的孩子，尤其是那些拥有着更多良好资源的他们，又有谁没有几个拿得出手的爱好和特长呢？所以，当少代会中有选举权的代表们投票的时候，他们对于台上这些候选人的印象就会极为模糊和片面，有耐心看完所有表演的，或许还会根据自己对他们才艺的喜好而投票；没有耐心看完的，或许就只能凭借着不知从哪儿来的印象去投出那所谓"神圣"的一票了。

而这样子选出来的大队委员，你的目的又是什么呢？

是要让他们时时刻刻展现出那夺目的才艺？还是在一年一度的艺术节上让这些大队委员们都能有用武之地？

我们有没有发现，当在做一件事情的时候，目的一旦模糊，我们所采取的决策就会失去方向感，依凭着既有的惯性去做事，我们会说：少代会的选举模式，向来如此。但，向来如此，就是对的吗？

在我看来，我们学校选择的大队委员，比起那些外在的才艺，更重要的是要孩子们学会如何思考，然后用思考启迪着自己的观点，用思考牵引着自己的行动。他们必须要比大多数的孩子看得更多、听得更多、想得更多。从而形成一个更多元的、有基本行为逻辑、甚至于不用牵着，稍加点拨即能行动的学生干部。

目的想清楚之后，我们摒弃了以往的才艺展示模式，在原有的通过演讲进行选举的模式上进一步"升级"。在那一次的少代会的选举上，我们采取的是从未采用过的辩论的形式来进行。

很多老师和学生在一开始都不是很理解，说为什么选大队委，甚至作为小学生来说，我们要通过辩论的模式去做评判呢？大多数人都认为这件事太不讨巧了，在他们的既定观念里，辩论就好比一群人在既定的规则当中有秩序地争吵，它只是吵架的一种，只不过采取的是更文明的形式。

那么，辩论这件事究竟可以给我们带来些什么呢？

第一，辩论能提升你的思维层次，打开认知维度。

在那一次的选举中，有一组候选人抽中的题目叫做"同学之间发生矛盾究竟应该自己解决还是找老师和父母解决？"

正方的观点是"自己解决"，反方则表示"找老师和父母解决"。

少代会辩论：同学之间发生矛盾应该自己解决还是找成人解决

这是一个很生活化的辩题，辩题中所遇到的问题，几乎所有的孩子都碰到过。而从现实生活中的调查分析来看，选择自己解决问题的孩子还是占有大多数的，毕竟在很多孩子的认知里，又有谁愿意一有问题就找老师和家长解决的呢？

所以正方有一个非常强有力的观点在于：他们觉得自己的问题当然应该由自己解决。我们已经逐渐成长，家长和老师的庇护不是我们始终所追求的，一个真正成熟的人更应该自己去解决问题，这才是自立的表现。而自立，不正是我们在成长过程中不断追求的吗？

这个观点非常强，也着实能说到在场每一位孩子的心里去，因为他们中的大多数人原本就是这么去做的，正方只是更有力地帮他们找出了这么做的合理性，并且是那么的合乎逻辑。所以整场的交锋中，正方始终围着这个点对反方的论点进行着反复的打击。

正当所有人都觉得反方要输了的时候，反方四辩起身结辩的时候说出的那段话，至今使我印象深刻且拍案叫绝。

反方四辩那位女生缓缓起立，说道：

我承认对方辩友说的，能够自己解决问题的人一定是追求自立的人，且我方也觉得，自立对于我们来说，的的确确是很重要的。

但在场的所有同学，我们一起来设想一下，究竟是什么样的人，才会在自己的生活出现问题的时候，愿意主动将自己的烦恼去和老师和父母倾诉并寻求解决的呢？我想，他一定在成长的过程中受到过很多老师的鼓励和帮助，在家里也始终被父母尊重和理解，他们一定都对你如此宽爱和善待。只有这样，他才会愿意在生活遇到挫折的时候，第一时间想到那些关心他的人。而这样的人，是幸福的。

当然，我们仍然承认对方辩友说自立是很重要的品质。但在成为一个自立的人和成为一个幸福的人之间，如果一定要选的话，我希望你们都能选择成为一个幸福的人。

一片静寂，掌声雷动！

你看，辩论的价值在于，在一个问题的多种层面上，我们可以从不同的角度探索，想别人所不能想，及别人所不能及，设想出更多新的维度供我们去思考和行动。

第二，辩论能让你拥有“耳顺”之德，成为慈悲之人。

我们去看现在的社会动向，尤其是在网络媒体上，有种特别不好的现象和心智模式叫做“顺我者昌，逆我者亡”，也就是说只要一个人和他们观点不一样，这个人就马上站到了他们的对立面，成为他们的敌人，然后肆意地对其进行攻击和谩骂，肆意侮辱和侵害。他们从来不静下心来聆听和思考，和其观点完全不同的那个对方所说的话，站在他的角度和立场，又有着多少的合理性？

我曾经听过复旦大学熊浩老师的一节课，他提到中国传统文化中对于这个问题的解读和提炼，在这里和大家做一个概述。

“吾十五而至于学，三十而立，四十不惑，五十知天命，六十而耳顺，七十从心所欲不逾矩。”(《论语》)

孔夫子在原文中表达的意思是，成长在那个时代是可以有坐标系统的，在每个人生阶段我们的认知和成长可以有着怎样的参考。

我们可以看到其中说到“六十而耳顺”。“耳顺”的意思从字面上来理解是让耳朵顺畅，像丝绸一样顺。孔夫子的意思在于，在六十岁的时候，人应该建立强大的同理心，任何观念，任何观点都能通情和理解。

我们在听一个人说到自己不认同的观点的时候，第一反应是什么？是急于判断，贴上标签，加以否认和抨击？还是先冷静下来，让耳朵不受芥蒂，不做判断的让信息先进来，在你耳朵里完成停顿和酝酿。而不仅仅是种像盾牌似的防御形态，站在自己理论的制高点，自上而下地进行判断，去区分好坏对错。

耳朵不是抵抗的壁垒，耳朵应是接收的容器，要让它“顺”。

夫子在六十岁时就深知对各种价值抱有慈悲之心，每个人都抱有同理体验的重要性。即使再不中听的意见，也有可能有其生命的为难，和局势中的不得已。

理解和关爱，同情与感怀——这就是儒家所提倡的“耳顺”之德。

辩论这个活动很有趣的一点是，不是所有的立场都是由你来决定，你的持方并不是凭着你原有的观点判断，而是通过抽签决定的。比如我们这次少代会的辩题：“学生追星到底利大于弊还是弊大于利；网络语言进入小学生作文该不该提倡；业余时间我们到底应该多开展课外活动还是抓紧时间学习充电”……这些辩题都会有正方和反方，而你要站的那个立场，抽签随缘。

很多不懂辩论的人就很难接受，如果要逼我去讲一个我并不认同的持方，那我要怎么讲？这不是逼我说假话吗？

我曾经听说过这么一个故事：李开复的女儿也经常参与学校的辩论活动，在高中的一次辩论赛前，李开复和他女儿说，在参加辩论时，如果你能选，就尽量选择和自己原始立场不一样的持方，这样的辩论才更有价值。

少代会辩论：业余时间应该多开展课外活动还是抓紧时间充电学习

就好比这次的诸多辩题：

如果你说你支持“追星”，你生活中也狂热地追着星，你正是 TFBOYS 的忠实拥趸。但你偏偏抽到的是“学生追星弊大于利”，你要站在反方的立场上，去攻击“追星”这件事，你必须在生活中找到“追星”这件事的不合理性和弊端的价值倾向。

你如果一直反对网络语言就不应该进入小学生作文，你也曾经因为别人有过类似的行为而感到过反感甚至不齿，但你这次抽到的立场却是“要拥护网络语言进入作文”这件事，你必须自我检讨，去探寻一下那位曾经让你反感的同学做这件事情的合理性，并全力为之辩护……

你如果支持业余时间应该多开展课外活动，你的家庭和你一样，对此抱有坚定的观念。儿时以来你被灌输的理念从来都叫做——“读万卷书不如行万里路”，我们在学校里已经花了八个小时的时间学习充电了，当然应该让这些知识有地方去应用，有地方去疏解，有地方去实践……但就是这么不巧，你的持方偏偏就是“业余时间我们应该多抓紧时间学习充电”。这是你从来都不支持的观点，你也从来都没这样做过，但你就是要花时间，为“业余时间应该多学习充电”这件事的合理性找寻充足的理由，你要摒弃之前所有既定的观念，把脑袋“清零”，重新探讨、重新研究、重新观察，去探讨这个话题里的利弊得失。然后去理解，生活中那些真真切切在业余时间里抓紧时间学习充电的同学们为什么会这么做的理由，哪怕你始终认为他们的做法有待商榷。

少代会辩论：网络语言进入小学生作文应不应该提倡

这是多么有意思的一件事啊，让自己不局限于一点进行思考，辩论教会你的一件事叫做，你也要站在那个你完全不认同的对面进行探讨。从而你会发现，位置一旦发生改变，当所有的变量都在发生变化，你所得出的就是另一种与之前截然不同的结论。

生活中能拥有这等观念的人是受人欢迎的，辩论教我们了解到的一件事叫做：所有的观点，都是这个人之前人生的总和。所以他才会知道，自己的持方哪怕再有道理，也只是在自己既有的生活条件中所提炼出的结论。他同样知道，对方也有一套同样的理论，只是双方的条件不同而已。而这样截然相反的观点虽然自己不认同，但是在你的立场上，它却又是如此合理的存在。

而当我们如果都懂得这一层观念的话，生活中又有着多少矛盾和冲突能得以避免。当然，这是一件很理想化的事情，但至少，你可以先从自己做起，成为一个可爱且善良的人。

所以，在少代会中让我们的候选人们去参与辩论或许只是一种形式，更重要的是让我们这个阶层的队员从小就有着思辨的意识。而让坐在底下的少代会代表们去接触辩论，就是想让他们在这段时间的洗礼当中，通过辩论，学会哪怕一丝丝的思辨精神，懂得站在不同的角度看待问题，从而理解他人。如果可以，这将会是一个起点，这不但能提升你的思维层次，打开认知维度，更重要的是，它会让你拥有"耳顺"之德，成为一个更多元的，更能感同身受的人。

辅导员的工作虽然纷繁而复杂，但如果能把握得清楚属于你的方向，去想一想你要给孩子们带来些什么，从而让他们接触些什么，学习些什么，获得些什么，这才是我们在工作中最有价值的地方。思辨是我在工作中找到的把手之一，我更希望能通过这样的学习和锻炼，帮助更多的孩子们更早地成为一个有价值，有能量，从而更有希望的人。

分享阅读：

《深度说服》 梁秋阳 江苏凤凰文艺出版社

慧眼辨别，善恶隔绝

朋友圈里经常会出现这样的链接或图片：一个孩子在某地走失，家长万分着急，如有消息，拨打电话 XXXXXXXX 可联系。

图片上的孩子动人可爱，走失的地点和时间也交待得很清楚，所以朋友圈里开始疯狂转载，急他人所急，都希望这孩子能够尽快找到。

而过了几天，官方发布这是不实消息，地点是假的，孩子的名字和照片也“货不对板”，那电话更是一个诈骗电话的号码，只要一拨就会落入圈套。众人一阵唏嘘，连忙删除几天前的转发。

不可否认，大家都是善意的，在看到这样子触目惊心的标题的时候，第一时间产生的情绪逼迫着你立马做出选择。而在人人都是自媒体的时代，手指只要轻轻一动，这样的信息就又从四面八方辐射出去，形成更大的影响。

人们常说“耳听为虚，眼见为实”，当网络上的信息铺天盖地向我们袭来的时候，我们又该如何分辨真假？

如果你是一个“主动出击”的人，你可以用你的逻辑推理和认知判断，去推测这个信息的真实性。我们得认同，没有依据的事情是不可信的，我们可以在信息不完整的情况下尝试去找出这样的依据，从而推断事情的真实性。

比如：当你发现网络上出现这样的寻人启事，先看一看某地有没有这个名称的小区，和启事上标注的是不是同一个地方；再搜一下所留的电话号码是否有网络信息的留存，以及区段的显示，这些都是最为基本的调查和论证。

再比如：你看到朋友圈有人发某地火灾的消息，伤亡惨重，一片狼藉。震惊之余，你可以去搜索一下，有没有类似的支线消息的流出，还是仅仅“只此一家”。

什么什么又不能吃了？什么什么有致癌物质？养生要注意的事项……类似于这样的消息，有着基本教育素养的人，但凡用点心，去查阅、去思考，都能自行确认或证伪。

用智慧去判别事情的真实性，保证从你这儿流传出去的信息的真实性，这是一种难得的责任感。

如果你是一个“被动等待”的人，有句话叫做“让子弹再飞一会儿”——有些事情我们无法在第一时间判定真假，那就不如再等一等。

几年前有一个很著名的社会新闻，说一个老外骑车碰倒了一名中年妇女，这位妇女躺在地上不住地痛苦呻吟，身边围观的群众也越来越多，纷纷拿出手机拍摄视频。他们大多数人并没有亲眼看到事情发生的经过，只是任由骑车人的单方叙述，再加上本身对中年妇女的既有偏见，就判定这又是一起明显的“碰瓷事故”。

视频一出，网友们群情激奋，矛头全部指向这位中年妇女，好像他们已然了解事情的全部真相。大量转发的传播，也对这位妇女的生活造成了很大的影响。

而没过几天，当地的警局就发出官方通报，根据监控显示，骑车男子的确车速过快，也确实撞到了正常行走中的妇女，造成了对方的损伤。

这时候网友们纷纷表示是自己怪罪错了，一笑而过，一哄而散。但，那个之前被你们骂得如此不堪的她呢？她的伤害又由谁来弥补？

类似于这样的事情，我们没有办法做出明确判断，毕竟我们不在现场，也无法得知全部的准确信息。那么，为何要那么着急地做判断？为何不等一下，等到事情水落石出时再做评判？

人总是有着强烈的情绪驱使，那些夺人眼球的新闻标题和事件，总会在第一时间激发我们内心的正义感和同情心。

而我们要做的是，在消息就这么猝不及防袭来的时候，停下来，等一等，不是亲眼所见的不要轻易地相信，用智慧去做推断，用耐心“让子弹再飞一会儿”。

那些在公共平台造谣的人被抓之后都有着一个共同点，他们的目的单纯到只是想让自己发出的信息让更多人看到，让自己的言论被更多人重视，这是一种多么悲哀的幼稚……

我们都在竭尽全力让自己拥有更多的存在感，所有的努力，所有的付出，潜意识里都在告诉这个世界，让更多的人关注到自己。但很可惜的是，这并不是一件容易的事，很多人穷其一生都难以做到，所以有些人选择用另外一种方式得到关注：说大逆不道的话，编夺人眼球的事，想着这样你们总能看到我了吧？那些转发和评论是他们兴奋的原点，也是他们存在于这个社会上的最卑微的“价值”。

而智慧的人，不会成为他们的帮凶。

不是亲眼所见的事情不要第一时间相信，那么是否亲眼所见的事情就可以马上决断呢？

社会是复杂的，很多时候我们只能看到事物的一方面，却着急地把他当做全部来对待。

有一个泰国的公益广告很发人深省：

有一个农贸市场的女当家，看上去总是一副趾高气昂的样子，让人多少有些距离感。在一次巡视的时候，她大声责骂着卖肉的摊贩为何还不交摊位费；又随手拿了蔬菜摊位的番茄直接啃了起来；最后还砸坏了鱼贩子的电子秤。这一幕幕都被一个年轻人用手机拍了下来，他感到十分气愤，回家就把这段视频上传到网上让人评理。

网络上迅速开始发酵，所有人都在指责这位女当家的跋扈和蛮不讲理，同情摊贩的同时把女当家的个人信息统统挖了出来，用网络暴力的形式对其进行谴责，并呼吁人们再也不去她的市场买菜。

女当家的情绪愈渐消沉，摊贩们也因为没有了生意而经营惨淡，但奇怪的是，在旁人眼里的“受害者”们，并没有一个人在这个时候离开这个市场。

镜头转向了另一个视角：

女当家总是在马路边找到那些落魄的流动摊贩，让他们来自己的市场营生，给他们一个固定的居所，不必再忍受日晒雨淋的辛苦。那个卖肉摊贩的摊位费是市场里最便宜的，因为他妻子正在生病，女当家拿了他三个月的费用之后，又返还了一半让他回家照顾妻子；那蔬菜摊贩的番茄，女当家在吃了之后，默默把钱放在摊位上，那钱远高于一个番茄本身的价值，女当家啃着番茄离开的背后，是这位摊主千恩万谢的双手合十；而那个卖鱼的电子秤是因为摊主缺斤少两被顾客举报，女当家砸了他的称，并告诉他做生意要诚信，并且主动帮其换了新的称……

但很遗憾，这些，世人都没看到……人们只是愿意相信他们自己亲眼所见的景象——那个女当家的欺负摊主。却怎么都想象不到这趾高气昂的背后，有着多么与人为善的仁慈。

但造成的伤害，已经避免不了，网络上漫天的抨击，街上路人的指指点点，以及门可罗雀的市场前，那落寞的女当家旁，所有的摊贩都陪着她。谁知道，要花多少代价，才能让世人看到真实的情况。

我们总是自信地认为只要是亲眼看到的就是真的，既然是真的，就可以传播、定性和谴责。但我们看不到的是那辆打着双闪闯着红灯的出租车里，有着一位病重的，急需抢救的老人，但就因看到他闯了红灯就谴责这位司机的道德；我们看不到的是在岗位上打着瞌睡的同事，在深夜为了家中突发的情况，不得不在医院和家里来回奔波，但就因为只看到了她的瞌睡而吐槽她的态度；我们看不到的是那个在深夜大声哭泣的姑娘，倒是经历了怎样的变故才会如此撕心裂肺，就因为她侵扰了你的休息而质疑她的素质……

不要急着站在冷漠的制高点下判断，让我们看得再多一些，让接受的信息再整全一些。

我不知道有多少人曾被谣言侵害过，如果你不幸有过，就会有一个这样的困扰：为何如此虚无缥缈的事情，在他们讲来却可以如此绘声绘色、真真切切？

我们可曾遇到过这样毫无根据的恶意谣言：同学 A 穿得这么好——那他家里一定很有钱——搞不好他爸爸是当官的——那这钱来得一定不干净。所以同学 A 就成了一个贪官的儿子。

同学 B 和同学 C 放学后经常一起回家——我总看到他们说说笑笑——这两个人一定有问题。所以同学 B 和 C 就成了舆论里早恋的对象。

同事A离开了原单位——因为曾和同事B有过矛盾——同事B又是个骨干。所以同事A离开单位的原因,就成为了遭到了同事B的排挤。

……

这样类型的谣言有没有似曾相识,它们会在我们的生活中时不时地出现。如果我们冷静下来去判断其中的逻辑,总会感到非常可笑,这不成结构的推理,和栽赃并没有什么区别。但是为何在那个当下就是有人会信,有人会传呢?

辩论大神胡渐彪曾经说过:谣言之所以会成为谣言,是因为没有人会在意它的真实性,人们只会在意这条消息够不够"鲜",够不够"辣",够不够成为饭后有趣的谈资。

是的,那些恶性的传谣者从不考虑事情的真实性,他们只是追求事情的新鲜感,更有甚者会为了夯实这件事情的真实感,加上"这是我亲眼所见"、"这件事情千真万确"的话语来增加被传谣者的可信度,从而让其成为下一个的传播者。真相不是他们所在意的,他们只要绘声绘色,他们只要八卦好听,他们又有多少人会意识到,这样的话会给当事人带来怎样的伤害?

当一件又鲜又辣的事情传到你这里,判断事情的可能性,想想传播的危害性,善良的你,会做出应有的选择。

曾经我的身边有过这样一件事:

A和B是两位关系很好的朋友,A几乎每天都带着B回家,也每天带着不同样的食物给B分享。生活中她们也是熟络得跟一个人似的,关系好到所有人都肉眼可见。

有一天,在一个极具私人的场合,人不多,加上我才4个人,不经意间聊到A,只见B偷偷摸摸,却又一脸兴奋地和在场的人说:"来来来,我告诉你们一个秘密。"

人群不自觉地聚拢过去,B眉飞色舞地讲了一个有关于A的爆炸性的丑闻,这消息的鲜辣程度足以让在场的所有人都为之咋舌。

在场的人都摇头表示不信:"你可不要乱说,这真的假的?"

B见他们面带质疑,就放大音量信誓旦旦地保证:"千真万确,这是A亲口和我说的，也是我亲眼看到过的。就知道你们都想不到！”

人群不免发出阵阵唏嘘，连称意想不到。

当问到我的时候，我默默退出了房间……

有些事，智慧懒得辨别，善恶自会隔绝。

分享阅读：

《乌合之众》	古斯塔夫·勒庞	民主与建设出版社
《超越感觉，批判性思考指南》	文森特·鲁吉罗	复旦大学出版社

找准目标，合作共赢

作为一名主课老师，在自己任教的班级里一定会有那种让你实在不知道该怎么办的学生——作业能不写他（她）就不写，订正完成是永远的奢望，上课他（她）想听就听会儿，不想听就完全放空，无论你讲什么他（她）都提不起精神……在我自己任教语文的班级里，就有这么一个女生很让人头疼。我非常迫切地想去改变一下她的现状。在与其接触交流的过程中收效甚微，就只能无奈地寻求她父母的协助。但和她家里的沟通后发现，她父母的工作，是那种极为奔波的工种，以至于今天明明答应好，要督促她完成那些未完成的作业后，第二天仍然一片空白地上交，且她完全不以为意。这是一件很令人头疼的事情，你会发现，当内心缺乏内生性的动力久了之后，再加上外界没有太好的监管的状态下，她就直接开启"无敌模式"，你真的很难去改变她现有的状况。

但就是这么一个女生，在去年暑假的时候，被她妈妈安排报名了一个街道组织的"红色基因传承——'童'心协力小小讲解员"活动。

学期伊始，街道负责人就找到我，重点表扬了这个女生在此次活动中的表现。在得知了具体情况后，我找到这个姑娘，让她借此机会在班级和学校面前，展示和分享一下自己在假期里做讲解员的内容和感受。让人意想不到的是，她非常欣喜地答应了，并且在整个准备的过程中尤为积极——不断地修改，不断地磨稿，而且好几次主动联系我，询问当下的进度和安排。

之后在班级的展示中，以及在学校升旗仪式的宣讲中，她都表现出色，很好地完成了她的分享。更让人欣喜的是，在这次展示完毕之后，这个女生在班级里的表现简直判若两人：再也没有了不做作业的情况、上课始终认真听讲、成绩也从班级底端逐渐攀升到了中游。

你会明显地发现当“小小讲解员”的经历给予了她充足的能量：语文课习作的部分，作文的题目是《那一刻，我长大了》，这个女生写的就是自己通过讲解员的活动成长了的故事；班级周末的随笔不设主题，内容自定，她写的又是《做小小讲解员的体验》，把她活动的整个过程详细描述；这个学期还有一个征文，主题是有关于中国的文化底蕴，活动自愿参与，全班没几个人愿意，她却第一时间举起手来，交上来的文章叫做《虎头鞋的自述》，这来源于她做讲解员时所讲述的内容。

我很清楚地发现，这件事情直到现在仍然在她身体里发酵，她一次又一次地“消费”这一次的活动所带给自己的能量。放到平时我一定是阻止的，一个材料套这么多题目，这不利于练习。但唯独对于她，我完全放宽，我觉得这股能量还能继续燃烧一段时间，因为我发现在燃烧的过程中，她已经开始逐步变成另外一个人，开始能够创造更多的能量，让人看到更为优秀的可能。

而这一切的开始，就来源于这一次小小讲解员的活动，给予了她完全的自信，而自信，往往就是有个机会，让你相信自己其实完全能够做得到。

从这件事情上来看，我觉得社区少先队的工作着实是有意义的，队章也说，队员要参加力所能及的公益劳动和社会实践，这是有必要的，而且在这样的必要中，我发现其中有很好的价值供我们去发掘。既然社区有如此好的活动平台，那学校和社区到底要怎么合作，才能让这样的能量辐射得更多、更广、更有效率呢？

说实话，在此之前，我对社区少先队这一块的工作方法是有疑问的。他们所外派的工作人员会突然加你微信之后，时不时毫无由头地直接派发他们的工作于你，并且时间紧，任务重，如此突然地直接让你参与。并且在你勉强赶在节点前完成之后，活动后的反馈也问题频频。比如已经通知学生获奖并且要求他们上传信息后，过个没多久就让我再通知他们，其实他们没获奖，只是因为名额不够，下次“有机会”再参与。

在我看来，这样的“合作”是不专业的，而这样的不专业会极为影响双方的合作模式,我不停地在帮你完成你突然下发的任务,并且还时不时地要帮你补台,解决那个因你的疏忽而造成的种种问题。

次数多了之后,我就在想,为什么会有这样的情况出现。而对于社区少先队的困惑就在于,如何把学校和社区的联动体系化、项目化。

这两年一直在学习《沟通之冲突解决》这门课程,在里面把人际交往的模式分为好几种类型。

我们来进入一个课程中经典的场景模型:

比如说你和你的朋友在路上走,突然看到前面有一张一百块钱,如果这是无主的财物可让你自由分配的话,你会怎么做呢?

第一种人会直接冲上去说:这是我先看到的,谁先看到就是谁的。他有着满满的竞争意识,我们把这种人称为“竞争型”。

第二种人,他会琢磨:一百块钱嘛,要不我们分了吧?你五十我五十?不行的话你五十一我四十九?他试图往两点之间折中再折中,从而寻求一种天然的平衡,我们把这种人称为“妥协性”。

第三种人,他会觉得大家都是朋友嘛,这一百块钱你说怎么分就怎么分吧,不要伤了和气,这种我们把他称为“退让型”。

还有一种人,他实在不好意思和朋友谈钱,那就装作没看见吧,忽略这个钱的存在就不会有任何麻烦了,我们把这种人称为“回避型”。

这四种类型:竞争、妥协、退让、回避,绝大多数人都是其中一种,这样的类型不需要学,他会受你的性格和当时的处境而决定。

但这都不是最理想的,最理想的类型叫做合作型。课程里说:合作型的人他不会忙着去分这一百块,他会邀请你,会邀请所有可以参与对话的人一起参与进来,集思广益,头脑风暴,去搜集与想象,这一百块钱有没有可能可以通过携手去创造一百块钱以上的效益。

所以合作型的人,他关心的不是存量的划分,而是增量的创造,他紧盯的不是眼前的现实,而是未来的可能,所以他会花力气和你一起携手共赢,去实现把饼做大,而不单单是把饼分好。

我们把这样的概念叫“ENLARGE THE PIE”。

说到要把“饼”做大，而不仅仅是分好。比如我在繁忙的工作中突然接到社区临时的工作任务，我的第一反应所设想的是：我必须要牺牲掉一些时间，切割掉一些资源，再分配掉一些精力。同样的，当社区突然之间接到学校的活动安排，如果也会面临类似的局面。在这样的对峙中，我们往往会产生不那么愉快的感觉。

而什么叫“ENLARGE THE PIE”，就是要事先让这个盘子里有更多可以分配、可以组合、可以调试的资源。

我来讲一个情境，我有一个已经上班的学生小江，上次听他讲述他和他老板谈加薪的时候的场景，我觉得是一个很好的范本。

面对老板，小江勇敢地提出了自己加薪的诉求，老板没有急着回复他，接着问：“好的，我能明白你的加薪诉求，但我想知道的是，除了加薪之外，你觉得公司里其他待遇方面，还有什么是你所期望的吗？”

小江想了想说：“每次来公司停车都会比较困难，早一些还好，有时候出去开会，或者晚一些到的时候，找个车位真的要凭运气。不知道公司还有没有固定车位的份额？”

老板说：“好的，车位的问题的确会让人头疼，还有吗？”

小江继续说：“听说下个月公司有一个外派的学习机会，但还没有正式通知，我看这个内容我还蛮感兴趣的，不知道名额是怎么商定的？”

老板说：“嗯，你真的是挺要求上进的，还有吗？”

小江说：“上个月加班比较多，正好手头上这个项目已经完成，这个月的项目如果可以的话，我希望多分配一些人员，这样大家的压力就会小一些。”

老板说：“嗯，这是一个值得考虑的问题，不知道还有吗？”

小江想了想说：“暂时只有这些吧。”

老板想了一想，调整了一下坐姿，缓缓说道：“来，我们来整理一下你的要求。你要求加薪10％，按照目前的职位和你的业绩来说，这不是一个不合理的要求，也在考虑范围之内，但是按照公司的年限规定，今年你在岗的职位年限还差一点，所以是没有办法对现有工资马上进行变动的。但是，考虑到你这几个项目做得很好，下个月的培训机会，我倒是可以做主给你一个，由于还没有完全商定人员，你也先不要声张。另外，上周小陈正好调派到外地，他的车位空出来至少两年，先把他的车位划给你，这样你也可以节约出很多时间和精力。最后你所提到的加班问题，我们也在进行商量和讨论，我不能允诺你这个月完全不加班，但这个项目我会多派一些人，协助你们一起完成。你觉得这样可以吗？还有，你工位上那把椅子坏了很久了，明天我让后勤帮你换把新的。”

老板的这段话让小江满意地结束了这次谈话。但是事后交流的时候却发现，他明明是带着加薪的诉求去的，结果虽然没有拿到自己预想中的薪资，但他却没有过多的介意，整个谈判过程就显得极为顺利。这一点还真让人觉得蛮奇妙的。

是的，老板是一个典型的合作型的人，利益不等于立场，他懂得如何谈判与合作，让双方共同拥有利益。我相信他一开始就不会答应小江的加薪请求，而当这一块无法变动的时候，又有哪些利益是我不在意，又可以割让给对方，成为对方的利益呢？

你会发现，合作型的人，最好的心智模式就是学会把“饼”做大，老板在除了加薪以外，询问了各种其他的诉求，并将它们纳入考量和分配——只要“饼”够大，就有足够的选择可以提供。从你身上拿走一些，同时让你的利益得到某种程度的满足，足够大的“饼”才能在中间重新调整和分配资源，实现共赢。

而这样的心智模式，需要学习，需要训练。

所以，借由《谈判之冲突解决》这门课提出这个理念和观点的原因是，我希望社区少先队和学校少先队的联动是能够有“合作共赢”思维的。所谓“合作共赢”，就不能只是着眼于自己的工作，完成自己的任务。我们的共赢目标能否找得准确——不是你也不是我，而是我们学校和社区的孩子们。我们的共赢，不是说你能完成社区里的哪个指标，也不是说我能完成学校里的某项任务，而是真正地让孩子们在社区与学校的合作中更好地学习、更好地体验、更好地感悟，从而变得更丰富、更快乐、更自信。

而有了这样的思维，我们或许可以在自己工作的筹备阶段就开始进行所谓的“联动”，你将你社区里的品牌、特色以及需要协作的工作放到我们的“盘子”里来，我也将我学校计划内的活动、项目放到你们的“盘子”里去，当

“盘子”里出现各式各样的元素的时候，我们看看，是否可以有多种整合的可能。

打个比方，我们学校这些年正在预设和打造的品牌活动是“彭一少年说”的公共表达课程和比赛，而这样的活动旨在通过系统的训练和比赛的锻炼，让孩子们可以成为一个在公众面前有着良好表达能力，能够输出自己观点的人。而社区里的“小小讲解员”恰好又是一个极好的表达平台。如果事先在“盘”中就有着这两项活动作为参考的话，我们或许在一开始的活动筹备中就可以进行商议和调配，让“小小讲解员”和“彭一少年说”进行联动，对我们而言，社区是“彭一少年说”展示的更大平台，对于社区而言，“彭一少年说”则是他们“小小讲解员”的输送者，如果这个活动是个长线企划的话，他就更有着“以老带新、以大带小”的建构可能。而对于社区而言，有更多优秀学校的参与活动的效果也将大大提升。

找准目标，从而合作共赢。这样一种思维方式和心智思考，不仅仅是说帮我们解决工作中的障碍与不快，更重要的是让你培育信任、养育格局，而这样的信任和格局会成为一种内生性的力量，让工作中的你我，都变得更为清醒与开明，让社区和学校少先队的联动变得更为高效，从而让我们的孩子有着更多美好的可能。

分享阅读：

《谈判力》 罗杰·费希尔、威廉·尤里、布鲁斯·巴顿 中信出版社

《明亮的对话》 徐贲 中信出版社

问题带来思考，体验获得感悟

（一）

2018年年底，历经三年多的时间，我校完成了上海市少先队的重点课题《基于传统美德的少先队体验式活动的研究与实施》，并借助静安区教育局第三季学术季的平台，进行了结题展示。

说实话，在做大队辅导员的前几年，虽然学校内一直开展着各种各样的学生活动，也响应过号召，轰轰烈烈地举办过很多大型的活动，每个活动在当下都很有趣，过程也都着实精彩。但回过头来看，总觉得有些零散，那些个“独门独户”的活动不成体系，就这样散乱地分布在你的工作生涯中，形不成合力，也就没有办法去达到一个好的效果。

很庆幸的是在2015年，我有机会加入到了“上海市少先队辅导员带头人刘民工作室”的学习当中，工作室带头人刘民老师极为专业的辅导让我对少先队的工作有了全新的认识，这些年在和工作室中其他小伙伴的磨砺当中，逐渐的让自己的能力和认知有了进一步的提升。

而这个课题开题的起点也是在2015年，但其实在此之前，我们就已经对体验活动进行一些探索与实施了。

2014年的时候，我们发现校园里很多学生的问题，如果仅仅是通过说教的传统方式，作用的确非常有限。比如当时有一个很让人头疼的问题就是：我校学生中午浪费粮食的现象比较严重，食堂阿姨每天都要很吃力地把那些倒掉的饭菜搬下楼。而且作为当时的分饭老师，使我感到很遗憾的是，那些孩子倒饭时的神情极为淡然，动作极为纯熟，好像倒饭这件事对他们来说是这么得理所当然和不以为然。

发现了这一点后，大队部着手开始解决问题。我们先是派出大队委员会作为校园午餐的督查员，在午间的校园内对就餐的情况进行巡视与检查，并把结果与中队的行规总分挂钩；我们还专门进行大至升旗仪式，小至各中队的班队会的教育宣传，让校领导、中队辅导员以及学生代表针对“珍惜粮食，尊重他们劳动成果”的主题进行宣讲。但这两项举措的作用都不大，我们真的低估了那些长期积累起来的习惯使然。

所以，当传统的说教不起作用的时候，有没有什么办法可以帮我们解决问题？当“教育者说什么”作用有限的时候，“教育者怎么做”就是我们接下来要探讨的话题。

于是，这个课题的起始活动——“食堂小当家”，就应运而生。作为整个课题的第一个活动来得的确有那么一些机缘巧合。当然，我们在开展这个活动的时候也并没有想到在不久后，我会就这个主题，这么有勇气地去开个市级课题。

在活动开展前，我们每个中队都找了代表队员，作为这个活动的首批参与者。这些代表们的选择也很有针对性：或是那些最浪费粮食的，或是那些在中队内很有话语权的，又或是那些在之前的教育过程中，有所感触却不知该如何改变的……我们就这样组成了一支活动小分队。

这是我从教生涯以来经历过时间最早的学生活动。凌晨 4 点，我们就抬着摄像机，准时到达一名队员的家里，从把他叫醒开始一路跟随拍摄。到了学校食堂，我们参与的队员们跟着食堂阿姨一起，穿着制服，戴着帽子和手套，有模有样地开始学校早饭的制作。

一直忙碌到早上 7 点，队员们跟着阿姨进入食堂内间，为学校的老师分发早饭。早饭过后，我们还简要观察了学生午饭的准备情况，以及真切地了解到这是一项怎样繁琐的工作，并且他们每天都是如此。

中午，我们还为食堂阿姨送上了特制的感恩卡，还把此次活动过程摄制成的影片在学校里多次播放，让所有的学生都能够感受到食堂工作的辛苦，而这样的辛苦，我们体验了，我们去做了，所以我们真真切切感受到了。

活动后，我们的队员在大队部的号召下开始实行自主分饭、光盘行动以及由午餐管理员送还餐桶的新午餐模式。我们不敢说之前的问题百分百得到了解决，但确实有了很大的成效。而现如今，我们仍然延伸着活动的成果。

“食堂小当家”的活动为什么会收到良好的教育实效？那是因为比起简单的说教，此次教育的内容和形式更为贴近学生的生活和需求。

之前我们觉得队员们只要知道了就会去做，这是一件多么自然而然的事情。而从这次体验活动中，我们体会到，从“知”到“行”之间，还有一个极为重要的步骤，称作“情”。而所谓的“情”，就是要让队员们通过体验，产生共情的感悟，方能从心出发，付诸到实践中去。

所以当我们发现传统的说教不起作用的时候，或许可以去开展一些队员们喜欢的，有趣的且有意义的活动来帮我们解决问题。认识到了这一点，我们才真正有勇气踏上了这条漫长的体验活动的研究之路。

（二）

处处都有少先队的影子

“食堂小当家”的活动的确在相关问题的解决上给予了我们良好反馈，但对于活动而言，仍然存在着一个很致命的缺点。在那次活动中，我们参与的队员组成了一支“活动小分队”，之所以是“小分队”，那就意味着参与活动的队员不够多。我们在想，有没有什么方法在保证活动效果的前提下，让活动的受众面进一步扩大，让尽可能多的队员能够参与到我们的体验活动中来呢？

从这个出发点为考虑，我们在体验活动的研究过程中，开始尝试构建活动体系，并在一段时间后形成了“3—2 框架体系”。首先我们把体验活动分为：岗位体验、社会体验及生活体验三类；然后再将各类活动分成校级和年级两类，按照时间节点固定下来，让我们所设计的活动，更有效地在全校范围内开展。

我们把体验活动分为三类，然后再根据这些活动的特性，按照每个年级制定的美德主题，固定我们的活动对象及时间。

培养学生核心素养：身动、心静、情暖			
年级组	教育主题	第一学期活动	第二学期活动
一年级	孝悌	中秋家庭晒幸福	我是家务小能手
二年级	谨信	学校各岗位工作体验（食堂、志愿者、午餐管理员……）	护蛋行动
三年级	爱众	“你是我的眼”体验盲人助跑	10 岁生日——“星期八小镇”职业体验
四年级	亲仁	寻找身边的榜样	参观名人故居
五年级	学文	五年级毕业季制作，我的书单推荐（读书报告）	初中生活预体验

这张表格里是每个年级的美德主题“孝悌、谨信、爱众、亲仁、学文”。

这出自于《弟子规》总序——“弟子规，圣人训，首孝悌，次谨信，泛爱众，而亲仁，有余力，则学文。”而这更早的，其实是出自于我们的《论语》。

我们打开《论语》——子曰：弟子入则孝、出则悌、谨而信、泛爱众、而亲仁、行有余力、则以学文。

孔老夫子是在说，教育分为人文、人才和人格教育，而我们最终的目的，是要涵养一个端正而有温度的人格。

所谓“行有余力，则以学文”，就是告诉你必先身正，然后学文。试想如果一个人身不正，那么他学得越多，危害是否也就会越大呢？所以我们根据《弟子规》和《论语》的经典，制定了每个年级的美德主题序列。

而这张表格后，则是按照时间和对象，把所有的体验活动固定了下来。而为了让这些活动更具操作性，也不至于让大队部的工作太过繁杂和冲突，我们把这些活动分为两类：有些是校级层面的，由大队部牵头组织；有些是年级层面的，由年级组牵头操办。这样的话，我们的体验活动就会更有效地在全校范围内开展，真正做到扩大参与的覆盖面。

在这些活动中，就有一个我通过自己的社会实践给我们的队员带来的一项体验活动——“你是我的眼”。

我是一个乐忠于长跑和马拉松的人，这么些年的跑步习惯，除了让自己的体魄变得更为强健之外，还有一个好处就是，在奔跑的路上我认识了很多新的朋友。

而在若干年前，我被跑友“强哥”引荐到了一个上海的公益组织——“做你的眼睛”。参与这个组织的志愿者都有一个绰号叫做“蓝睛灵”。这个组织里有许许多多视障的朋友，有完全看不见的，也有那些只能见到一丝光亮的人，但他们都爱好跑步。我们这些志愿者就在平时和他们进行接触和交流，带领着他们参与日常训练，也有机会带着他们参加各种各样的跑步比赛，乃至于踏上的是马拉松的赛场。

我还很清楚地记得我第一次参加这个活动的情景。

每一个第一次参与这个活动的志愿者都要先做一件事，那就是体验一下盲人跑步的感觉。我们都会被派发一只眼罩，这眼罩质量极好，完全看不到任何光亮。然后再安排一个你并不熟悉的跑友牵着你，在世纪公园外圈的跑道上跑上三公里。

我一开始并不觉得这是一件多么困难的事，因为三公里的路程对我来说只能算是热身，而世纪公园的跑道我又足够熟悉。但真当我戴上眼罩的那一刹那，那种意料之外的恐惧感和茫然感迎面袭来。你明明知道前方是一片开阔，那接近于笔直的跑道就在你的脚下，但你就是不敢迈开大步。那前500米的道路我根本不敢跑起来，即使是走，那每一步也是唯唯诺诺，战战兢兢。我能做的只有死死攥紧我右手边那条助跑绳，把我所有的力气、信任，以至于是运气都交付给身边那个我其实并不太熟悉的跑友。

而现在，通过几次的活动参与，我已经逐渐融入，带领过一些视障朋友参与日常的跑步训练。在带领着他们的过程中，我知道自己的每一个口令、每一个动作、每一次摆臂的幅度对他们来说都意味着什么，因为我清楚地记得当眼前漆黑一片时，自己内心的恐惧和无力，是那么得清晰且真实……

“我是你的眼”交流反馈

人与人之间，互助是一种美德，信任是一座桥梁。是否在我校队员的心里也能搭建起这么一座信任的桥梁，为其搭建起一个温暖互助的环境呢？

我把这个体验环节带到我校的体验活动中去，让两个完全陌生的队员互相担任助人者和被助者的身份。我想，在过程中他们的体会大致和我一样，而体验的目的就是让其懂得信任，从而懂得并且提供真真切切，设身处地，为他人着想的帮助。

这个活动是在三年级的主题“泛爱众”中开展的，整个三年级全员参与。我们基本解决了之前那个板块所带来的困惑——受众面狭窄。同时我们也在校级层面制定了相关的工作流程——建立工作小组、方案讨论、活动实施以及实效反馈。这给之后年级组的活动开展奠定了很好的基础。

而“你是我的眼”这个活动在整个课题的框架建构上有着很重要的作用。

（三）

让活动对于校园内的孩子有意义的一个重要前提，就是不能局限于部分，要尽可能扩大活动的覆盖面。而如果要增加参与率和覆盖面，我们就会在很大程度上牺牲传统意义上活动的完整性。没有嘉宾和排场，没有场景和布置，甚至没有宣传和动员……这和传统意义上的活动模式大相径庭。

但活动真的必须全部依仗排场、布置和宣传吗？

是不是所有的活动，都是要满座的排场，而不能心灵向往？

是不是所有的会场，都是要绚烂的灯光，而不能随时登场？

是不是所有的总结，都是要满屏的点赞，而不能独自成长？

我们少先队倡导的活动，除了让它更精彩、更盛大、更风光，有没有一种逻辑可以支撑着它在我们众多的校园生活中，有那种实实在在，接地气的，所谓“独自生根”呢？这世间，有没有除了精彩绝伦外，那种基于文化的，关乎心灵与成长的逻辑呢？

积分商城项目选择辩论赛

而我们所说的“独自生根”有没有一个固定的参考？

我觉得是没有的。每个孩子的个体都是生动而独特的，有时需要群体引领，有时更需要量身定制。对于同学 A 来说是有价值的体验和机会，对于同学

B来说就未必如此。那如何提供更多可供队员选择的体验活动,实现个体化成长,成为激励他们进步的目标?这个问题成为我们整个课题中最为重要的一个环节。

出于这个考虑,我们在之前的"3—2框架结构"的基础上,产生了"3—2—2框架结构",增添了"集体限定"和"个体选择"的活动框架。

基于这个思考,近几个学期,我校的"积分商城心愿兑换"项目就应运而生。我们将之前设计实施过的体验活动酌情列入了积分商城的心愿兑换项目中

2018学年第一学期微信平台扫码"积分商城"心愿内容

序号	适合年级	心愿内容	抢购名额	兑换分值
1	二——五	3.31儿童剧《冰雪奇缘》门票两张	6	110
2	二——五	4.5猫和老鼠的莫扎特,启蒙钢琴音乐会两张	6	100
3	二——五	4.21儿童音乐剧《猫》	8	100
4	二——五	4.29童话剧《灰姑娘》	2	100
5	二——五	5.1春江花月夜古筝专场音乐会	4	100
6	二——五	5.25黑光剧《漫游太阳系》门票两张	6	100
7	二——五	6.30多媒体科幻音乐剧《海底两万里》	6	110
8	三——五	升旗手一周	12	60
9	二——五	升旗仪式主持人	6	60
10	二——五	图书馆半天自主阅读时间	15	50
11	二——五	做学校的领操员一周	10	20
12	三——五	免一天的作业	30	55
13	二——五	升旗仪式上发言或表演	6	60
14	三——五	午间广播主持人	8	40
15	二——五	带自己喜欢的食物与班级分享	50	30
16	二——五	做班长一天	30	35
17	三——五	活动中心330活动参与机会一次	35	45
18	二——五	做某门课的课代表一天	40	25

续表

序号	适合年级	心愿内容	抢购名额	兑换分值
19	二——五	做班级的带队领队两天	50	20
20	二——五	做两天的午餐管理员	20	30
21	二——五	带班级的早读两天	40	20
22	二——五	做一节课的小老师	30	25
23	二——五	和喜欢的老师共进午餐	80	15
24	二——五	选择自己喜欢的音乐	10	20
25	三——五	加入一周志愿者队伍	12	35
26	二——五	鹏鹏吉祥物一个	40	70
27	二——五	奕奕吉祥物一个	40	70
28	二——五	学校特制 2018 年精美台历一份	50	20
29	二——五	彭一直尺一把	30	30
30	二——五	彭一三角尺一把	30	30
31	二——五	彭一文件夹一个	30	50
32	二——五	彭一环保袋一个	30	60
33	二——五	彭一吉祥物钥匙圈一个	50	60

以上这张表格这是我们 2018 学年第一学期的心愿兑换的项目。

在我们学校,“积分商城心愿兑换”活动一直都是孩子们最为推崇和喜爱的。

我校的每一位队员都有一个专属的学生证,上面有一个二维码,我们的老师都有权限,根据每个队员生活以及学习上的表现给予他加分。而这样的分值,队员们不仅可以用来评选学期末“星级少年”的称号和获取期末免考的名额,更有趣的是,还可以将自己的分数运用到每个月的积分商城的心愿兑换中,自主选择自己想要的心愿。

这几个学期实行下来,我们每次兑换的参与人次保持在 500 以上,也就是覆盖了相对应实施人群的七成以上。既保证了参与率,也提供了选择性。

在心愿兑换这个活动实施后,几乎每天都是队员的活动日,他们根据自己

课题结题报告

心愿兑换的项目，在校园里体验着各个岗位、把握着各个机会、提供着各种服务。这种由下至上的选择，可以让队员自主选择自己最想要的平台，从而让我们的活动更为自主化。而难得的是，这种与你产生生命触动、生命关联以及生命默契的活动，是主体建构的结果，也是自主选择的结果。

我们的活动，不是为了搞活动而搞活动，而是真真切切为了给我校的队员提供各种机会与平台，让其去体验，让其去实践，让其去成长。

这样的活动是安静的，没有大张旗鼓，没有兴师动众，有的只是在各种各样的体验与活动中队员们的感悟与提升。

在有一节课上，曾听导师讲到中国画的境界，那时回顾到的作品是范宽的一幅画——《溪山行旅图》。

课上谈到中国人看画的境界：中国画，退后数步往前看，通常只见山林，不可能见人。因为层林尽染，而人往往显得极为狭小，只有你走"jin"了看，这个"jin"，既是远近的"近"，也是安静的"静"，你才可能在山谷巨石之中，看到那个小小道路上不断兼行的路人，或者河岸边上那个悠悠垂钓的老者。这是中国画的境界，不同于那些鼓噪的逻辑，不同于世俗价值的收获。

所以，通过积分商城心愿兑换的形式可以发现，我们的活动还可以这样去思考，过程还可以这样去设计，活动的价值和意义，还有如此悠扬且深邃的面相。

（四）

这个课题从开始到结题，历经三年多的时间。我们从一开始确保活动的实效，到之后扩大活动的覆盖面，再到增加队员的自主性，一层一层的思考让我们的课题最终呈现出这样的面相。课题虽已结题，但是我们的思考并不会结束。

大队辅导员的工作已经进入第十一个年头，在学生活动的思考上，我们借这个课题作为思考的脉络，校园内的活动设计，不能够仅仅停留在形式，如果没有精神和灵魂的注入、没有思绪和问题的引领、没有生活和阅历的积累，那就只能浮于表面，红红火火却又立马烟消云散，不留一点儿痕迹。

而想得够清楚，才能做选择。

结题展示合影

四、关于喜好与习惯

——好好努力，时间可换天分

致曾经胖过的岁月

如今的我在旁人眼里或许是一个极度有计划，甚至有些强迫症的跑者。每周训练计划的制定、每月既定跑量的达成、训练过程中心率和配速的控制，每一项都有着自己严格的把控。跑步 8 年多以来，前往全国各地参加的马拉松赛事也着实不少，15 座城市、21 场全马、15 场半马以及林林总总的 10K 短距离……跑步似乎已经成了生活中必不可少的一部分，不需要叮嘱、不需要理由、不需要展现，就如同吃饭睡觉般自然。

跑久了后，总有人会问，为什么要这么执着地跑下去？对于这个问题，我对外的一致口径无非也就是这几种答案：我要超越自己、我得寻求自我的极限、这已然是生活的习惯等等。如此官方和正经。

但或许只有自己清楚，这根本不是真正的理由，所以无论怎么讲述，完全不动人，也没有人听得懂跑圈那一系列的专业术语，更不会有人愿意静心去听你这一句句灌满了鸡汤的励志口号。

黄执中老师说，故事的四大原型之一叫做“why”，你必须深入透析那最根本的原因，才能让听的人产生真正的“感同身受”。所以在这篇中要和大家说的故事，就让我们抛开所有冠冕堂皇的理由，回到那一段“不堪回首”的岁月之中……

大学毕业后选择当老师的第一年过得着实有些辛苦，单位在闸北，家却在浦东，2007 年的时候地铁 8 号线尚未开通，为了保证时间，只能每天凌晨 4 点 30 分起床，5 点出门，这样的话大约 7 点 30 分可以到校。下班如能准时，我大约可在 19 点到家，备课至 22 点就不得不为了明天的早起而休息。但如果略晚一些下班，那东方路的堵车可谓是当时出了名的“纹丝不动”，到家后的时间就更赶了，感觉就只是回家睡个觉，然后继续起床去上班……

所以在经历了一段时间这样的痛苦后，我费尽心思申请到了离单位只有200米不到的教工寝室，从此，开始了一段无拘无束的自由生活。

寝室是按照标间的规格设置的，很幸运的是，在别的房都是两个老师一间的配置下，我入住的时候尚未有拼房入住的人，一个人的自由在这间房里显得尤为自在。

现在想来，经历过上下班路上四五个小时的人，在完全省下这段时间和精力后，大概是会报复性享受的：每天一下班就琢磨着吃什么，每次出去觅食也总是受到各种各样的诱惑——烧烤、饮料、盖饭、浓汤……无一幸免，统统中招！

我当时大概也是要把周边想吃的都吃一遍，能吃的都吃一轮，为了公平起见，尽量做到一家店铺都不落下。再加上办公室老师经常团购的好几大箱果汁饮料，吃饱之后饮上一瓶，把缝儿也填得满满当当，惬意得很。

当然，再放肆的生活也总有那么一点点的小担心。寝室里有个弹簧秤，时不时的，我也会观察一下体重的变化，当发现那弹簧秤的数值始终停留在90公斤这一栏上没动过的时候，那颗稍显不安的心整个儿就都放下了。“即使这么吃也就只有90公斤嘛。”说服自己能接受现在这样的状态，倒也并不是一件困难的事。

一个周末，当我收拾东西准备回家的时候，管理寝室的老大爷说，这周末会有个外地的老师来看一下房，不出意外的话，从下周开始，就会有个拼房的老师和你同住。

得知消息后，我把另一张床上扔满了的饮料瓶一个一个在床铺上摆得整整齐齐，“麒麟”的靠前、“康师傅”的居中，“统一”的殿后，颜色形状分门别类，就像阅兵部队一样整齐划一，仿佛在欢迎新同志的到来。当时还尚未戒烟的我，床头的烟缸里也插满了这一周的烟头，临别的时候都没有清空，仿佛在向新来的同志述说这间房里有着浓浓的烟火气息。

周末结束后回来，我打开寝室的房门，一切都像我走之前一样，下楼不解地询问了下老大爷，老大爷说那位外地的老师看了房间后说再考虑考虑，可随后的日子里，就再也没有等来他考虑的结果。现在想来，浑是浑了点，但归根结底，人都是追求“安全”的，我们也似乎都没有去改变和适应对方的勇气。

事情的转折点在于几个月后再次回家，家中的老母亲再也忍不住地告知我残忍的真相：你肚子上的肉再也无从藏匿，即使每周都见一次的频率也可让人明显地感受到你身材的变化，你已经圆润到要呼之欲出的地步了……我赶紧否认，并且拿出证据，用昨天还在寝室里测量过的，弹簧体重秤上 90 公斤不变的铁一般的事实来加以辩驳。我妈啥都没说，就直接拿出了家中新买不久的电子秤放在我面前……

那一刻的慌张和犹豫让我真真切切地感受到了，人哪，真的是善于自我行为合理化的动物。弹簧秤的数值俨然成为了我无节制胡吃海喝的原因，并且随着时间的推移，在内心把它逐渐归为合理化的表象，使自己不断地相信那怎么吃都没有胖的荒诞“事实”。

我们总是会找出各种理由，来证实自己去做一件事情的合理性：考试没考好，我们会觉得是自己身体上的原因而忽略了自己没学好的事实；上班总迟到，也会把责任都归咎于是路堵的原因。其实路况和平时完全一样，我们习惯忽略了自己晚起了的事实；欺负了一个人，我们也总能找出他之前做的种种错事，觉得自己是在“替天行道”，却刻意忽略了自己心里已经出现魔怔的事实……

我们都太容易把自己的行为合理化了，而当赤裸裸的现实摆在我们面前的时候，却总会被打击得猝不及防……

颤颤巍巍地站上电子秤，105.5 公斤的数字有够扎眼，再放肆的人都有自己的承受极限，而这个数字就远远超出了自己所能够承受的体重范围。而当这一层防御被击得粉碎之后，那随之而来的心理防线也出现了大面积的崩盘。

我开始觉得衣柜里所有的衣服都是不合身的；我开始嫌弃镜子里那张本就圆滚滚但就是之前不怎么觉得的脸；我开始敏感身边每一个人看我的眼神；也多多少少感受到了那一些旁人的蔑视和排挤……

下定减肥的决心，是在某一次代表学校去参加区的教工合唱比赛之后。我清楚地记得那时候在后台候场，另一所学校的老师来和我们的一位老师打招呼，由于我站在领唱的排头位子，又是一个别人没有多少了解的新人，那位来打招呼的老师就开玩笑地指着我说："哟，这男孩子新的嘛，和你长得蛮像的，你弟弟啊？"然后被招呼的那位老师的表情、语气让我至今难忘——"我长得像他？侬帮帮忙噢！"然后瞟过一个白眼，非常不屑地"切"了一声。

那时候我才知道，那种丢脸和尴尬到想找个地缝钻进去的无力感，是多么恐怖和诛心。

时至今日，当我的体重略有控制不住，有稍显往上的趋势时，我的脑海中就会浮现起那时的画面，那表情和语气在脑海中萦绕不去。每当想到这儿，我就像打满了鸡血一样——我决不允许自己再胖回去！然后换上跑装，认真地出门去跑他个 20 公里。

致曾经胖过的岁月

第一轮的减肥计划来得尤为猛烈，我联系了第六人民医院的减肥针灸科，每天赶凌晨 5 点的早班车去往医院针灸。医生把银针扎满你满是脂肪的肚子，然后通电整整 30 分钟……我至今还是不知道这个针灸对于减肥的效果到底有着多少的作用，但那段日子我却是实打实地严格按照医生设定的那份异常严格的食谱进食。

早餐：一个鸡蛋、一杯脱脂奶。

午餐：一口米饭、两个丸子、一盘绿叶菜。

晚餐：一只鸡爪(由于我不吃鸡爪，所以直接省了)。

我想我这辈子都不会忘记这种饿到发慌的感觉，前两周的时间异常难熬，我也不知道自己是靠什么顶过去的，只是在我每次快要放弃的时候，老母亲都会和我说："这段时间痛苦吗？你要知道一旦放弃，这些痛苦就统统白费了。"老妈说得有道理，所以咬咬牙又挺过一天。

那段日子就这样一天天地熬，一日日地数，大约在大半个月之后，身体才逐渐适应了这种低能量摄入的模式。虽然我至今仍然不推荐大家用这样猛烈的方式去减肥，但是不得不说，光从结果来看，效果还是异常好的，每天的体重都在下降，你能够很清晰地感受到自己的变化。

身体适应了后，我又去往健身房办了年卡，开始了不算在跑龄内的跑步岁月。现在的我和那些想要跑步，却害怕自己跑不动的人交流的时候总说，你们不会想象到，现在动不动就几十公里的我第一次站到跑步机上时，跑动的距离只有多少……500 米，仅仅 500 米，我就感觉我快要死了。

我的起点有多低，比你们任何人都要低，抛开那些所谓"自己不行"的借口，有些事，只有等你自己尽力去做了，才有资格说自己到底行不行。

韩寒的电影《后会无期》里有一句经典台词：听过很多道理，但还是过不好这一生。很多人都觉得这是句关于人生的经典总结，可是如果道理只停留在听的层面，又怎能帮你去做任何改变呢？听过很多道理却仍然过不好这一生，更多的原因，是因为你光听，而根本没有去做啊！

500 米的起点，然后规定自己，每次上跑步机都要比前一次多 100 米，对，就仅仅是多 100 米。因为我始终觉得，昨天的自己能够做到的事情，今天就没有理由做不到，还应该比昨天做得更好，即使只是好那么一点点。

于是，800 米、1 公里、1.5 公里、3 公里……在这一个阶段结束的时候，我从一开始只能跑 500 米的"废人"，成为一个能一口气跑完 5 公里的正常人。

第一个阶段，两个月不到的时间，我从一个 211 斤的大胖子，骤然成为一个 164 斤的“正常人”。

“蜕变”这个词是有魔力的，它可以让你感受到，当你完完全全变得不一样的时候，身边的一切对你改变的感叹和惊讶，而经历过灰暗的人，在这个时候的喜悦和自豪，是无比璀璨的。

第二个阶段是保持，以及进一步地改善身体的情况。规律地过着每一天，计算各种食物的热量成为了基本功课，那个时候的我可以背出大多数常见食物的热量，并能熟练做好千焦和大卡的换算，且严格控制每日摄入的能量。

运动的周期也开始逐渐规律，从 5 公里的起点继续精进，越跑越快，越跑越长，直至在 2013 年，我报名参加了人生中第一场比赛——2013 上海国际马拉松 10 公里组。

那场比赛的兴奋感到现在仍然记忆犹新，12 月 1 日，上海的天气已经足够阴冷，7 点开跑的比赛，我兴奋得 3 点就起了床，4 点多就已经来到赛事集结的地方等候。短短一小时的比赛过程我已经记不清了，但现在对于已经参加了 50 多场比赛的我而言，那时候的兴奋感是珍贵的，虽然很难再去找回，但是它俨然存在着，并且在当时为我打开了一扇新生活的大门。

从一个 211 斤的胖子变成一位真正的业余跑者后，很多人会询问减肥的方法，也有很多人开始了之后又渐渐放弃……是啊，“坚持”对于我们来说太难了，但不难的事情在我们的人生中，又有什么实际价值呢？

或许有很多人都会经历这么一种情况，当要下决心去做一件事情的时候热情高涨，却在一段时间之后，总躲不过“三分钟热度”的命运。有本叫做《小学问》的书里是这么诠释这种现象的：

很多人在改变自己的时候遵循的顺序都是“做什么——得到什么——成为什么”。也就是说，想要学习什么，首先想要去“做”什么，来“得到”什么，从而“成为”什么。拿减肥这件事来说，一般人的顺序是：

1. 我想要减肥(做)；

2. 因为我想要一个标准的体重(得到)；

3. 最终，我要成为一个健康的、有魅力的人(成为)。

于是，他们兴冲冲办了卡、买了各种各样的装备，然后开始在健身房打卡，开始出门跑步，开始节食饿肚子……每天都盼望着自己能够瘦一点再瘦一点，等着某一天减到一个理想体重的时候，可以把所有好看的衣服都穿出花儿来，可以成为全场瞩目的焦点。

然而，这种美好的幻想非常吸引人，也很激励人，但正因为如此，也容易带给人很大的沮丧感。这个目标太过美好，反而愈发衬托出行为的无力和无效，让我们看不到“得到”的希望。很多美好的梦想都不会给予你太多的及时反馈。是因为一个目标之所以会成为大多数人的梦想，就是因为它很难去做到；难以做到，或许正因为难以去坚持；难以坚持也恰是因为，你在过程中的每一小步在当下看起来，是那么的微不足道。

所以，很多人减肥的心态变化会变成这么一个顺序：

1. 等我瘦下来一定很漂亮，我要成为焦点（期盼）；
2. 我要多跑一点，今天晚饭也不吃了，我简直太拼了（努力）；
3. 天哪！为什么体重没有多少变化！（失落）。

梦想越美好，中途每一步的努力就会变得越微不足道，也就会越难坚持。

所以，书上倡导着先不要去想要做些什么，而是去想一想，如果你不能像一个瘦子那样去生活，那就不会真的变瘦。身材是长期生活习惯的体现，而不是只靠当下就可以改变的。

所以《小学问》中给予的正确顺序应该是这样的：**“成为什么——去做什么——得到什么”**。

1. 我要做一个健康、有魅力的人。（成为）
2. 这样的人会怎么生活呢？（做什么）
3. 和他们一样做了这些后，我能有怎样的改变？（得到）

人改变了，行为模式也就改变了，结果也就自然水到渠成。关于怎么来改变自己，并且要有一个怎样的良性心态，从而不“三分钟热度”，这也就是我根据《小学问》这本书里的内容和大家做的分享。

所以，当别人再问我为什么要跑步时，或许我的回答还是会说各种跑步对于我们的好处，但内心深处浮现更多的一定会是那段胖过的岁月——别人的轻蔑和不屑、自己的不甘和挫败、过程的痛苦和煎熬……

我很高兴能够经历这些，从而蜕变为现在的自己，那些人、那些事都是最好的馈赠。那些挫败和不甘，那些蔑视和嘲笑，都会成为你前进的最好动力。

如果看到这里的你同样也有着类似的心境，想要改变，想要重塑……祝福你，相信我们都能够通过努力成为一个更好的自己。

分享书籍：

《小学问》　　马东　　北京联合出版公司

《练习的心态》　　托马斯·M. 斯特纳　　机械工业出版社

让阅读成为生命的习惯

(一)

这些年来随着阅读量的不断提升,很多人来询问我的一个问题是:值得看的书籍有哪些?需要我来做个推荐。

好些年前为身边的几位朋友推荐过几本书籍,那些都是我近些日子以来所接触到的不错的阅读材料,让我有着很好的阅读体验。有历史的、文学的、还有一些关于认知提升的……但几乎每次推荐完之后,过了好一阵子再和他们聊到这个的时候,得到的答复往往都是"哦,那本书啊,我翻了一翻,但还没看完。"这样的回复,总不免让我有些失望。

对于读书这件事情,好像所有人都知道这是重要的,但是人们总习惯准备,而从不去行动。

当拿起手机刷短视频成为习惯、当拿起手柄玩游戏成为习惯、当打开电视看着综艺成为习惯、当出门和三五好友寻欢作乐成为习惯……现代社会中,能够引起我们注意力,并让我们往里投注时间的东西太多了。那些综艺之所以有趣,那些游戏之所以诱人,那是因为它的背后有无数人在做着努力,使得他们的产品有着足够的吸引力,让你不停地往里投注大量的时间。

但书不一样,阅读时那种真正的沉潜状态是极个别的,它需要习惯的引导,它需要内心的沉淀。

(二)

每次家长会时,家长们都会问的一个问题叫做:怎么让我的孩子喜欢看书?

这是一个几乎所有家长都共同关心的话题,在他们看来,比起阅读,孩子更喜欢看电视、更喜欢玩游戏、更喜欢接触电子产品……这些对于他们有着天然的吸引力。

而我每次给出的建议就是:在让孩子喜欢看书前,我们先想一下,自己在平时的生活中都喜欢做些什么?

如果你每天下班回家,和孩子在一起的时候,他正做着作业,而你始终在旁边刷着手机,玩着游戏,甚至还溢于言表地展现出游戏的刺激和好玩。那你的孩子在旁边始终看在眼里,在他看来,爸爸妈妈们都喜欢做的事情,那应该是多么有趣。

但最为奇怪的一点在于,明明你自己也不爱阅读,却要求自己的孩子喜欢阅读,一边拿着手机打着“王者荣耀”的排位,一边扔起手中的一本书对孩子命令道:“去看书,这本书两天内一定要看完!”

凭什么!

孩子没有经过任何引导,只是任务式的接触读书的指令,即使迫于压力完成,那也是应付差事,囫囵吞枣,没有任何实质的作用。因为这本书对他来说,只是单纯的任务,却没有任何兴趣的驱使。

在我的教学生涯中,曾经有过这么一个“高光”时刻:

那时任教的四年级的课文里,有一篇叫做《赤壁之战》。我本人是一个历史爱好者,而对于三国时期,无论是史实还是演义,都有着极为浓厚的兴趣。

由于是小学教材的关系,考虑到篇幅设置,课文是删减修改版,但说实话,这篇课文改编得并不让人满意。那高度浓缩的情节和人物刻画的随意,让整个赤壁之战压根没有显现出本应更为精彩的场面。对于我来说,如果只是按照课文来讲这个故事,这实在是太过可惜。

所以,在讲完整篇文章的知识重点后,我开始和班级里的同学讲起演义里真正的“赤壁之战”是什么样的。

文章中省略了最重要,也是最精彩的战前部署,我就以“诸葛亮舌战群儒”开始,从“草船借箭”讲到“蒋干盗书”、从“庞统献连环”讲到“周瑜打黄盖”……一系列的故事环环紧扣,完全凸显了课文里没有提及的各种人物的形象,以及战略的准备。孩子们了解了在演义里，孔明是多么睿智、公瑾是多么精明、公覆是多么衷心，孟德又是多么多疑……

正当讲到战后最为精彩的“华容道”部分的时候，下课铃声应时响起。从学生时代过来的我们都应该知道，下课是学生最为兴奋的时间，老师们的拖堂总会让他们焦躁不安、郁闷不已。

但让我感到极为惊讶的是，当下课铃声响起，我戛然而止准备明天继续的时候，几乎所有的学生都表示反对：“别别别，不能就这么结束，讲完嘛！”、“你别吊胃口啊，赶紧讲，赶紧讲！”、“我妈妈说，说话说一半是会烂舌头的……”

当我表示即使用上这节课下课的时间也来不及的时候，同学们拿出课表说：“下节音乐课，继续上语文吧。”

其他同学附和着：“对对对，上语文，上语文！”

这是我从未见过的有学生主动要求用语文课代替其他副课的场面，但从他们渴求的眼神中我也分明能体会得到，他们对于知道之后故事将会怎么发展的好奇是多么强烈。

满怀歉意地和音乐老师换完课后，那天的语文课，我把“赤壁之战”在演义中的整个过程和他们通篇讲述完毕。同时告诉他们，类似于这样精彩的故事，在罗贯中的《三国演义》里，还有很多，曹操败北之后的故事将会怎么发展，语文书上没有，有兴趣你们可以自己去了解。

过了几天，神奇的事情发生了。

班级里几乎一半以上的同学，人手一本《三国演义》，五花八门，种类繁多。有插图版的、有少儿版的、有简易版的……他们在课间不停地讨论着书中的内容，还有一些在家里和爸爸探讨了许多，正在用“我爸爸说”的句式来和同学“显摆”。

很明显，他们是真的开始喜欢这些故事，从而自主地去看《三国演义》这本书。

而这，也成为了我执教生涯当中最为高兴和骄傲的事。

所以，让孩子喜欢阅读绝不是任务的驱使，你必须亲自让他对某样事物产生兴趣，让他主动地去接触，主动地去寻找，才能让他形成阅读兴趣的起点。

要知道，这个世界上有太多喜欢音乐的孩子，正是因为他从小被父母熏陶着音乐的美感，从而求着妈妈教她唱歌或乐器；而喜欢天文的孩子，又有多少从小就有着一样名为望远镜的礼物，从而缠着爸爸每晚和他讲述星星的故事……

（三）

而在我们的家庭中，让孩子喜欢阅读的最简单，也是最有效的办法则是：你和孩子一样，也喜欢阅读，并且陪伴着一起阅读。

在我看来，阅读的氛围是让孩子喜欢阅读的必要条件。而家里的氛围是父母们共同创建的，在孩子做作业时，你也正做着安静的学习或工作，而不是用电视和游戏的诱惑去滋扰着他本就不够强大的定力。

出于我自己的习惯，我时常建议家长们和孩子之间，有一个所谓“固定阅读日”的活动。读书这件事，不是睡前五分钟，也不是地铁等车时，它必须有一个相对长的块状时间让你完全沉潜其中，去享受阅读带来的沉浸体验。

想象一个这样的场景：你和你的孩子去一个你们都喜欢的地方，可以是茶室，也可以是一个人不多的咖啡店，找一个最舒服的位置，靠着店家的落地窗，窗外有美丽的风景或者人来人往的热闹。

恰好有一缕阳光撒到你的桌上，你们的手上各自有一本自己喜欢的书，你的面前有一杯自己中意的饮料，他的桌上摆着一块他一直想吃的蛋糕，你和你的孩子正共同享受着这宁静且安谧的阅读时光。

过了些许时间，我和你谈谈我刚刚看到的内容，可以是有趣的，也可以是荒诞的；你也和我说说你刚刚读到的见闻，可以是科幻的，也可以是温暖的。我们都拿自己在阅读中的体验和对方进行分享，让我们都能感受到在阅读中徜徉的欢畅。

阅读也好、运动也罢，建立一个这样的氛围，是可以带动孩子去做任何一件事的最有效的做法。同理，游戏和电视，也是一样，这都来自于你的选择……

我有一个跑团，里面有很多人已经有了自己的孩子。

从常人眼里看来，他们的孩子是辛苦的，因为父亲们习惯周末的早上进行晨跑，而那些孩子在一开始的时候，不得不被爸爸从被窝里拖起来一起训练。

从1公里到3公里，从3公里到5公里，再从5公里到8公里……孩子们日积月累的习惯让他们从小就有着比常人好太多的运动素养和生活习惯。

在每年一度的NIKE亲子跑中，跑团的爸爸们都会带着孩子一起参加，而妈妈则作为后援团在赛道旁边喊着加油。我可以感受到孩子们在比赛中的兴奋感，以及赛后拿着完赛奖牌时的自豪感，这些统统都是家庭带给他的习惯和荣耀。

群里一位跑友的女儿今年八年级，一节体育课上，他们要测800米，当所有的同学都跑得要死要活的时候，她仿佛就像是完成了一次日常的热身……

是的，家庭氛围的力量，如果有够积极向上，不管在什么领域，都足以让你的孩子充满阳光。

但每次家长会在分享完这样的观点后，家长们总会面露难色。“工作太忙”、“生活太累”、“时间太少”、“周末想睡”……这样的理由大多都是基于生活，所以听上去也都十分合理。

但是阅读之所以会成为大多数人所追求的习惯和目标，就是可贵在它不容易被人做到。没有人会把看电视和玩游戏作为目标，是因为做到这些事情太过简单，不需要通过努力就能达成。

但对于阅读，就需要你做选择，你必须牺牲一些原有的东西，才能换得一些想要的东西。你想要身材的曼妙，就得放弃肆意饮食的快感；你想要吸烟时的愉悦，就必须要放弃一些健康的代价；你想要追求质量的稳定，就必须牺牲一些速度的追求……这些都是很公平的，你无时无刻不在和生活做着等价的交换，阅读也是一样。

但如果真的很难做到，那也太过正常，这也是为什么在现有的社会里，喜欢玩游戏的孩子，比喜欢阅读的孩子要多得多的原因。

（四）

每年年底的时候，我都会在朋友圈和朋友交流下这一年里我看过的好书，与其说这是“推荐”，我更喜欢把它称之为“分享”。

在分享的语段最后，每年我都会加上一句，如能有一两本您也能喜欢，这是种缘分，我很高兴。

是的，一本我喜欢的书，如你也喜欢，这就是一种难得的缘分。

书之所以“不能”推荐，是因为阅读在我们的生命体验里，和我们的社交圈一样，属于非常私人的领域。你翻阅的每一本书都好像是在和一个陌生人接触，你投注时间、投注精力，从而得出你喜欢它的结论，认定你们的缘分，这是一件多么令人值得高兴的事。

但生活告诉你，这世上你会遇到太多的陌生人，但真正喜欢的人却不会太多。有缘必定也会有无缘，你通过翻阅和了解，即使认定此书和你无缘，也是再正常不过的事了。你不必去喜欢所有的人，也意味着，你不一定要去喜欢所有的书。

记得前几年，我在网上看到一本好多人都在推荐的畅销书，并对它产生浓厚的兴趣，认为有这么多人的好评一定有它的理由。

当把它买来后进行翻阅，没过多长时间我就开始眉头紧皱，那浮夸的表达、那造作的情绪总让我感到有些突兀，而故事中所阐述出的观念更与我所认同的天差地别。我不得不在看到一半后，遗憾弃书。

过程中有那么一个瞬间我也在怀疑，这么多人都喜欢的书，我不喜欢，那是书的问题还是我的问题？但仔细琢磨了书的内容后，却仍然做出了放弃的决定。**很遗憾，这么多人都喜欢的书，却和我并没有什么缘分。就好比一个这么多人都喜欢的人，也并不意味着会和我产生多少生命的交集。**

我们必须意识到，如果你已然有着自己阅读的习惯和品味，没有任何一本书是你一定要读的，即使它被众人所推举，即使它被历史所证明，也不意味着你一定要和它产生多少缘分，很可惜的是，你们都喜欢的那本，恰巧我不喜欢。

但书又和人不一样，我们遇到的人虽多也必然有限，有些我们想认识却没有机会相见的人比比皆是。而这世上，无论是从横向还是纵向，人类留下来的阅读经典种类繁多，足够你做一次又一次的选择。

我们有没有过这样的阅读体验，当你在看一本书的时候，读到一半，突然会对其中提及到的另一件事或另一个人产生浓厚的兴趣，在合上这本书的那一刹那，就立马拿起另一本书继续阅读……

关于这个问题，前几年有一档叫做《朗读者》的节目给了很好的启发。

主持人董卿在节目里会请来很多的嘉宾，一起交流着在其人生中关于某一个主题的生命体验，并且由这位嘉宾朗读一段自己喜欢的文本给大家听。

这之所以是一个“功德无量”的好节目，是因为它在启发人们感受文学之美的同时，能够让我们的心沉静下来，去感悟，去体会。更重要，也是更难得的是，那一段段文学作品的朗读，会不自觉地激发起人们对于这个作品的浓厚兴趣，从而牵引其去往另一个作品中去寻求，去探索。

让经典带领经典，把你引入一个个陌生且又充满魅力的世界。

我有一个朋友叫做大林，现在的他对于科幻领域极为热衷，书架上摆满了有关此类的书籍。我问其原因，他告诉了我他喜欢上这些的心路历程，也在此感谢《朗读者》这个节目的知识摆渡。

在几年前，他偶然在电视里看到《朗读者》的节目，这一期的主题是“那一天”，请来的一位嘉宾是《三体》的作者——著名作家刘慈欣。

节目里，刘慈欣和大家分享了获得“雨果奖”那一天的感受，以及自己是怎么开始创作科幻类作品的心路历程。其中他提到了《海底两万里》、《环游世界八十天》等作品。并且在最后的朗读环节中，他选择了霍金先生的《时间简史》选段。

这是一个很有趣的起点，大林逐渐开始对于这个之前只闻其名，不知其人的作家产生了浓厚的兴趣。他开始翻阅起了刘慈欣的代表作《三体》，用了一段时间阅读完毕后，又紧接着看了他其他的短篇作品。

刘慈欣在访谈中提到《海底两万里》和《环游世界八十天》时说，他在创作的时候曾经静心思考过这两部作品的创作原理，而大林也爱屋及乌地把他提及的这几本小说也一并阅读。

至此，他开始成为一个不折不扣的科幻迷。他告诉我，由于他没有任何的理论基础，所以在看这些书籍的时候，有些专有名词和理论概念并不是很清晰，所以刘慈欣在《朗读者》中朗读过的《时间简史》就又成为了大林接下去的阅读目标。

而这本书远比他想象中的要更为晦涩难懂，太多的理论不明白，太多的章节不通透，所以他跟着进度在网络上查询资料，一点点地跟着引导去阅读其他的书籍，从而用来理解他在《时间简史》里所看不懂的内容……

目前，大林对于科幻的兴趣仍旧保持着，他已然和大家之前熟知的他有所不同。在前年观看《复仇者联盟4》的时候，我们这些科幻“小白”只知道这些漫威英雄们为了打败灭霸，穿越回了原本的时期去完成任务。而大林却可以在观影之后给我们扯出一整套有关于平行时空的理论依据，他说起这些时慷慨激昂，滔滔不绝的样子，让我们都为之咋舌。

大林说，他从来没有对阅读产生过这么浓厚的兴趣。直到现在他兴奋地觉得：**原来每看完一本书，竟然都可以产生新的问题，从而把你兴趣盎然地引向下一本书，这个过程，着实令人着迷。**

大林的故事是给我带来很大启发的，他那种带着问题去阅读的方法是着实有效的，如果只是随手翻阅，这样的学习是被动的。

而我们倡导的阅读是像大林一样主动学习，带有问题意识地主动学习。你会发现带着问题的阅读让你更有目的性和主体性，让你在阅读的过程中主动去选择、主动去判断、主动去对话，从而提高知识吸收的效率。

是的，经典引向经典，问题带来兴趣，没有阅读体验的你永远不知道未来的自己会对哪个领域产生浓厚的兴趣，直到你能够说服自己，翻开手边第一本感兴趣的经典开始……

（五）

谈到阅读的种类，相信对于大多数人的阅读体验而言，都是从文学作品开始的。

有一句话我们在生活中经常听到：“我要成为真正的我自己。”或者“我觉得我不像我自己了。”

但我们有没有去认真思考过，所谓的那个“我自己”究竟指的是什么？

没有人是天生独立的存在，你成长成现在这个样子，多多少少是会受到某个人物的影响，你会觉得当你看到他的时候，他的某个特质是你的向往，某个处境又和你如此相同……而这样的影响，又多数来源于某个文学作品之中。

我曾经教过这么一个学生，他是一个极为内向的男生，平时不声不响，十分木讷，不管谁开他的玩笑，他都微微一笑并不生气，俨然一副老实人的样子。

但难得的是，他始终会在遇到不公的时候第一个站出来发声。

有一次，听说他和他的同学在地铁上遇到了这样的情景：一位母亲正在严厉数落着自己上小学的女儿，洪亮的嗓门下蹦出各种难听的话，而她的女儿就这么尴尬地站在他们面前，涨红着脸，满脸泪水的一言不发。地铁上的其他人只是皱着眉头略有不满，除此之外也并没有什么其他的举动。这也难怪，毕竟是别人家的家务事，谁也不好意思多加干涉。

但这位平时木讷老实的男生却在这时直接站了出来，让这位母亲冷静一下，不要再在公共场合骂自己的女儿，孩子都是有自尊心的，有什么话，等回到家再好好说。

母亲听了劝，停止了她的行为。而身边的同学则惊讶地看着这个男生，感觉他完全变了一个人一样。

事后再谈起这件事，这位男生难为情地笑了笑说："我就是这么一个人，看到不好不对的事情，总不能不管吧。"没错，他就是这么一个极具正义感的人，在他的朋友圈里也经常出现这么一句话：侠之大者，为国为民。这也确实符合他的人设。

前几年金庸老先生去世的时候，这位男生哭成了个泪人。我想也是，从小看金庸作品长大的他，确实很难接受这样的噩耗。看着他难过的样子，始终有那么一句话在心里咕哝着：靖儿，别难过，路还长，还有好多事情等着你去做呢……

是的，我们所谓的"自己"，很大程度上来源于我们从小接触的文学作品中，有那么些人物值得我们去附着，乃至于随着时间的推移，我们将其慢慢地长进身体里，最终成为了"自己"的一部分。

台湾作家龙应台说：文学让你看到水中白杨树的倒影。在一潭静水之中，我们可以在里面看到我们自己。

谁说不是呢?

(六)

所以,对于文学作品的选择和解读,在阅读的过程中也显得尤为重要。

那怎样的文学作品是值得我们去阅读的呢?我们又应该从什么角度去理解和去看待这样子的作品呢?

有一个简单的判断标准是:能够给你带来问题,让你产生思考的作品,就是好作品。

拿我最近几年看过的印象深刻的文学作品来简单举例:

东野圭吾的《嫌疑人X的献身》是一部很经典的作品,也曾经被多次搬上过大银幕。

故事中,本想自杀的男主角石神,在一次偶然的契机下被新搬来的邻居靖子所救,从而重新燃起生活的信心。而靖子则因为一次意外,为了保护女儿失手杀死了前来骚扰自己的前夫。石神为了保护靖子,开始制造一系列的假证企图帮她蒙混过关,并且在过程中杀死了一名无辜的流浪汉。但最终还是没能逃脱法律的制裁。

看完这个作品后,我们可以明显地感受到靖子在生活中的无奈,也可以体会到石神为了保护靖子所做的努力,并且为石神在整个过程中的智慧拍案叫绝。

在你看来,石神是一个极为聪明,且愿意为了保护自己在乎的人,而宁可自我牺牲的正面人物。

但和你的判断进行拉扯的是,你分明也能感受到石神在过程中杀死另一个无辜生命时的残忍,以及在面对警察时的冷静,那不择一切手段来达到目的的执着让人不免汗毛倒立。

所以你困惑了,石神他究竟是一个怎样的形象,到底什么才叫做保护?

毛姆的《月亮与六便士》一直以来都是人们所推崇的经典,在各大平台上也被多次引荐。

故事的男主人公为了追寻自己画画的梦想，抛弃自己的妻子和儿女，过着穷困潦倒的生活，去重新开始他的追梦之旅。

这部作品为什么经典？不是在于他告诉你梦想的伟大，不是仅仅为了赞叹“月亮”的浪漫，虽然你也很明显能够感受到主人公对于梦想的执着追求，他像极了年轻时的自己，为了可以实现自己的理想，有着甚至可以牺牲一切的力量。

但和你的这个想法产生碰撞的是，你明明也能清楚地感受到他对于家庭的放弃，那种不负责任却毅然决然的态度，多少让人感到有些厌恶。他也像极了我们现在的价值判断，如果你为了梦想可以放弃家庭、放弃亲人、失去一切，那这样的梦想，又有什么意义呢？

所以，你又困惑了，到底什么是梦想？什么是责任？

《西游记》为什么能成为经典？

我们随便举一个大家耳熟能详的例子，孙悟空打死了强盗之后，唐僧赶他回去，有错吗？

我想大多数孩子在第一次看到这里的时候都会觉得唐僧是一个不明事理的老顽固，明明是为了保护你，明明打死的是坏人，又为什么要赶孙悟空走？有错，大错特错！

但当你长大了些，再次看到这里的时候，你就会真正明白自己当时为什么会生气。当人生的定力、阅历、心力都不够的时候，你往往只会相信自己眼前看到的景象。当你和孙悟空一样只看到了“真相”的时候，唐僧却看到了“心相”，如果你对佛法又有一定了解的时候，你或许就能体会为什么唐僧在那个时候一定要赶孙悟空走了。

所以在这个故事里，你明明知道孙悟空打死的是坏人，却也能理解唐僧为何不予理解并且执意赶他回花果山。这时候你才能真正参透唐僧要去西天取得真经，普度众生的原因。

伟大的文学作品往往会带来伟大的问题，好的书就会让你去思考：什么是正义？什么是梦想？什么是责任？什么又是慈悲？……

我们在接触这些作品的时候，多用心窥探一下自己的感受，让问题浮出水

面，让困惑引领你前行。

（七）

让阅读成为生命的习惯，并不是说读书是一件多么了不起的事情，你要相信，没有一本书能够真正地改变你的认知，影响你的人生。那些所谓“我的人生就是被某本书影响”了的言论永远都不要去相信，真正影响他人生的，怎么可能只是那一本书？而是在那本书的基础上，早已在他人生打下的阅读的习惯。

阅读和游戏一样，都是生活中的选项之一，但阅读带来的是思考的沉潜，游戏带来的是厮杀的愉悦。愉悦是一种瞬间的情绪，而思考则会把你引向不同的领域。

当然，阅读和游戏并没有必要天然地对立，就好比学习和玩乐一样，这只是两种不同的快乐，只是如果因为其中一种快乐的肆意放逐，而摒弃另一种的话，那这样的生活，多少略显遗憾。

尝试着拿起手中的某一本感兴趣的书，找一个喜欢的地方慢慢翻阅。感受着精进成长的快乐，体会着目力沉着的滋长，让阅读成为你生命中最自然，且最愉悦的习惯吧。

分享阅读：

《朗读者》第1季、第2季	董卿	人民文学出版社
《嫌疑人X的献身》	东野圭吾	南海出版公司
《月亮与六便士》	毛姆	浙江文艺出版社

无用之用，方为大用

好几次在家长会谈到阅读的时候，比起那些不知道怎么让孩子喜欢看书的家庭来说，更让我觉得感慨的是，有些家长总会忍不住地吐槽：我家孩子倒不是不喜欢看书，但他整天看的都是那些没用的书，我该如何引导他去接触那些有用的书呢？

这样的“问题”让我很有感触，我是一个对传统文化极为有兴趣的人，而每当在谈及《论语》、《中庸》、《弟子规》等书籍时，多多少少也会听到类似于这样的声音：你看这些有什么用？学习传统文化真的对你的工作有帮助吗？你应该多看看少先队文件，多看看那些党政著作……

每次听到这些，我总是感到有些遗憾。没错，从我小时候开始，就有一个概念始终被大人们挂到嘴边，就是一定要看“有用”的书、做“有用”的事、甚至还有接触“有用”的人……我们总是习惯吧“有用”作为丈量生活的标杆，仿佛但凡现在做的事情在眼下没有实际的用处，你就是在浪费时间，浪费精力，从而被加以阻挠和反对。

那什么是世俗眼中的“有用”呢？或许是对现在的学业有所提升，或许是对升学的关卡有所帮助，又或许对眼下的工作有所收益，对职位的晋升有所助力……好像所谓的“有用”，就是一定要给眼下的自己带来肉眼可见的改变和精进的。

但我们可以回忆一下，我们从小喜欢的各种事情，包括现在接触的各种爱好，它们，真的都是“有用”的吗？

（一）无用之用

我们这一代的男生从青少年时期，开始喜欢上篮球这项运动，或许只是因为儿时的那部叫做《灌篮高手》的动画片，我们感受到樱木花道和流川枫在球场上的飒爽，感受到赤木刚宪和三井寿对于梦想的执着，更感受到成功和失败对于我们成长的意义。所以，男生们从那个时候开始，纷纷拿起篮球，踏上篮球场，从此一发不可收拾。

我相信其中很少有人在刚开始打篮球的时候就会说：我打球是要成为球星的，我打球一定是要“有用”的……

我们不会这么想。我们只是享受着在球场上肆意奔跑的快感，享受着肢体与肢体碰撞时的激烈，更享受着比赛后把饮料一饮而尽的激爽。我们赢球的时候一起欢呼，输球的时候一同懊恼，我们完完全全沉浸在这里，尽情享受着过程的愉悦。

而对于我现在喜欢和乐衷的马拉松运动来说，最无奈的也是听到有人问：你又去外地参加比赛了？有奖金吗？跑了第几名？每次遇到这样的问题，也只能摇头苦笑：“没有，但那些统统都不重要。”

对于绝大多数跑者而言，我们的奔跑在旁人眼里着实是“无用”的，没有名次、没有奖金、没有表彰、更不会对现在的工作带来什么帮助。但我们就是这么开心地跑着，我们只是享受在跑步的过程中那极致的安宁；享受心率在有效的节奏里规律地跳动；享受长距离过后感知到身体的极限，并且尝试突破它后那种巅峰的快感……

我的朋友喜欢越野，每年都会有几次去往全国各地参加各式各样的越野比赛。她会带上所有的装备，选择一座山脉，花上一两天的时间拾级而上。她说她也只是享受那种与大自然遥相呼应时的灵动，与自己身体不断进行对话后的突破，以及一步步踏上山顶时，极目远眺，看落日余晖时的壮阔……

是的，这一切在旁人看来，都是没有用的，但这一切都是我们打从心底里的热爱。

熊浩老师在某节课上说：热爱这件事，是发现生命中的某种喜欢，它就有自己独立的价值。你不需要做依附于任何功利性的指标。对于“做什么事情对我有帮助吗?”不应该作为你应该坚持和投入的标准。

我会承认,我们喜欢的大多数的事情,在生活的某个层面里的确是“没用”的,但没用并不意味着它对于我们来说没有意义。无论是在自己喜欢的运动和艺术里,还是在那些非常有趣的阅读体验和生活实践中,我们都能感受到自己的成长。**生命中的爱好完全来源于自己,比起那些功利的价值判断和依附,“喜欢”两字就足以让你朝着自己想去的方向继续精进,最难得的你要由衷地喜欢,由衷地珍惜这份只来源于喜欢的纯粹。**

我很难想象一个没有自己纯粹爱好的人,他的学习或者工作会变成什么样子,当生活中所有的事情都依照着“有用”而前行,而没有任何发自内心的喜欢作为辅佐和调剂,那这样的生活和工作将会是多么单调而缺乏更为灵动的启发。

(二)方为大用

我们进入到另一个层面来谈“有用”,这些长时间的兴趣和爱好所积累的能量,真的对于我们现实的生活没有任何实际的作用吗?

运动教会我的是自律。有着长期运动习惯的人,尤其是马拉松这种需要花费大量时间和精力,进行日复一日,年复一年训练的运动。每周计划的制定,每次训练的达成,都是严苛按照既定的标准完成。它教会我计划要列得详细,而一旦制定好计划,就必须风雨无阻地执行。而这样子的习惯,在现实工作中也给予了我极大的帮助。

而传统文化的学习之所以让有些人觉得“没用”,是因为里面的内容离现在的生活太过遥远,那些充满年代感的语言和情境,仿佛对于现在的生活能起到的作用少之甚少。

我们先要厘清一个概念,传统文化的学习从来都不是简单的翻译和理解,从字面意思去理解并不是真正意义上的学习,更多的价值在于,是否能在其中找出可以给我们带来启发的指引。(详见本书《在经典中寻求指引》一文)

我们打开《论语》和《弟子规》。

其中都有一段讲述这样的内容：

子曰："弟子入则孝，出则弟，谨而信，泛爱众而亲仁，行有余力，则以学文。"（出自《论语·学而》）

"弟子规，圣人训，首孝悌，次谨信，泛爱众，而亲仁，有余力，则学文。"（出自《弟子规·总序》）

对于我们老师而言，这段话究竟在讲些什么，究竟哪些对我们的工作是有用的呢？

孔子在这段话中更要强调是，我们的教育是全人教育，而它有三个层面组成：人格教育、人才教育、人文教育。

而在学校的德育工作中，我们更为看重的是人格教育，则应该把其放在首位。我们应该如何教导孩子要有规范的自我要求，能由内而外地去关爱他人，成为一个有温度的善人。

在人格教育的基础上，我们再去培养学生能够服务社会的能力，成为一个社会有用的人才。再去辅以如何通过人文的滋养，提升生活的格调，调节生活的品质，充满活力且能更为和谐持续地健康成长。

而在《论语·为政》里又说道：

子曰："君子不器。"

则更是强调了教育在这个层面上的重要性。教育不能只停留在人才的培育上，君子不是一个器具，不要局限于技能的培育，不要只看到一点。而要培养学生有独立思考的能力，让他成为靠自己的双手能够自我安顿的善良公民。

成为活生生的人，而不只是简单的人才。

那要怎么做呢？

子曰："志于道，据于德，依于仁，游于艺。"

孔子对于如何"君子不器"又给出了自己的方法论，而对我们现代的教育来说，又该怎么去理解和实践呢？

在复旦大学的《思辨与创新课》里对于这句话是这么诠释的，在这里和大家进行分享。他说：

所谓志于道，是要教导学生有明确且坚定的志向，有辽阔和宏伟的目标。

所谓据于德，是要有生命的底线，有自我的原则，不能蝇营狗苟地生活。

所谓依于仁，是说人心要有从容地自我认知。

所谓游于艺，是说人要有艺术感，从而才会有生命的洒脱、开怀和自我。

让学生成为一个能够整全发展的人，而不仅仅是教导他们文化知识。这是现代老师的使命和责任。

所以，传统文化的学习，对于我现在的工作层面，又怎么会是“没用”的呢？

中国的文化，始终藏于沉浅，它在深度的地方给予极为简约且透明的概括，精准而干净。不管你从事怎样的领域，在中国传统文化的脉络中，总能帮你提炼出能够使你的工作更为通透和精进的指引和方法。

我们的阅读，本身就不是拘泥于本身，而是能够更大程度地豁达你的思想，从而让你的生活的各个层面都能实现知识的汇通。

所以，不要再用那种现实的眼光去判断“有用”这件事，如果你或你的孩子能找到一件自己真心热爱的事情，随着时间的沉淀，你们都会在这件事中找到自己，你要坚信，时间会回礼。重点在于，你是否真的喜欢，且愿意不求回报地去投入其中。

或许在思考着“有用”和“没用”之前，我们有更重要的事情要去考虑。

阅读对于我来说会成为习惯，是因为我还有更多事情想要去知道。

运动对于我来说会成为喜好，是因为我还有很多极限想要去挑战。

而对于你喜欢的事情而言，你的动机和目的，又是什么呢？

分享阅读：

《自在独行》　贾平凹　长江文艺出版社

《论语》

《强风吹拂》　三浦紫苑　广西师范大学出版社

懂得“输出”的价值

(一)

近两年在自己学校和集团学校里,都开设了一门由我主讲的中国历史课。从近三年的报名情况来看,孩子们对于历史的兴趣比我想象中要浓厚得多。由于小学期间并没有关于历史的单独课程,使得他们对于这门学科有着强烈的求知欲。

而来到我这儿的学生,多多少少对历史有那么些了解,无论是家庭的影响,还是阅读的积累,使得他们每次在听完课后,对于课中讲述的内容总是意犹未尽。

而在学期快要结束的时候,我都会让他们来做一个练习,选择一个你最喜欢的,我曾经讲述过的内容,加以你的理解和引申,来做一次属于自己的宣讲。

由于兴趣的驱使,历史班的同学们个个都不带怕的,几乎每个人都争先恐后地上来做自己的分享。

有趣的是,他们中的绝大多数人,起先都是抱着极大的热情上台,但讲着讲着,就开始词不达意,或者讲了这一段却不知怎么接下一段,讲了下一段却又不知为何底下听的人个个面面相觑,不知何意。这种尴尬的气氛着实让他们感到难受,不得不草草了事,然后垂头丧气地走下台。

在他们的脑海中充满着疑问:为什么我上课的时候明明听懂了,在家看书的时候也明明看懂了,但为何真的要我讲的时候,我却怎么都讲不明白呢?

那是因为,作为老师,我把你们讲懂了,那只能说明我对这一部分知识的掌握已然整全,那是我真的懂了。

你要很清楚地意识到,在任何的课堂上,那些你所谓的"听懂了",并不是真正的懂,而是你领略到了讲述者清晰的思路从而启发了你对于这个知识的空白,这只是习得一个知识的起点。

是的,我们在学习的过程中总以为自己都听懂了,看懂了,而真当我们要实际用它解决问题的时候,却立刻感受到了那种"以为"和"现实"的差距。

(二)

我们经常说到"学无止境"的概念,通常意义上的"学无止境"指的是在横向的范围内,有许许多多值得我们去学习的东西,人类几千年积累下来的智慧本就幅员辽阔,值得我们毕生追随。

但我们也要意识到,"学无止境"还有一个更为系统的纵向的概念。每一个知识的习得都不只是扁平和单一的,从一本书上看懂、从一节课上搞懂、从一个朋友这里听懂,这只是纵向范围内的第一步。

一个知识怎么"长到"你的身体里是有步骤的:自从无到有地知道、到深入探究地理解、再到能够整全表达地输出。这是一个完整的过程。

而身边的很多人只是停留在第一步——"知道",就认定自己已经完全掌握了这个知识,这实在是一个天大的误解。

在日常的学习中你会发现,当有一个你很感兴趣的知识在某节课上听老师讲述过后,或者在某本书上看过后,你特别想要转述给另一个人听的时候,第一遍却总是讲不顺畅:不是这里漏了一个例子,就是那里少了一个过渡;不是那里缺了个修辞,就是这里少了个论证……在第一遍讲述的过程中,多多少少会觉得之前听到和看到时,在当下给予你的那种强烈冲击感,在自己讲述的过程中却没有很好地表达出来,以至于那个听我讲的人,总觉得平平无奇,并没有多少和我当时一样的感觉。

这时候你才会真正了解到,这是"真懂"和"假懂"之间有一条巨大的鸿沟,叫做——学会输出。

所以家长们经常会遇到这样的问题:

我的孩子看过很多书，我的孩子也经常和我说上课的时候他都能听懂，而当真正要他去运用这些的时候，却发现很多东西早已遗忘。

以至于他们会产生这样的误解：

孩子读了这么多闲书有什么用？到头来要用的时候都统统忘光。

我的孩子总是骗我说他上课的时候都听懂了，结果一做题啥都不知道。

这些都是来源于对“懂”的概念的误解啊。

所以我们不妨去做一个这样的尝试：

如何让我的孩子有效地去读一本好书？

我用最近比较热门的《半小时漫画中国史》为例。这套书用幽默漫画的形式在现代化的语境里，把某一个朝代的历史脉络很清晰地讲述了一遍。其中无论是动漫形象，还是框架结构，都可以让孩子们在相对轻松的氛围里，完成对这段历史的初步了解。

但正因为是漫画，读完这本书的时间并不会很长，也因为着实有趣，所以在看完后，孩子们总是嘻嘻哈哈地一笑而过，就把书放回到书架上，告诉自己，今天自己看了一本很有趣的书。

但是只要你问他，这本书有趣在哪儿？能不能和我说说？

在这个问题的驱使下，孩子们就不得不去回忆之前所看过的书本里所描述的内容。可怕的是，那些刚刚还活灵活现，把自己乐得前仰后合的故事情节、人物形象，都以碎片化的形式出现在他的脑海之中，很难连得起来。或许他能说，但是多半是磕磕巴巴，词不达意，完全体现不出书里那种结构的严谨和表述的幽默。

那该怎么办呢？如果你要把这本书上的知识点为你所用，就应该在看书的过程中，做做笔记，把自己感兴趣的部分加以梳理，学会用思维导图的形式，归纳和整理所学的内容。

虽说这样一来，阅读的时间会变长，精力也会耗费，但一旦这么做了，你就会发现，只要你经过整理和归纳，再一次讲述的时候，那些碎片化的故事会不经意地有所联系，那些刚才遗忘了的“笑点”也会随着这些脉络的清晰，而重新跳入脑海之中。

多试几次，多输出几轮，直到听你讲述的人足够明了，但凡他明确地表示“听

懂了”,那这本书的大致内容就会长到你的身体里。多试几次,多让几个人“听懂”,那它就会成为你知识体系的一部分,而不仅仅是停留在“知道”的阶段。

所以各位家长,我们是否也已经意识到,如何让孩子更有效地梳理在校听课的内容呢?

我们可以尝试让孩子们在放学回家后,把今天老师课上的知识点,来和你进行一轮“输出”,他来讲,你来听。而在听的过程中你就可以大致判断,但凡你能听得明白的部分,就是他在这节课中已然弄懂的部分;只要是你听不明白的部分,就是他在这个知识点中,还不够完善的部分。那就再次翻开书本,打开笔记,一同刷新对于这个知识点的认知和梳理,然后再次进行第二轮的“输出”……

就好比,判断一个孩子有没有搞懂一道数学题,试试让他和你讲一遍,如果你能懂,孩子就懂了。

再难一点的版本,试试让他和爷爷奶奶讲一遍,如果他们都能懂,孩子就是完全吃透了。

所以,“输出”是在学习的过程中,决定一个知识能不能为之运用的重要环节,也是判定这个知识是不是属于你的最后检验。

(三)

在最近几年的学习中,我得非常感谢复旦大学的熊浩老师在某次讲座后的答疑里对一位同学的回答。这个答案所带来的观念我沿用至今,也成为了我整个学习观念的引领。在这里借由熊老师的启发,结合自己的实践和理解来和大家一同分享。

那位同学提的问题,或许和我们大多数人所遇到的困惑是一样的:在学习的过程中,无论是阅读还是听课,在完成的那一刹那总觉得自己听懂了,但没过几天,那当初听得很明白的东西就会逐个遗忘,哪怕刻意回忆,也效果甚微。再过一阵,就不免有着忘得“白茫茫大地一片真干净”的下场,这着实让人感到挫败。有什么方法可以避免这种听懂后,随着时间推移后的知识遗忘吗?

学习后会遗忘,这是再为正常不过的自然现象,再好的记忆也抵不过时间的洗刷。但在学习中,让自己的遗忘来得不那么猛烈,甚至在遗忘前就让知识成为你身体的一部分，那是有方法的。熊老师给大家的方法叫做——要有着"立体的学习观"。

"立体学习观"的基本概念出自于《论语》首篇首节：

子曰："学而时习之，不亦乐乎？有朋自远方来，不亦说乎？人不知而不愠，不亦君子乎？"

1. 学而时习之，不亦乐乎？

学习后，找到恰当的机会去实践，这不是一件让人快乐是事情吗？

我们经常会把这个"习"当作是复习。而在我们看来，这个"习"可理解为去实践，去运用。也就是我们之前所讲的，去尝试着"输出"一下。

"习"的繁体字写作："習"。上面一个羽毛的"羽"，下面一个白天的"白"。宋代理学家朱熹对于它的理解是：幼鸟在白天振翅高飞的样子。

所谓的"习"就是，学习了之后，去用，去试试看的意思。

就好比我们现在好多孩子学乐器，在上课的时候，老师会教导你各种各样的方法，无论是乐器的技巧掌握，还是乐谱的情感拿捏，亦或者是每一个细节的精准处理。这统统都停留在学习之中"知道"的层面。我们听懂了老师的意思，明白了乐谱和乐器的理解和使用后，最重要的部分，难道不是我们回到家，结合这些内容，一遍又一遍，花时间地去练习吗？

知识的部分也是一样，无论是刚才提到的历史还是数学，在理解的基础上去多次实践，拿实践的体验去和理解进行参照，才能更为通透。

学习到一个知识之后，找到合适的时机有意去使用，刻意去练习，用理论的知识去和生活的实践进行第一回合的碰撞，通过在实践中的磨合，让知识有着第一维度的把握，这是一件让人感到快乐的事。

2. 有朋自远方来，不亦说乎？

当完成了自己的实践之后，我们可以选择和更多有识之士进行分享和参照。

寻找到一群志同道合的朋友是一件让人感到愉悦的事，当自身的体验有所局限的时候，和身边的朋友一同分享，一同参照，在别人的生命体验里寻求到自己的人生参照。

这就是为什么在学生时期，那些有着共同理想和信念的人，聚在一起，无论是聊天还是刷题，都是一件令人觉得高兴的事情。

所以通过我们的努力和奋进，去结交共同气场和维度的朋友，使得你们在群体中共同进步，这在成长的过程中，也显得尤为重要。

3. 人不知而不愠，不亦君子乎？

别人不理解我，我也不生气，这难道不是一种君子的风范吗？

孔子是要告诉你，在学习的过程中，总有人会不认同或不理解你的角度。在这个时候，我们不要生气，而是在这一过程中先去深刻地反省自己。看看在这个知识的把握中，自己还有没有缺漏和反思的空间？一旦这样想，这就是一种难得的君子风范。

这样子的立体学习观是要告诉你，在整个学习的过程中，从外部的知识，到自己的实践，由自己的实践到群体的参照，再从群体的参照到内心的独白，构成一个完整的知识闭环。

以上这个篇章，就是通过熊浩老师的整理来为大家讲述“立体学习观”的重要。

在学习的过程中，养成及时“输出”的习惯，无论是看到、还是听到，但凡你不想让这些可以直击你内心的东西随着时间而淡忘，就请养成随时记录，认真梳理，和及时输出的习惯。

相信我，只有输出过的知识才能长进你的身体，成为随时可以为你所用的力量和武器。

而不管你看时多爽，听时多 HIGH，但凡不能输出的知识，皆是浮云。

推荐阅读：

《话说中国》16 册　　上海文艺出版社

《半小时漫画中国史》1、2、3、4、5　　陈磊　　江苏凤凰文艺出版社

跑了就懂

如今，长跑已然成为一个生活中最寻常的一个习惯。下班后，换上跑装，在操场绕个四五十圈再回家；又或者是晚饭过后，静待消化完毕，出门绕着熟悉的街道巡跑一番。这些，都已经成为像吃饭、睡觉般自然的事情。

疫情前最后一次全马是在 2019 年的年底，广州马拉松——这是我人生中第 19 个全马。当我早晨醒来，坐着地铁去起点的时候，浓浓的困意不断袭来。我看着身边那群同样赶往赛地的小伙伴，他们各个摩拳擦掌，脸上都显示出兴奋且跃跃欲试的神情。而我，全程不语，仿佛就是去做一件计划内的，再正常不过的事。

从枪响出发到终点撞线，全程在心态上没有的任何起伏。是的，我又完成了一次全马，和前 18 次一样，很顺利。但我看到身边的人们有的欢呼雀跃，有的击掌鼓劲，有的泪流满面……我不免有些羡慕，仿佛他们完成的是一次挑战、一次庆典、一次自我的飞跃。而我，仅仅是跑完了 42 公里而已。

两三年前，我仍然还是一个会把每天跑步的训练记录在个人社交平台做打卡的人，总觉得只有这样做好打卡的记录，才能算是训练完毕。而随着跑步的时间越来越长，到如今，也已改掉了这个习惯。训练完毕后内心的宁静和踏实，早已不是只有通过“打卡”才能获取的了，它就这样慢慢的，不经意的，长成身体的一部分。

不太敢说这样是好，还是不好。把跑步当作生活的习惯，不需要提醒、不需要刻意，却也失去了当时的那种“新鲜感”和“兴奋劲”。习惯固然是件好事，但与之换取的代价，却是做一件事时，那种快乐的滋长，渐渐有些淡化，慢慢消

跑了就懂

失不见……

就好比去一次高级餐厅，那里的每道菜都是如此精致，你会忍不住拍照发朋友圈，满满的幸福感就在那一张张极具诱惑的菜肴当中渗透，成为你当天最快乐的一件事。

又好比去一次迪士尼，那城堡的壮观，那烟花的绚烂，以及那一张张戴着可爱配饰的自拍，每张照片、每段视频里都有着自己最浪漫的回忆，而那一天，也成为你最值得纪念的一天。

再好比得到一个梦寐以求的玩具或手办，你清楚地记得当初拿到它时的惊喜感，你转换着一个个不同的姿势和配件，在调好的光线下拍出一张张最好的照片，发到微博，@好友，寻求点赞、评论和转发。然后再小心翼翼地把它放回到陈列柜中，用来展示这是你最棒的作品。

……

那现在究竟发生了什么，让你去到那个餐厅，再也不拍那依旧精致的食物，只是静静地享用；去到迪士尼的时候，也不再等候烟火，甚至不拍任何一张照片地错峰离园；拿到一个同系列玩具的时候，再也没有当初的耐心去把玩和拍照，就这样摆好一个姿势随手入柜，然后置之不理……

朋友圈里再也找寻不到这些曾经让你兴奋和心动的记录，可那些事你并不是不喜欢，你还在做，甚至做得更好。有人说，朋友圈里晒幸福的人是生活匮乏的人，因为缺乏，所以才晒。而真正把这些当成生活一部分的人，则不会有太多的“分享”。

每当听到这样的言论我总是苦笑，生活的维度从来不是那么单一。生活中最微妙的地方就在于，当你享受一件事给你带来愉悦的时候，这件事往往新鲜且独特；而当你有幸把这份独特长成你生活中的一部分的时候，那份原始的愉悦就会作为代价，消失不见……

所以发朋友圈或许晒的不是东西，而是自己当时的那种愉悦心情。而当你“成长”到不想晒了的时候，这份愉悦多多少少也会有所折扣，这是一种天然的平衡。

跑步和马拉松的比赛也是一样。

在写这篇文章时，我正在尽力回忆起那些使我快乐和兴奋过的瞬间，跑过那么多路，参加过那么多次比赛，翻出那些值得回忆的画面，去和时间的魔力尝试对抗一番。我知道我还是会继续跑下去，但我更希望能找回那些年的感觉，更为快乐地跑下去。

每一场奖牌都有一个故事

（一）

第一场全程——2014 年大连国际马拉松。

当顶着最后一口气力迈过终点的时候，时间定格在 4 小时 51 分钟，虽然我知道这并不是一个最理想的成绩，但对于“首马”而言，我至少在大连马拉松严苛的 5 小时关门时间内跑完了全程。在当时正式跑龄刚达到一年的时候，我跨越了 42.195 公里这一个门槛。那时，我比任何时候都坚信，这仅仅是一个开始……

刚开始时的奔跑目的或许和大多数人一样，纯粹是为了减肥。对于“跑鞋”、“配速”、“心率”等概念一概不知。马拉松的 42.195 公里在我看来更是一个遥不可及的任务，以为这是一项只有超人才能完成的项目，它根本不属于凡人，而我，又怎么可能做得到？

我就这样单纯地起跑，5K，10K……直到发现双脚再也难以忍受水泡的折磨之后，才从“跑鞋”入手，尝试进入跑者的领域。

2013 年的年底，我几经辗转抢到了一张上海国际马拉松 10K 比赛的报名资格，并最终以 58 分钟完赛，在这之后，我的奔跑便一发不可收拾……

我开始关注每个月的跑量，我开始注意自己每次跑步的配速，我开始合理安排自己的跑步计划……直到当年四月的跑量接近 200 公里，而且一直没有伤病困扰的情况下，身体告诉我，我似乎可以去尝试那一个看似遥不可及的 42.195 公里了。

大连国际马拉松，一场组织得并不算特别棒的赛事，却开启了我的首马之旅。第一次的首马就选在遥远的大连，是一次冒进。感谢同是跑步爱好者的朋友“糖爸”，在他的全程陪同和照顾下，那次大连之旅的确让人省心不少。我们领取装备、详读参赛手册、几乎时刻都在谈论着跑步和比赛的内容。赛前的那一天，我们紧张又期盼地等待着……

比赛当天的天气是晴朗的，比赛的过程也和大多数人的首马一样：前 21 公里的笃定，30 公里时意外的右腿痉挛，一直死撑到 42 公里的折磨，以及撞线后精神的兴奋和肉体的瘫软……我在那天亲身感受到了马拉松这项悠久的运动所带来的独特的魅力。

有太多太多的人不能理解也无法体会这样奔跑的意义，哪怕肉体承受暂时的痛楚，也不能妨碍那在贴地飞行中所能拥有的力量，这股力量，跑了就懂。

跑步其实就像人生一般，有很多事是因为不想麻烦别人，所以自己咬牙撑了过去；也有很多难以启齿的困难被自己死扛了过去；低潮期受到挫败的时候，觉得自己没法振作了，最后还是熬了过来……其实，我们都比自己想象中还要坚强。

而 2014 年 5 月 10 日的大连首马，就是最好的纪念。

（二）

加入 600 号跑团后的第一次本地全马——2014 年上海国际马拉松。

4 小时 26 分，成绩比半年前的大连马拉松足足提高了 24 分钟，冲过终点的那一刹那，也已经不像半年前的那种踉跄，虽然仍有酸痛，但至少可以独立行走。大连完赛的狼狈过后，我用了 6 个月的时间，不停地和自己斗狠，2014 年 11 月 2 日，我先拔一筹。

当大多数人都在羡慕我那所谓的“毅力”时，我很清楚，用“坚持”形容跑步这件事儿对我而言是不贴切的，坚持总有熬的成分，而熬总有放弃的一天，我的奔跑是习惯，是态度，是享受。

那半年的时间，我用双脚丈量了将近 1000 公里，虽然并不算多，但可以算得上是一个足以进阶的跑量。

而在这个时候，有幸遇见的 600 跑团让我认识了更多的“疯子”，我们都是一样，在路上不断地奔跑、不断地磨练、不断地成长。

而通过这段时间的精进，当再次站在起跑线上的那一瞬间，比起半年前的那种紧张，这次却是一种有备而来的自信。

那是一次“雨赛”，起跑后和着大雨和人群，前半程的速度不自觉的变得越来越快。雨很大，人很多，身体的能量却意外迸发得更为强烈……

过半程时，时间定格在 1 小时 55 分，这是一个我在之前训练时从来没有到过的半马成绩，虽快，却还是为之后的比赛埋下隐患。

26公里时，当进食了一根能量胶和一颗盐丸后，左腿开始抽筋，不得不降低配速用以缓解疼痛。

32公里时，撞墙如约而至，碰到路上相似情况的跑友，相互鼓励过后，继续坚持着未完成的行程。

36公里时，遇见跑团的老VAN——一个和我父亲差不多年纪的跑者，看着他仍然咬牙奋进着却还不忘为我鼓劲，这是一股多大的精神力量。

40公里时，等候着的晓蕾姐和糖爸沿途为我留下了很珍贵的照片，我知道我离终点不远了。

冲过终点的那一霎那，依然感动到想哭，虽然不是首马，但我知道我又一次完成了对自己的一次挑战。

我承认当时我是一名孤独的跑者，我没有跑团里小麦那与其一起奔跑的爱人，没有首席和特特那样支持着自己并在终点守候着的家人，也没有老VAN那股老战士的可贵精神……可我一直在奔跑着。所谓的成长，就是越来越能接受自己本来的样子，也能更好的和孤单的自己、失落的自己、挫败的自己相处，并且接受他，然后面对他。

我很清楚地知道我还不够好，和自己斗狠，这是我每天都在做的事情……

越努力越幸运，而我用时间换天分。

（三）

最孤独的比赛——2017年郑开国际马拉松。

2017年的年初，当计划中的无锡、重庆、武汉统统都没有中签之后，郑开作为一个计划外的选项成为我人生第10场的全马之旅，却也是一种缘分。

之所以把郑开列在计划外，是因为郑开有着中国马拉松的所有比赛中最“变态”的赛道。

所谓“郑开”指的是郑州和开封两座城市，两地之间的长度正好可以安插一个马拉松的距离。从郑州郊区出发一直到开封市内，一条长达42公里的笔笔直的公路就是我们的赛道。

这是一种别样的体验，起终点分别是两个不同的城市，又由于是一个人去的郑州，整个过程没有任何照应，一个人得做好所有的把控。

跑在比赛路上的时候，确实有着独特的感觉，和城市马拉松不同，公路周边几乎没有什么风景，那一棵棵排列整齐的树是唯一的景观。路上也没有什么人，只有临近横向要道的时候，才会零星听到几句加油声。

最虐的还是当天的天气，将近 25 度的气温，在全程没有遮挡的赛道上，半程过后，就让整件黑色的速干服变得花白，头上已经冒不出汗珠，刚刚沁出的汗水立马就被烈日给蒸干，用手梳理着头发时，就只是一手沙沙的盐粒。

进入开封城是 30 公里以后的事了，马路边上的人渐渐开始多了起来，那些加油呐喊声对于一个比赛中的人来说，的确是一种精神力的补给。但身体快被晒干的极限也随之而来，刚想停下来走走，却又被理智拒绝。

早在一年前，我就给自己在比赛中定好了“规矩”，除非身体发生损伤，不然仅仅是精神力上的挫败和懈怠，绝不能允许自己在赛道上停下，即使再慢的速度也要跑起来。因为但凡在这时松懈和放弃，那根紧绷着的弦就再难续上，那一场比赛，就会毫无价值。

踏进开封古城

拖着沉重的步伐往前迈去时，看到不远处有一个老者的背影，看样子应该已经六七十岁。衣服的背后写着几个大字“加油年轻人，我还在你前面。”

在最后的几公里处，这是一个强心剂般的鼓励，赶上几步和老者并肩，互道加油之后开始攀谈起来。说也奇怪，本来已经到极限的身体，在这个时候，边跑边说的配速倒也十分稳定。

一路和那位老者的说说笑笑，让最后一段的赛程变得相对轻松，4 小时 09 分，和他一同过线的那一刹那，看着他一边停表一边蹒跚向前的样子，不免有些感动。但很可惜的是，我们还来不及道别，就在终点各自散入人群之中……

看了看回程的时间，来不及拉伸，来不及调整，也来不及欣赏开封这座古城的美妙绝伦，就坐上了回郑州的车，结束这一场最为孤独的郑开之旅。

这一路的孤单和单调是郑开留给我的最深刻的回忆，那条笔直的赛道在赛后复盘的 GPS 的轨迹上是那么显眼。到如今，我完全记不清那场比赛的过程中我是怎样的具体心绪，我只知道，当所有的方向就单纯地指向前方的时候，抬起头，继续跑，终点，自然会到……

(四)

这是一次“PB”

第一次“破 4”——2016 年上海国际马拉松。

现如今我的“PB”(个人最好成绩)是 2018 年上海创造的 3 小时 49 分 36 秒。这是一个在我现阶段的体重和水平里所能创造的最好成绩了。而第一次成绩以“3”打头是在 2016 年,那是一次里程碑式的冲线。

不得不说,跑步生涯里最拼命和最纠结的一个年份就是在 2016 年,无论跑量怎么累积,训练怎么刻苦,全程的成绩仍然停留在 4 小时的阶段。2015 年年底的那场比赛,由于没有算清楚手表的误差,让最终的成绩离“破 4”就只差 15 秒,这是那一年里我最大的一个遗憾。

历经一年的蛰伏和 600 跑团里小伙伴们的建议和鼓励,在这一年的上马比赛前,我算好了“破 4”目标中每一公里应该历经的时间,带着必胜的信心站到起跑线前。

30 公里前的每一个计划都是严苛实施的,掐着表跑完每一公里,只许提前不准滞后。而当龙腾大桥的大长坡到来的时候,速度还是不自觉地往下降,眼瞅着自己前面积累下来的时间优势,被这座大桥的两次往返消耗殆尽的时候,心里有着说不出的焦虑和心急。

一路死掐着时间来到了 40 公里处,看到龙华寺就说明离终点不远了。抬手一看表,时间离目标只剩下 10 分钟,却还有着将近两公里的路程。5 分出头的配速完成两公里,放在平时应该不算困难,但当身体已经经历了 40 公里的负担后,这个任务瞬间变得艰巨起来。

没有太多的时间可以做出抉择,如果不想有着和去年那样只差一点就能完成目标的遗憾和失落的话,就得马上说服身体,完成一次极具挑战的突破。

那一年最后两公里的感觉我想我是记得的,从来没有一股力量可以和那个时候去对比。时刻倾听身体的声音,在临界点处让心率处在最大值的忍耐,让双腿即使发抖却仍然大步迈前的决心。在最后阶段大家都在稳定配速的情况下,我却龇牙咧嘴,满脸痛苦地一路狂奔。

进入体育场后还有 200 米,手表显示离 4 小时还有不到一分钟。塑胶跑道的最后 200 米是激动的,终点就在眼前,而当冲线前知道自己完成梦想目标时所迸发出来的歇斯底里和泪流不止,被摄影师抓个正着。

这个瞬间值得封印,那三年里所有的艰辛都在为其正名。

得知破“4”后的歇斯底里

这是四场最值得让我回忆的比赛，而 2014 年到 2016 年的这三年，也是对跑步和比赛最为热衷和幸福的三年。

原谅我很难把马拉松的魅力通过文字就能完完全全地向你展示，无论是起点前的期待、前半程的兴奋、后半程的煎熬和终点后的喜悦，都不是可以通过文字、画面和视频能够让你真切地感受到的。

这些事情，就只有跑在路上的人，才能真懂……

而这些文字想要告诉你的是，我们都不曾预见自己到底能够做到多少，做到多好，马拉松的比赛也从来都不是说跑就跑的洒脱。**每一年里每一天的训练都在记录着过程的成长、刷新着自我的认知、突破着既定的目标。我们在追逐梦想的过程中，一点点的，都变成一副自己从来不曾想象过的模样……**

而在和我一同追逐梦想的伙伴们，路上的时间越长，就越要想想我们出发时的原点。

用文字记录下这四场比赛的感受是一件幸福的事情，我尽力地回忆起当时的点滴，却仍然有那么多清晰的画面在脑中不断地滚动。即使我们现在已然找不回当年赛前那兴奋的模样，却也可以看着自己原点的方向，不断努力，继续成长。

枪马上就要响了，看，前方就只有 42 公里了而已……

别笑，跑了就懂。

分享阅读：

《雨中的3分58秒》	约翰·帕克	四川人民出版社
《跑步圣经》	乔治·希恩	浙江人民出版社

分享观影：

《了不起的老爸》

吉他的故事

我得承认，我不碰琴已经有些日子了，那把琴本来就放在手边随时可拿到的地方，现在却始终在角落里吃着灰。并不是不喜欢，但可惜的是，越长大就越发现时间的有限，当你把大量的时间投注到一两件事情当中，就不得不去牺牲些什么、去割舍些什么。

其实自从工作了以后，练习吉他的劲头就远不如大学期间那么强烈了，当前阵子家中那把琴的一号弦再次崩断后，就再也没有心思去买根新的把它换上。它就静静地在墙角倚着，偶尔在换衣的时候，由于衣角不小心甩到，会听到琴弦发出的些许声音，那熟悉的声音总会让我有些难过，对于它的回忆，真的已经积累了好多好多。

手机里至今仍然“躺着”很多吉他弹唱的视频，它提醒着我，在那好长一段时间里我对它有多么热爱，时至今日，我与它相处的时间骤然减少，也由衷地感谢它曾那么“用力”地在我的生命中出现过，并且把我塑造成现在的模样……

我的第一把吉他是在高二的时候买的，南京路上的上海音乐书店，四楼。那时候对这样子的一件乐器完全没有底，只是通过店家的介绍买了把当时还算不错的古典木琴，星辰的牌子，200 多元，光从模样上来看，应该还不错。

回家后断断续续地练了许久，可总也找不到窍门，那古典吉他的琴弦离品格有些高，手指按上去时间长了会出奇疼痛。或许就是因为这些原因，过了那一阵子新鲜期后，再加上高中后半段课程的紧张，就把它放在家里的某个角落。当再拿出来的时候，原本色彩不错的琴上已经布满了厚厚的一层灰尘，我与它的第一段回忆来得似乎不是那么美好……

高考结束后的那一段时间，我疯狂地迷恋上了两首吉他曲，一首独奏，一首弹唱。想起自己家里那把尘封已久的木琴，终于下定决心和当时的挚友老吴一起去报了一个初级班。

教琴的老师比我们大不了多少，一整间教室坐着十来个学生，目的不一、进度不一，一个阶段的几节课下来，学琴的进度已然跟不上我们对它痴迷般的热情，我们逐渐脱离了课堂，买了书自己琢磨。

还记得那时候我们学琴的劲头是空前绝后地高涨，那会儿我只要一闲下来就会抱着把琴练着爬格子、音阶、以及刚教过的几个和弦的转换，也会时不时和老吴在昌里路一个卖琴的流动摊前，对着大马路弹着自己当时还并不熟悉的乐曲。我们大胆地和那个店主交流，真诚地向他求教，以至于一段时间后就已经熟络到可以和他一同出摊，坐在昌里路的街沿上，无视旁人的目光，就这么当街弹着喜欢的歌。人呀，一旦入了迷，仿佛身边一切的事物都对他造不成任何干扰。

那时候的自由自在，那时候的放荡不羁，完全已经沉寂在那段和吉他有关的日子里……而当我发现我已经能够把当初那两首让我为之疯狂的曲子弹起的时候，原来，会弹的曲子，已经好多好多……

其实人就是这样，很多事情的潜移默化根本意识不到，或许只能等到成功的那一刻才会发现，自己得到的也许远远不止预见的那些。

我的第二把琴就是在上完初级班后购买的，金陵东路上众多琴行中的一家不起眼的小店，选中了一把样子还不错的民谣木琴，400 多元。只是当懂行了后才发现，这把琴的音色真的远远不如那把初学的古典琴，声音单薄，不够饱满……而恰恰这把并不尽我意的琴，却陪伴了我很久。

直到上了大学，一个新朋友的出现让我对吉他有了新的定义，原本的基础已经远远抵不住我对这些知识的渴望。我开始通过各种途径对这样乐器进行更深入的研究……我想这位朋友的功劳是少不了的，那时候我们对于它的热情到了不可收拾的地步，常常会为了一首曲子中一个细节的处理进行长时间的讨论以及尝试，在寝室怕影响别人就到教学楼；教学楼关灯了就直接坐在学校的篮球场;篮球场太晚了就再回到寝室继续……我迄今为止还是不知道当时这股子热情从何而来,好像当时吉他成了生命里不可缺少的一部分。拿着那把并不尽我意的吉他在学校里演出了太多次,弹了太多太多自己喜欢的曲子,有听到的,有朋友写的,也有自己写着玩的。那段岁月,或许真的一去不复返了……

后来我们在学校有了属于自己的吉他社,由我和他负责教授一些刚入门的同学,两年期间我们教了太多太多的学生,可惜的是那些学生或许都是一时兴起,在经历一些挫折后大多选择了放弃。而这样的所谓“挫折”,大部分的理由是因为——按弦的时候手指会疼,而且难以忍受……很遗憾,我没有再找到一个像他这样在这方面与我如此合拍的人了。

成立吉他社后不久,我就在当时校园十大歌手的比赛中获得冠军。那时候所有对于音乐的梦想都被激发到了极致,所谓年少气盛,在那之后就有个想法要组建一个乐队,于是再次去金陵东路买了我的第三把吉他……

也许是木琴弹久了,又也许是受到了这些年里接触到的高手的影响,正值过年期间,当时的我花光了所有的压岁钱,再加上不多的积蓄,买了把还算不错的电琴,配了个 20 万的音箱,和一个带鼓击的中档效果器,2000 多元。只是由于太多太多的原因,原本的计划搁浅,偶尔会在家里插起所有的设备“扰民”,拿着它曾在学校里演奏过双吉他版的原创《蓝色风》,也在刚进单位的时候演奏过《奔跑》……只是那原本的激情,如今只是化作一堆摆设,堆在了一个不起眼的地方,我不知道自己还会不会有那么股热情重新拿起它,想着,偶尔会有些难受。

如今的我,即使长时间没碰琴,或许也已经算得上是一个可以在某些难度范围内随心所欲的弹奏者了。偶尔会因为某些原因拿起琴弹着自己喜欢的曲子,而这原因,也不会再和当时一样了。很多人弹琴会为了一种感觉,一种格调,甚至于更多的单纯只是为了一个姑娘……但当有人问起我弹琴的原因,我总是不能回答,因为连我自己都不曾分析过这些,或许只是由于一种很莫名的心境,而如今的我确确实实地知道,弹琴,唱歌,真的,只是一个人的事情。

琴一换再换,如今在家的那把琴是在几年前,我迷上了押尾光太郎的指弹，从而咬着牙，花了一整个月的工资买下的一把全单琴，音色手感都俱佳，也终于成了留在我身边的最后一把琴。而当时那把古典琴送给了儿时的伙伴老高，第二把民谣送给了另一个学琴的朋友……这些琴大多数都成了生命中的一些过客，哪怕当时自己是那么在乎，最终也只有一把最适合自己的留在身边。那些当时特别在乎的乐音，也随着年龄的增长，在记忆中变得有些虚无缥缈起来。

当时特别喜欢一个人，拿着一把琴，在一个有着不错阳光的午后，躺在沙发上悠闲地弹着，哼着那一首首有着浓厚时间痕迹的歌……而如今，这样的感觉已经变得有些遥不可及，并不是不能，而是心境已然不同。

或许琴还是那样的琴，曲子还是那样的曲子，人还是那样的人，变的，只有当初那颗年轻悸动的心而已……

分享乐曲：

《家路》、《黄昏》、《Wings you are the hero》 押尾光太郎演奏

独属于游乐园的浪漫

前不久办了张上海迪士尼的年卡后，就经常和妻子两个人在下班后驱车去往那里。工作日傍晚后的人不算太多，我们就这样在乐园的小道里悠闲地逛着，感受着身边的人的欢乐也是一件极为惬意的事情。游乐园就是这么一个神奇的地方，它能够让所有驻留在这里的人独属于一份只停留在此刻的浪漫……

没错，我就是这么一个热衷于各种游乐场的人，总觉得那里有一种独特的魔力，你无论和谁同往，似乎都会在那个瞬间放下所有的芥蒂，让人与人之间的感情变得更为澄澈和饱满。

（一）Everybody hands up!

好些年前，我办过两年欢乐谷的年卡，在这期间，我总是带着一批又一批自愿前往的学生来到那里挑战自我，尽情玩乐。

带着小乐同学的那一次，我们一行有着 7 个人，3 个成人领着 4 个四五年级的孩子。

欢乐谷的“绝顶雄风”过山车是那里最刺激的挑战之一，每次来到这里，这个项目总是不容错过。但小乐作为一个四年级的女生却望而却步。她那犹犹豫豫的眼神和欲进又止的动作，像极了我们每个人在面对挑战时的心境——想，却不敢。

这时候，身后前来排队的两个外国年轻人用他们并不流利的中文忽然开口说道：“NONONO，小姑娘别害怕，试一试，就坐我旁边，我们保护你！”随后和着我们的笑声一起欢闹起来。

犹豫的时候有人推一把果然有用，小乐听到这话后，深吸一口气，鼓足勇气走进排队的队伍。

我们落座在第一排的位子，两个老外始终在和小乐逗乐嬉笑着，让我们这些原本略显紧绷的心也开始松弛下来。

“绝顶雄风”这个项目之所以刺激，是因为有一段的轨道会在六十多米的高度垂直俯冲下来。更要命的是，在垂直俯冲的那一刹那，过山车会以和地面垂直90度的姿势，停顿好几秒后再直落而下。

当车子缓缓上升到最高处的时候，小乐紧紧抓着扶手闭着眼睛，两个老外却一直欢呼着，并时不时地和同排的我们做着鬼脸。而当过山车即将俯冲直下的时候，我们的情绪到达最高潮。“Everybody hands up!”两个老外尽情地喊叫着，我们也竟然受到他们的感染，深吸一口气，在俯冲下去的那一刹那，把双手高高举过头顶，迎风而下……

那是一种从未有过的体验，当让你把身心完全放松后任由其翻滚和俯冲，就会感受到一种别样的快感。

Everybody hands up

当我们从车上下来的时候，看到车上其他的人，有的一脸痛苦地“暗自庆幸”，有的安抚胸口调整情绪，还有的直到下车还紧闭双眼……再回头看到两个老外一脸轻松的舒爽和愉悦，我们才真正意识到玩过山车的“正确姿势”应该是什么。

两个老外也如是说到:“相信你身上的压杆,相信游戏给你带来的保障和快乐,在坐过山车时一定要把双手高高举起,这样才能感受到风,感受到快乐。”

两个陌生的国外友人就这样一路和我们嬉笑着,分享着各自的快乐,当拿到那张过山车俯冲时抓拍的照片后,我们每个人都笑了。只见照片上第一排的每个人都一脸欢呼地双手高举头顶,只有小乐一个人双眼紧闭,表情抽筋地紧握扶手。

小乐嘟起了嘴:“不行不行,再坐一次,重拍!”

好,那就再坐一次!

(二)“格兰芬多”的魔力

和妻子来到日本大阪的环球影城,一进门就直奔她最感兴趣的哈利·波特的主题区。

只见店内挂满了《哈利·波特》中霍格沃兹四大学院的主题服:“格兰芬多”、“斯莱特林”、“拉文克劳”和“赫奇帕奇”。四大院校的服饰配色各有不同,挂在一起也的确好看。

虽然这衣服价格不菲,但是妻子着实喜欢,就把进门后的第一笔消费花在了一件“格兰芬多”的大袍子上。

事后证明,这是我们在环球影城里最值得的一笔消费。

当妻子披着这件长袍从店内走出的那一刻,她的“身份”就悄然发生了变化,哈利·波特主题区的所有工作人员只要看到她,就会露出一脸惊讶的表情说到:“哦!格兰芬多!”然后用一种统一的手势和她打着招呼。

妻子一开始是受宠若惊的,不知道用怎样的方式作为回应。我和她都同样认为,或许这只是在哈利·波特主题区才有的“特权”,你穿“格兰芬多”的衣服,别人总会和你有些互动。

但当之后,我们无论走到哪一个主题园区,那些工作人员无不例外的用最

“格兰芬多”的魔力

热情的语气打着招呼：“哦！格兰芬多！斯国一内！（哇，真厉害！）”妻子才发现，这件袍子仿佛成了一件园内 VIP 的象征，让本就热情洋溢的工作人员对她更是有着独特的对待。她也渐渐学会了和那些工作人员进行互动，每当有人说到“格兰芬多”的时候，刚才还很拘谨的她，也会摆出各种各样的姿势作为回应，引得周围的人都哈哈大笑。

游乐园就是有这样的魔力，它会在那个氛围里让你完全沉浸，使得一切都是如此自然且美好。

而那件袍子至今仍挂在衣柜里，从乐园出门后就再也没有合适的场合可以穿出去过。但尽管是这样,对于准备去环球影城的小伙伴,我能提供的最好的建议就是,进门先去买一件这样的衣服,它会让你带有“聚光灯”式的快乐。

穿上它,然后准备成为整个园区的“VIP”吧!

(三)“小丑”叔叔

那年来到广州是去参加马拉松的,却也为了那儿盛名已久的“广州长隆乐园”单独排出了一天的时间前去游玩。

这是我第一次一个人逛游乐园,听说那儿的过山车都很不错,虽说没人陪同,却也想着去体验一番。

本是工作日的乐园由于几个学校的秋游变得熙熙攘攘,好不热闹。排了好久的队才玩了两个过山车的我找了个地方歇歇脚,一群初中生模样的学生就坐在旁边。

看样子他们并没有带多少吃的东西,在这个饭点已经饿得饥肠辘辘。有个高个子的男生就提议大家把零花钱集起来看看有多少,去买一些食物一起吃。

大家同意后,就派了最胖的那个同学前去购买。不久后,只见小胖拿着三四样小吃边吃边走了回来。

三四个小伙伴立马冲了上去,开玩笑似的把小胖“修理”了一番:“哎哟,一个人吃独食啊,看我的‘捏脸杀’!”

小胖也毫不示弱:“脸归脸捏,别把吃的东西弄坏了。”说着,把手上的几样小吃交给了身边那个乐园的吉祥物——一个踩着高跷的“小丑叔叔”。

只见那个“小丑”莫名地接过食物,一脸茫然。小胖则“无牵无挂”地发起了他的绝招:“刚刚谁捏我脸,看我的‘无敌龙卷风’!”说着就朝那个同学奔过去,抱着他闹成一团。

小伙伴们就这样嘻嘻哈哈地“打”了许久,我在旁边也看得饶有趣味,毕竟是初中小男生,也是蛮符合他们年龄的那种天真无邪。

当我回头看了看那个“小丑叔叔”,便更是忍俊不禁,只见他双脚踩着很高的高跷,双手拿着小胖给他的食物,嘴里还有一个逗孩子用的气球。那所有的动作就这么把他牢牢地“封印”在了原地,没有办法做出任何动作,只能一脸苦笑地等小胖他们闹完。

过了一会儿，那群初中生才想起来得要回他们的食物，而这时，“小丑叔叔”发威了，他把食物高高举过头顶，对着那群孩子做着各种嬉皮笑脸的表情，任凭那群小孩怎么跳都够不着。更让我感动的是，那个高个子的小男生还在一旁不停地提醒：“小心点，别踢到叔叔的高跷，危险。”

我起身离开，一边走，一边却还是忍不住回头看向那里：一个踩着高跷的“小丑”和一群天真善良的孩子仍在嬉笑着，就在这乐园的一隅，是我看到的最快乐的画面。

（四）“养生”哲学

和老郁一家去往无锡的融创乐园，同行的还有他们刚上小学的可爱女儿。

老郁平时看上去一副风风火火的样子，一到游乐园就直接“开怂”，快的不敢坐、高的不敢坐、但凡有一点点旋转的，还是不敢坐……在他的承受范围内，只有那些类似“养生小蜜蜂”和“养生咖啡杯”的项目，不高不快，四平八稳。

但造化弄人，他的女儿却是一副天不怕地不怕的样子，不管什么项目，只要是身高符合的都敢坐，而且是不带丝毫胆怯，勇往直前的那种。

所以在那天的游玩里，过山车、海盗船、大摆锤和跳楼机，都是我陪同着他的女儿一同乘坐。小姑娘也不怕生，在游乐园里只要是喜欢的项目，总会拉着我的手飞奔而去。起初她还会劝一下他的爸爸一起，但看到老郁瞅着那项目高高低低、来来回回时不停抽筋的表情，小姑娘也体谅地放过了她的父亲。

的确，这是我见过最勇敢的女孩子，在那个极高的跳楼机的游戏结束之后，刚回到地面的我还在平复，她就直冲过来兴奋地抱着我：“这个太好玩了，太好玩了！你刚刚有没有感受到那‘咻’的一声，真有意思！我们让爸爸再等一会儿，换个方向再玩一次好不好？”看着她兴奋的表情，就凭着几个游乐项目，让我感到仿佛我们已经认识了很久一般……

“好！让他等着，我们再来一次！”

那天的游玩到了很晚才结束，遗憾的是，由于时间关系，我们错过了一个最精彩的项目没来得及玩。老郁和我们说：“去游乐场玩要记得，可以尽兴，但不要太尽兴,总得留些遗憾才最好。人生也是一样……”

嘿,坐过“养生小蜜蜂”的人就是哲学!

(五)迪士尼的“公主梦”

在办年卡前,曾带着老妈去过一次上海迪士尼。

入园前,我和妻子买了一个米奇的帽子想给老妈戴上,她一脸嫌弃地说不要,一把年纪了,这也太没正形了。

进入迪士尼后,一切的氛围都变得不同,那里之所以充满魅力,是因为每一个在园内的人都似乎进入了另一个世界,在这个世界里面,没有身份、没有年龄、没有芥蒂,大家都共同享受着和童话有关的美好与浪漫。这是只属于迪士尼的浪漫。

大概受到园内氛围的渲染,老母亲也开始渐渐活跃起来,原本那排斥的米奇帽子,也在一次人偶互动后很自然地戴到头上。

妻子开心地和老妈拍着一张又一张合照,在米奇的陪衬下,所有的照片都变得如此的可爱。

平时买东西始终先看划不划算的老妈,在那之后开始鲜有的,不计成本的“大出血”:这个米奇的雪糕可爱,买!这个橙色的棉花糖好看,买!这个烤香肠真香,买!难得可以看到她在花 40 块钱买一根香肠的时候,居然可以如此心甘情愿,且笑得这么开心。

晚上的烟花灯光秀,老妈目不转睛地盯着看,时不时地发出“真美”的感叹。那表情和眼神,和身边那个 10 岁的小女孩,几乎一模一样。

那时候我渐渐明白,迪士尼是可以圆梦的,它可以让一个 10 岁的女孩幻想着公主的模样,也可以瞬间击中花甲老人梦的心房……

谁又不曾想过做一个公主呢?

回去的路上,地铁人满为患,在起初的几站,人们还是沉浸在这欢乐的气氛中,身边的人也都大多谈论着各种各样的项目和分享着今天最棒的感受。

地铁始终行进着,人也开始越来越少。这时,一个刚刚还很兴奋地在分享的女生,不自觉地拿下了头上史迪奇的帽子并捏在手上,一副怅然若失的样

迪士尼的“公主梦”

子。同伴问她:“怎么了?”

女孩说:“有人上来了,总感觉戴着它不好意思,很奇怪的感觉。”

是啊,当乐园里的人群散了,我们又不得不回到世俗之中,梦在这时,也就醒了……

身边的老妈也开始算账,说道今天吃吃喝喝花了不少钱,来一次成本也挺高的种种感慨……

梦醒了,就都又回来了。

但不管怎么样都始终能记得,在乐园内的我们都处在如此梦幻的梦境之中,这样的梦,美好且纯粹,这也就是为何我们刚才会如此快乐的原因。

我喜欢游乐场里种种的人和事,它告诉你,每个人都有能力去享受快乐、体会美好,每个人也都能迅速感受到对方的热情和温度……

生活很累,但也别失去了做梦的能力,愿我们所有人,都和童话里的故事一样,特别好。

分享阅读:

《小王子》 圣埃克苏佩里 天津人民出版社

看,前方就只剩 100 公里了

直到之后的几年,好多准备接触跑步的朋友总爱问我一个问题:怎么才能加入跑团,和一群人一起奔跑?我的答案永远都是:首先,你得自己先跑起来。跑得久了,不用刻意去找跑团,那些人自然能找得到你。

而任何领域的精进都是如此,刘同在《向着光亮那方》里说道:那些志同道合的伙伴从来都不是努力就能得来的,而始终是在各自奔跑的路上遇见的……

是这样的。

和 600 跑团的那一众人相识,就是个很偶然的缘分。

刚刚接触跑步时的热情是高涨的,每一次的训练都会在微博打卡,用来记录自己每一天的计划。两年后的某一天,微博里的一名陌生网友就在某一条打卡记录下留言道:“看你一直都在跑,要不来加入我们跑团?这周六晚上 6 点半,世纪公园 7 号门,不见不散。”

这是 600 跑团的元老之一——特特发来的邀请。而就是因为这么一次机缘巧合,我正式加入了这么一个由众多“神经病”组成的跑步团体。

那天的世纪公园是热闹的,一直独自奔跑着的我第一次在有组织、有后援的氛围下进行训练。一群刚认识的跑友们,只是沟通了寥寥数语后,就都能找到各自的共同点——跑步的目的、曾经参加过的比赛、接下来的计划……有了这些谈资,从相识到熟悉的沟通也就变得十分迅速和融洽。

熟悉了一段时间之后,我曾经问到我们跑团名称的由来:“600 跑团,这

‘600’究竟指的是什么？是一个特殊数字下的美好寓意，还是有着独特故事的别样回忆？”

而那些资深的团友们，却拿出了一张只有上海人才懂的图片——宛平南路600号的门牌照片（上海精神卫生中心）。他们说，这个团里的人，多多少少，都有那么些不正常。

……

对于这样的评价我倒是不以为然，因为在旁人的眼里，我也着实没有正常到哪里去。但真正融入了这个团体后，我才真正意识到，什么才叫做真正的“不正常”……

那次约跑让我印象最深刻的，是拖家带口来到现场的一位跑友，他穿着2014年“上马”的参赛服，领着自己的老婆和女儿，笑容甜蜜地让我帮他们拍张合照。而这个在镜头里笑得跟朵花儿似的男人，就是在这个团队里，最不正常的一位。

（一）小麦的“名言”

小麦，一个年近四十，把马拉松的42公里当日常训练，动不动就要跑个100公里的超级“神经病”。在八年前，却也是个和我当初一样的“200斤+”的胖子。

心理学上说，相似的人总能产生“好感”，对于这个从200多斤开始，因为减肥而跑步，却在一开始也只能跑500米就挂了的男人，我可以在他的身上找到很多我当初的影子。

记得，2016年的时候，我始终在为全马成绩破不了4小时而犯愁，当别人都在给你的训练内容提意见的时候，小麦却只是轻描淡写了一句：“想破4？先把烟戒了。”

是的，把烟戒了，小麦就是一个能为了跑步的成绩，在短时间内戒掉了长达十几年烟龄和酒龄的人。

长跑，不就是一项在和自己的精神做对抗的项目吗？而如果连抽烟喝酒都克服不了的内心，又怎能去真切地感知这个项目所带来的那种源于自律的享受？

听小麦的话，戒烟！令人惊喜的是，烟龄也有将近十年的我，居然也就一次成功。那种源于强烈驱使感下的行为，远比常人来得容易得多。

小麦幸福的一家

但小麦的进步速度从那个时候开始，就一发不可收拾。

从 2013 年首马的 4 小时 36 分，到现在的 PB2 小时 51 分，小麦从一个和我一样业余的跑者，当我们还在维持跑量，缓慢进步的时候，他就这样，以不可思议的速度晋升到了“大神”的行列。

每月 400 + 公里的跑量，每次极高质量的训练，让他在这些年中的蜕变有迹可循。更难得的是，家中有着一儿一女的他，是一个极为负责和充满爱的爸爸，每周末会把大量的时间留给孩子，而这样，就使得每一次的训练必须得见缝插针。天不亮就起床，在儿女起床前就训练完毕成为了他的日常作息。

“我会有一百种方法去找时间训练，却不会找任何一个借口去跑休。”“今天不想跑，所以才要去跑。”这就是小麦的训练哲学。

我们在训练中最怕的就是雨天和雾霾，这种突如其来的变化总会在瞬间破坏我们的计划。当某次赛前的训练计划进行到关键的时候，一连好几天的下雨让训练不得不中止。那时的我还顺理成章地有着“只要是下雨，即使想跑也不能去跑”的初级心理。而小麦则又是顺手甩过来一件防暴雨级冲锋衣的链接：“要知道，雨刷，是个好习惯。”

是的，雨刷是个好习惯。这又是一句他对我说的“名言”。他就是这么一个从不给自己找任何借口的跑者。

自此以后，只要不是大暴雨，下雨的天气就永远不会对我的计划造成任何阻碍。而雾霾天的训练，时刻盯着空气质量的指数观察，一旦下降到可接受范围，立马出门，毫不懈怠。

“常人没有什么天赋可言，好好训练就是好成绩的关键。”

爱上跑步有一万种理由——为减肥、为疏解、为风景、为那终点的荣耀……但对于现在的小麦来说，理由只剩一个——他能跑得更快！

（二）一群人的“狂欢”

当得知跑团里的小麦第一次跑完100公里的时候，家中的老妈就坐不住了：“你跑步就好好跑步，学谁都好，就别学那个跑100公里的神经病。”老妈还是高估我了，这100公里，也不是想学，就能学得了的……

在大多数人眼里，一次性跑完100公里——这是一件非常扯淡和不靠谱的事情，没跑完是正常，跑完了别人第一反应也是“真有病”。而这样的“病”，小麦一发就是6年……

一年一度的“小麦100”

从2014年开始，每年夏天的某个晚上，小麦和他的朋友们都会在世纪公园聚集，进行着一个名为“小麦100”的百公里夜晚。

这是一个由他自发组织的活动，从赛前的报名到赛中的补给，从每个参与者纪念奖牌的制作到活动后的“颁奖”仪式，小麦和他的家人每年都做着最充分的准备。开跑前，你会看到他的妻子带着一大一小两个孩子，在一个空旷的地方摆满着带有所有参与跑友们名字的定制奖牌，和每一个前来活动的人热情地打着招呼。

这些年来，在跑步中结识他的好友都会在那一天前来为他陪跑，从晚上7点跑到第二天清晨7点，我们这一大群人围着世纪公园，不限配速，不限距离，你想陪他跑多少，就跑多少……

“兄弟们看，前方就只剩100公里了！”这是小麦在起点用来鼓励大家的话语。嗯，好，100公里，20圈……而我在八月的酷暑中，每次也只能陪他完成五六圈而已。

但“疯子”身边总会有着另一群“疯子”，去年的“小麦100”中，当他进入到第20圈时，突然转身逆时针进行最后一圈，这最后的5公里中，他会一个个地看到，经历了这十几个小时，还有谁在坚持继续陪他跑完。

迎面遇到的每一个人都与其击掌，那每一张经历了十几个小时不停奔跑的脸庞上虽然尽显疲惫，但每个人的眼中都充满坚定的力量，去做最后的“冲刺”。

跑完100公里很难吗？

不跑步的人会认为这是一种神经病。

跑步的人会认为这是一项巨大的挑战。

而小麦说：“还好咯，也就是两个全马加一个16公里的排酸跑而已。”

一个白眼瞟过去，呵呵，牛掰的人，就是可以这么“嚣张”。

100公里，也就是我家到浦东机场打个来回而已……

虽然现在的我是完全不能体会跑完100公里是什么样的感觉，但我能从他们完赛的神情和动作上体会到他们突破极限的快感和幸福。

已经举办了6年的“小麦100”仍然在延续，而在之后的某一年，我希望在清晨7点的世纪公园7号门的门口，也能有我这个疲惫且幸福的身影……

没错，我就是这么一个不怎么喜欢听妈妈话的孩子。

(三) 圆梦“UTMB”

UTMB：环勃朗峰越野跑(The Ultra-Trail du Mont-Blanc)是在阿尔卑斯山区举行的每年一度的山地越野赛事,赛事的赛道横跨欧洲三国(法国、意大利、瑞士),全程约 168 公里,绕勃朗峰一周,累计爬升约 9400 米,被认为是欧洲最难的越野跑赛事之一。

圆梦“UTMB”

以下来自小麦自述：

2017 UTMB 大派对在昨晚跑者庆功晚宴后正式落下帷幕,整个霞慕尼小镇仿佛瞬间恢复了平日的慢节奏。而在这座无数越野爱好者都向往亲身体验的起终点拱门拆除前,我带着儿子兜兜合了个影并一起承诺了咱俩 30 年后的约定。

此次旅行我和老婆筹备了将近一年，从老婆整理所有签证材料，反复修改完善这15天欧洲三国游行程，我幻想着带着全家在UTMB拱门前开跑，并用粗糙的PS技术P了全家在拱门前奔跑的合影。到最后经历了38小时49分钟，将PS图变成了真实的画面。这一刻，我想在自己最清醒的时候，记录下这段珍贵的感觉。

霞慕尼是越野的圣地。只有在这个小镇，你从头到脚一身世界名牌，也没人会多看你半眼；但你身着一身越野装备，回头率一定相当之高。擦肩而过的同时，当地居民会微笑的和你“Bonjour!”文化决定民风，爱运动的人群在这里备受尊重。

整场UTMB我用时38小时49分钟，总共16个CP(打卡点)，以下几点记住，完赛妥妥的！

1. 按照自己的实力和状态，做好赛前每个CP的计划表；UTMB关门时间46.5小时，U8库马约尔80K前关门时间非常紧张，少拍照片，进出CP点都看一下时间，尽可能在压配速保证状态的情况下，最大限度地争取时间优势。

2. 库马约尔是唯一的换装点，也就是说前80K基本都是夜路，一般选手都会经历两个晚上熬战，如何分配体力和保护肠胃是关键。

体力：UTMB路线基本海拔1500，最高会上至2700左右，随时随地根据气温变化和自己经验及时调整装备，等到你觉得冷，就可能已经失温了。

肠胃：当过了10几个小时，肠胃不好就会发生呕吐，除了那种人人羡慕的铁胃外，每个人可能都会遇到呕吐、反胃，从而吃不下东西，然后整个人糖原耗尽，连路也走不动，这就尴尬的离退赛不远了。

(UTMB的补给基本全西式，热的只有热芝士汤和咖啡，国人可能吃不惯；我这次所有补给站只吃四样：热茶加糖、西瓜、香蕉、蛋糕。吃自己熟悉的补给，吃得慢，路上再带一点。)

所有补给站的水都是冰冷的山泉，很干净，但是很多肠胃不舒服的症状就是喝冰水引起的，我有一个小技巧，含水半分钟后慢慢下咽，冰水就变温水了！

总之，能吃就能跑，这是长距离的命门，肠胃一旦罢工，一切就会变得力不从心，身不由己！如果吐了，想办法喝点糖水，吃点面包之类松软的补给，调好闹钟，睡 15—20 分钟，醒来会好一点，千万不要硬撑。

3. 登山杖的使用，对我一个百公里都不习惯用杖的人，此次用的是单杖，主要是为了上坡节省体力，下坡基本不用；UTMB 整个赛道非常亲民，没有超大难度的大爬升和陡坡下降，90%以上的选手用的都是双杖，这个还是得看个人习惯。要提醒的是，库马约尔不能寄存杖，要么开始就用杖，要么就当徒手党。

而对于冲线时的仪式感我就不多说了，大家心里都有自己设计的场景和画面，尽情享受那神圣的一刻！

38 小时 49 分完赛，回顾之前的 42.5 小时预计完赛计划，基本按部就班地完成了，在 UTMB 组别中国选手中排名第 12 位（男子第 10 名），毫无遗憾。

其实完赛 UTMB 只是参加了一场氛围最好的世界顶级越野赛，这仅仅是我四年前梦里的一个小段落，而真正的梦是第一次带着全家玩转欧洲三国，我们四人拥有了这 15 天共处的美好时光！

对儿女来说，彼此相互理解，互帮互助，边玩儿边学做人的道理。

对我和我的妻子来说，懂得珍惜，懂得感恩，对彼此永远有着那颗初恋般的心，相比我们这条没有尽头的爱情之路，UTMB 这 168 公里实在是太短了……

最后抱着儿子兜兜以配速 500 冲线，女儿呜呜帮我拿着登山杖一起冲线，老婆在边上拍冲线视频，这 20 秒，我到底在想什么呢？

我在想的是 30 年后的那个梦……

我和兜兜的约定，37 岁的兜兜拉着 67 岁我的手，呜呜和老婆在 2047 年 UTMB 拱门下，等着我俩再次冲线！

这就是小麦，一个对家庭充满着爱与责任，又能对自己的梦想百分百负责的男人。

在这一个版块的最后一章节中，我用小麦的故事激励自己和大家，我们在真正努力之前，永远不知道自己可以把一件事做到什么程度。对于自己真正喜好的事，我们又究竟可以多专注，从而去把这件事做到极致。

爸爸，明天我在这儿等你

我希望，我们都能找到自己愿意投入的方向，根底扎实地去培育、去精进，以至于我们站在那个地方，自信微笑地抬头望去：

“你们看，前面也只不过剩下 100 公里而已”……

五、关于现实与理想

——好好生活，向着光亮那方

让偶像的光,成为生命的亮

(一)

记得有一年9月“开学第一课”的节目里,电视台在活动的过程中请来了一些有着高流量的“小鲜肉”参与其中,他们带着精致的妆容在舞台上唱着、跳着,也倒是热闹。

但节目一经播出,微博和朋友圈等网络平台就都“炸”了,那些攻击和谩骂不绝于耳,尤其是那些有了孩子的家长,更是群情激奋,他们忍受不了一个个在舞台上的男孩子,竟然有着他们看来非常“娘”的妆容和气质,觉得这样的价值引导会让孩子的审美产生偏差。

于是那些人晒出了一些极度具有“阳刚”气息的男性明星用来对比,仿佛以此来证明这就是正确的男性审美。

不得不说,整个事件里充满着对孩子的关爱,只要是觉得能影响到孩子的信息,人们就会极为敏感。

可那些现在的“大人”们哪,是否还记得在我们年少的时候,曾经追过的那些偶像。男生们喜欢柔情似水的梁咏琪、楚楚动人的蔡依林、古灵精怪的邱淑贞……女生们喜欢典雅忧郁的周渝民、才高八斗的周杰伦、青春无限的林志颖……

在那个时候,我们喜欢的明星和偶像都不一样,每个人都有各自的特点,也都有各种喜欢他(她)的理由。我们有的爱他(她)的歌,有的爱他(她)的剧,也有的一开始也仅仅是爱他(她)的脸……这在我们的青春时代,是再正常不过的了。

记得读高中的时候，台湾偶像剧《流星花园》盛行校园，里面的四个主角用现在的主流审美来看，也是诸多诟病。四个男生长发飘飘，有的霸道、有的深沉、有的鬼魅、有的典雅……

但是那时候的我们似乎没有考虑那么多，班级里的众多女生和少部分的男生立马分成了几个派别，选择自己的喜好而站队。

而在那个时候，我们也不喜欢家长对我们的偶像选择加以干涉，我听谁的专辑，看谁的新剧，又或者是买谁的海报，那仅仅是我在那个年龄段的选择和审美，没有人可以去改变我的感觉。

但奇怪的是，当我们长大后，成为了一个个有独立判断能力的成人，在更为多元化的这个世界里，我们却选择用自己的审美去抵挡一些我们并不认同的东西。

而现在，对于“美”的理解，我们又是否可以更为多元化一些。我们允许女生不仅可以柔美，更可以飒爽，我们又为何不能理解男生既可以阳刚，也能够精致？

而对于“娘”的判断，我有点不太清楚，究竟什么才是当下“大丈夫”的标准？是一身肌肉、满脸阳刚的外表，还是那些植根于内心的修养、知识以及责任感……外在的和内在的，究竟什么是我们更为看重的呢？我们开始从“以貌取人”变成“以貌怼人”，这是一件非常令人遗憾的事情。

对于偶像的选择，我们每个人在每个年龄段都可以有自己的判断和倾向，我们并不能单一地去判断哪个是更好的选择，但我们至少可以保持谦和与理解，不去肆意攻击，不去恶意辱骂，认同这个多元化的时代，也认同这个年龄段下他们的喜好。

我们要相信时间的力量，偶像是会变的，就像当初的 F4，如今也大多变成更有魅力的模样；但即使他们不会变，也要相信，孩子们是会变的，随着年龄和阅历的增长，他们，会做出在这个当下，最好的选择。

(二)

小 H 是一个狂热的追星份子,在她的朋友圈内,一直晒出一些我完全不认识的偶像团体,并始终配以为其加油的口号。

上次和小 H 聊天时,我和她提到这个话题:“你们初中女孩子现在都很喜欢这些人吗?这些都是谁呀?”

小 H 两眼放光地和我讲起了这些明星的“发家史”,那一场场的选秀,那一首首的歌名,对我来说完全陌生,没有过任何了解和接触。

我耐心地听完,并且跟着她的手机看了好多他们的照片和视频——一群长得十分精致的小男生,是一个以唱跳为主的团体,虽然我完全分不清楚他们谁是谁,唯一能分辨的就只有头发的颜色。

但看到小 H 如此兴奋的神情,也多少能够知道她对他们喜爱的程度,或许并不亚于我当年班级那群女生喜欢 F4 的样子。

临走前,小 H 突然想起一件重要的事,只见她赶忙掏出手机,把那张偶像的壁纸换成了普通的风景照。

我有些哭笑不得:“你这是怕自己相思成灾吗?”

小 H 无奈地回答:“唉,不能回家让我那个不追星的妈妈看到,不然又要有连珠炮式的数落了。”

原来小 H 的妈妈是强烈反对学生有那所谓的偶像的,她自己本身也从来不是一个追星的人,她完全不理解那些个明星到底有哪些值得追随的地方,而他们的出现和存在,一定会影响孩子的学习。小 H 说到这儿,显得有些难过和落寞。

我想我是能够理解她的感受的,我们身边也有一些不追星的人,他们整天忙于做自己的正事,并没有闲暇的时间去关注娱乐和八卦,并为此感到非常骄傲。

这让我想到了两年前,我们在少代会的辩论赛上,有一个辩题叫做:学生追星到底是利大于弊,还是弊大于利。

反方战队的立场或许和这位妈妈高度相似,他们提出,追星的行为从某种意义上来说，就是始终追随着他人的光芒而生活，随着追星热情的愈演愈烈，他们会把自己的感情完完全全地建立在一个离自己十分遥远的人身上，如此虚无缥缈，且不堪一击。这样的人，是没有思考的人；这样的人，是一个在自己现实的生活中不善交际，只停留在虚幻里的人。所以倡导不能做这样的人。

我们似乎可以感受得到，生活中不追星的人，对“娱乐”不感兴趣，或者说不把大量时间投注到“娱乐”这件事上的人，大概率来说，他们的生活是充盈的，有着明确的生活目标和方向，也有着一些足够让他们去投注时间和精力的事情，从而让他们的生活充满能量。

我记得有一位反方同学用自己生活实例这么说道：

我每天早上从起床到睡觉，有太多有意义的事情要去做，学业如此充盈、爱好又如此饱满，在每天清醒着的时间里，语文、数学、英语、练琴、跳舞……这些事情会花去我很多的时间。

而剩下的那些时间，我更愿意和爱我的父母说一些今天的趣事，和助我的老师聊一下自己的困惑，和懂我的朋友分享一些最近的心得。我真的没有时间，也没有精力和兴趣，去把时间浪费在一个我根本不认识的人的身上。

而那些始终花时间在追着星的同学们，你们花时间在研究偶像的喜好、花钱财去购买偶像的周边、花精力去追寻偶像的行踪……那是因为你们该做的事都没有做，该爱的人又没有爱，你们完全活在别人的世界里而已。

这是一段很强的辩词，但也从中可以看出，在反对追星的人群中，他们会觉得追星是一件在他们的生活轨迹里完全不可理解的事。与其说他们是在反对追星，不如说他们是觉得自己的生活质量优于常人，并且不理解那些和自己不一样的生活模式。

但正方的结辩却给我留下了很深刻的印象，他说：

你们有没有仔细观察过我们追星同学每天的状态，如果你有仔细了解过我们，你会发现在我们谈到自己偶像的时候，那种情不自禁的喜悦完全藏不住，你们可以从我们的脸上看到那种溢于言表的快乐。我们会为偶像的成功而骄傲，会为他们的失败而懊恼，也会为他们演唱会的举办而翘首以待，从而给予生活更多的期望和等待。

谁说情感一定是在身边的才最美好，情感是用来让身心感到愉悦的。

父母、老师、朋友的情感自然可以让我们感受到幸福，但谁又能否认偶像给予我们的快乐不是真实的呢？毕竟，我们真真切切感受到了由他们所给予的生活的希冀。情感可以是真实客观存在的，自然也可以是虚幻主观感受的，只要能给我们带来幸福的情感，就都是值得我们去追寻的。

全场鼓掌，正方获胜。

当然辩题的持方并没有对错之分，我们只是在这个问题的角度上获得了一些新的理解。

这两个持方，或者生活中的两组人有一个最核心的区别在于：追星的人往往不会去指责不追星的人；但不追星的人却会有着各种各样的理由去攻击或质疑那些追星的人。这就在某种程度上形成了一种“不同理”的境况。

追不追星都是一个正常的“持方”，这两者分别有不同的生活模式和追求，这本身就没有什么好对立的。

如果你是一个不追星的人，你对生活充满着规划和方向，把每天的时间排得满满当当，你只凭你内心的力量就足够让你的人生产生充盈的感觉，这是你的骄傲没问题，我也同样为你感到高兴，因为这是一个不易得，也很了不起的状态。

但我们是否也要有一点点的“同理”和反思，你能做到这些并且保持骄傲，难道是因为这件事情很容易做得到吗？显然不是，你也很清楚地知道，你之所以会如此骄傲，那是因为这件事情本身就是一件难以做到的事情，所以才会有它的价值所在。正是因为难以做到，你是否也能理解那些芸芸众生在还没有做到的时候，这个过程中的空白，又要用什么将其弥补？

还曾记得网络上那一个个使人动容的小故事吗？

那患病的小男孩从小就是一家球会的球迷，在他生病期间可以支撑着他继续活下去的理由之一，就是他喜欢这支球队的队长，以及这支球队曾经带给过他所有的力量和信仰。

在他病重且无法医治后，他的父母为他联络上了这支球队和他们的队长，而球队也破例让这个小男孩加入他们，成为他们的正式球员，哪怕仅仅只有一天。

那是场正式比赛，小男孩穿上球队的队服，这可不是一件球迷版的球衣，这是一件有着号码和名字的正式球衣，他昂着头，骄傲的和队友们一起作为首发进入场地。

哨响的那一刹那，队长把球传给他，只见他一路奔进对方的半场，而对方所有的队员也配合着稍作“反抗”就败下阵来……小男孩带球突进，进入禁区，拔脚怒射，应声入网，他为他们的球队先拔头筹。

进球后队友们疯狂地跑来欢呼庆祝，队长更是第一个把小男孩举过头顶，让他接受在场所有观众山呼海啸般的欢腾。而小男孩也把双手举过头顶，尽情享受这梦一般的时刻。

不久后，他就病重离世，但男孩的父母说，最后的那段时间他是快乐的，这样的快乐陪伴着他走过最后的时光，这样的快乐也是生命里最后的微光。

不是所有人都能有幸充盈自己的生活，大多数人在生活的空白期，有些会选择放纵、有些会选择无视、那还有一些，自然就会选择暂时用别人的光芒来充盈自己内心的向往，成为自己生活的光亮，从而支撑着让自己继续前行。而这件事情，我们，要保持更多的宽容和理解。

而那场辩论的正方虽然赢了，但追星的持方又有没有要去反思和精进的地方呢？

（三）

乐嘉在《本色》这本书上对于偶像情结的定义和分类是值得让人参考的。他说偶像情结大致可分为三类：

1. 意淫对象
2. 精神支柱
3. 强者崇拜

而我们在生活中追星的可取程度也是自下而上。

大多数人不能够理解和认同的追星是第一种，叫做意淫对象。你把偶像只当做一个躯壳式的外在，用来满足自己所有内心的幻想，这是追星中的下下级，虽然生活中不少见，却没有可取之处。

第二种是精神支柱，这样的追星是有理由的，或许是因为一首歌、一部戏；或者是因为一本书、一段话；又或者是他偶然间的一个行为正好触及了你的灵魂，从而成为你生活中的参考和标准。

这样的追星往往是缺少精神力量的，生活中暂时的空洞，生命中暂时的缺失，都会让你的心灵急需一个港湾可以临时地倚靠。

这样的追星，可以理解，但是缺乏更为向上的目标。

第三种是强者崇拜，那个人做到了我们做不到的事，成为了我们想成为，但暂时成为不了的人，实现了我们一直想实现，却没有实现了的梦想。这样的人，往往更有可能成为我们的偶像。

这样的偶像是可以追寻的，在他们身上有你想要的目标和方向，你不一定要和他们一样，但是你却可以在他们身上感知到更多的力量，从而慢慢地，让自己朝着既定的目标，不断向上。

在跑圈，我们都有一个偶像叫做陈盆滨，一个乡县渔民出生，却凭借着自己的毅力成为全世界第一个完成“七大洲极限马拉松大满贯”的中国人，也成为历史上首位获得国际性极限马拉松比赛冠军的中国人。

他的事迹会让绝大多数人感到咋舌，极限马拉松过程的艰辛不是常人所能想象的，连续跑几百公里，几天不合眼的那种煎熬也是我们此生不会去尝试的。而在几年前，他完成了连续100天跑100个全程马拉松的疯狂举动，更是一种只有他能去挑战和完成的“疯子”行径。

但他之所以会成为我们跑圈的偶像，是因为他在极限环境中的那种超强的意志力。当身体和精神达到极限的时候，是怎么通过意志去克服，不正是我们所有马拉松爱好者每人都有，却始终在精进的品质吗？

我们不一定要和他有相似的成就，但他身上的某一个点，就足够让我们追寻，成为我们前进的标杆。

我还有一个偶像叫熊浩，复旦大学法学院副教授，我有好多观念都是受到熊老师的启发。

初识熊浩老师是在《我是演说家》的舞台，我难以想象，一个可以把语言文字的美感体现到极致的演说者，在舞台上的呈现居然会是如此美妙。

我开始留心他的每篇演讲，那华丽的辞藻、那磁性的声音、那极富表现力的语调以及那极具内涵的观点，都让我对眼前的这个男人产生无尽的好感。

深入了解他，是通过各种辩论比赛，那极度浪漫主义气息的结辩简直让人神往。一个观点的论证居然可以用这样的方式进行表达，将“美感”和“学术”融入得如此绝妙，不是一个常人所能为。

而自从接触到他的研究领域，无论是谈判还是沟通，他的理论的的确确启发了我很多，也让我在工作和生活方面都有着十足的长进。

追寻着偶像的光，它的最大意义是在于：这样的光，照亮在你的身上，会化作你的营养，从而让你变得更强。

追星的过程中我们要及时觉察自己的状态，追星不是一个静态的存在，而是一种动态的成长。

追星的价值更在于那个作为强者崇拜的偶像，有没有一股力量可以让你和他同步成长，让你在光亮中获取自己的力量。

不要仅仅作为一个追随者，让偶像的光，成为生命的亮，从而让你自己的人生拥有更为璀璨的光芒。

分享观影：

《五月天追梦》

用德行滋润，用信仰引导

（一）

子曰："道之以政，齐之以刑，民免而无耻。道之以德，齐之以礼，有耻且格。"（《论语·为政》）

原文的意思是：以政令来教导，以刑罚来管束的话，百姓为了免于罪过不知道羞耻。以德行来教化，以礼制来约束的话，百姓才知道羞耻并且能走上正途。

孔子是说，有两种方法可以对老百姓进行教育：一是政令和刑罚，二是德行和礼制。

我们通常会认为有严格政令和刑罚的国家会是一个让老百姓都守规矩的国家，这样的国家会是安定的，平稳的。但孔子不这么认为，如果只依靠政令和刑罚的话，老百姓在处事中更多想的会是免予责罚。而文明发展到现在，在我们的律典中也仍然有许多有待于改善的地方，更何况在遥远的春秋时期。这样久而久之的话，会让老百姓为了躲避刑罚而失去羞耻之心。

而我们在生活中最害怕的其实就是遇到没有羞耻心的人，即使有着法律的约束，也没有办法很好地去修正他善恶对错的概念。

所以孔子觉得要用德行和礼制来治国。孔子认为，人的根源都有一种向善的愿望，你有着善行，我就会跟着你走，行善的时候内心也有着真正的快乐。

政令和刑罚是从外在来约束人的行为，而德行和礼制才是从正面去引导人的行为，而后者才会让百姓区分善恶是非，懂得羞耻之心，从而走上人生的正途。

生活中的我们不会说一个没有犯法的人就是一个有德行的好人，但是，但凡是一个有德行的好人，政令和刑罚对其来说也只是一个不需太过在意也不会触及的底线。

人，一旦有了德行，有了敬畏心，方能主动恪守言行，所谓诸恶莫作，众善奉行。

而信仰更是一种很强大的力量，而这种信仰不仅仅只是表面的朝拜，更多的来自于那种精神力对自我行为的约束。

（二）

三年前的一部非常有名的电影叫做《血战钢锯岭》，其中的主人公道斯，因为从小信奉基督教，坚信《圣经》十诫中的第六诫：所有的杀戮都是错的。在道斯看来，不管是在什么情境下，武器都是暴力的产物，枪更是一件邪恶的物品，而他绝不会沾染如此邪恶的武器。即使在战场上，他也不愿意举枪杀死任何一个人，哪怕对敌人也是一样。

正是因为他坚持自己的信仰和做法，在部队中他被任命为军医的角色。战场上的救治和我们想象的或许有所不同，军医会优先考虑那些轻伤患者，以保证我治疗了他们之后，仍保有可持续的战斗力。而重伤患者，更多的是各安天命。

但道斯不一样，他秉持着救一个是一个的想法，在钢锯岭一战中，道斯以一己之力，将 75 名战友运送至安全之地。

二战后的美国有 431 人获得了荣誉勋章，这是一种代表着至高荣誉的勋章，它意味着你是一个极度勇敢和无畏的军人。而在 1600 万参战的士兵中，能获得此项荣誉也是极为荣耀。而道斯就是其中一位，并且是唯一一名未曾杀过一人而获得战争荣誉勋章的军人。

影片会带给人们很多的震撼，在这诸多震撼中，一定会有一种名叫做信仰的东西深深地触动着你，而这等信仰的力量，它会告诉你什么该做，什么，绝不该做。

两年前的另一部电影《萝莉与她的猴神大叔》也给了我同样的感触。当主角大叔承诺带着小女孩回故乡，而不得不“偷渡”被抓，指挥官得知他们的故事后心生怜悯，有心放行，却因为自己职责在身，不得不让他撒个谎，偷偷摸摸地混过去就好。

而我们的大叔情愿冒着被射杀的风险，不愿撒谎，不愿偷偷摸摸地苟且，硬是要得到边境指挥官的同意才愿离开。他说这是他所信奉的宗教给予他的信仰——不能说谎，无论在什么情况下，都不能通过谎言来达到目的。

最终他的确坚守着这个信条，完成了自己的使命，虽然过程异常困难，虽然在旁人看来，他只要稍加变通，这本可以不那么艰辛……

这些人，民族不同，信仰不同，唯一相同的是那信仰所给他们带来的精神力，因为有敬畏，从而信因果，方能恪守着他们的准则，诸恶莫作，众善奉行。

（三）

知其理，何其义？如果电影中的场景离我们太过遥远的话，我们回到真实的生活情境中来。

记得有一集《樱桃小丸子》的片名叫做《与人方便，与己方便》，讲的是下雨天小丸子给家人送伞的路上，看到一个陌生人淋着雨很落魄的样子，不忍心地送给陌生人一把伞。而这把伞兜兜转转经过三四个人手中，最后由他的同学藤木，冒雨护送着她忘带雨伞的奶奶回家。

故事中的每个人都是温暖纯良的，而小丸子也明白，自己的善意是能够被传递的，这何尝不是我们所谓“因果”的一种体现呢？

你哪知道自己今天所受到的善意，是不是来源于某一天你的某个善行，经过了诸多传递，最终果报在你的身上。我们善待每一个人，就是在善待我们自己的生活。善是如此，恶亦然。

所以我们常说，你是什么样的，你的生活就是什么样的；你怎么对待这个世界，这个世界就会如何对待你。说到头，不就是个因果循环。

小胜靠智，大胜靠德；聪才能忍，明方能让。是因身体差，脾气才越大，而等福报深，脾气自然温。

幸福开明的一生，用德行的温度来滋润，用信仰的力量来引导，参透因果规律，想必也得从修炼内心开始……

分享阅读：

《好好说话》　学诚法师　广东人民出版社

分享观影：

《血战钢锯岭》

《萝莉与她的猴神大叔》

基于"善"的真实

从小,我们的教育就引导我们去做一个真实的人,真实地面对自己,真实地面对他人,好像"真"是一件毫无疑义,且具有绝对正面的一个衡量标准。

教书的过程中曾经遇到过一件这样的事,同学小 Y 是一个大大咧咧的女孩,平时也总喜欢和班级里的同学说说笑笑,打打闹闹,从世俗的眼光里来看,她和"淑女"的标准离得很远,但不失一些潇洒和利落,却也是一种独特个性的存在。

有一节语文课上,当我们谈及父母对我们的爱时,同学们都有着自己的感触和想法。有些同学说,现在的家长都要求他们这样,要求他们那样,没有自由也没有快乐,甚至有些同学仿佛感觉不到多少"爱"的存在。

我突然想起了在《樱桃小丸子》的某一集中,小丸子和她的同学们也各有各的苦恼,某些时候他们不是很理解父母的做法,也多多少少有些怨恨,感觉父母并不是真的爱自己。老师得知后并没有多教导些什么,而是让他们回到家仔仔细细地询问家人自己出生的那一天所发生的事,然后在班内交流。同学们纷纷完成作业,并在第二天的课上一起分享了家里人在那一天里种种好笑、感人和欢喜的画面。

这是一个非常好的想法,我也同样布置给了班里的同学们。当然,从结果来看他们都完成得不错,好些文章都让人动容,他们也在和家里人的交流中知道了一些从来不知道的事情,并清清楚楚地感受到家里人对他们的爱,远比他们想象得要多。这原本是很完满的一节课,却在过程中发生了这么一件事……

同学小Y在课后跑到小Z的座位前说："刚刚你读的文章是真的吗？昨天你这个作业是怎么做的呀？你爸妈不是早就离婚了嘛，你妈妈又不要你了，你是怎么知道你妈妈那边的表现的呀？"

当然，我有理由相信小Y多少是因为性格使然而说出这么不过脑子的话，但那一瞬间对小Z的打击却是不言而喻的。那本就藏在心底的痛楚一下子爆发了出来，他趴在桌前涕泪纵横地哭着，引来了班内其他同学的注意。

有些同学听说了前因后果之后，就帮小Z指责小Y，怎么可以说出这么伤人的话。但小Y也很委屈地表示，她说的都是真实的情况，又没有什么恶意，就只是单纯地询问，她也没想到会造成这样的局面。

是的，你不是故意的，但是就是让别人遭受了很大的伤害。

小孩子或许懂得不多，但长大后，我们都应该意识到"真实"似乎并不是单一维度的。经历了许许多多的人际摩擦，甚至是冲突，你会觉得那些一直以来被冠以正确的"真"，其实在某些时候，却成为了引导矛盾和冲突的导火索。

我始终在思考，怎样才能在"真"的基础上，让一切显得更为圆润，更为和谐。而"善"就是一块很好的基石，它能够让很多有棱角的东西变得不再那么咄咄逼人。

子曰："君子之于天下也，无适也，无莫也，义之与比。"(《论语》)

"大人者，言不必信，行不必果，惟义所在。"(《孟子》)

台湾大学哲学系教授傅佩荣认为，在儒家的思想里面，我们要遵循一个简单的原则叫做"守经达权"。"经"是常、原则的意思；而"权"意味着变化。意思是指，复杂的问题我们都要随时看情况而定。以前你这么说是对的，但这一次情况有变化就不一定会对；以前你这么做是有效果的，但这一次事情的发展又有了新的变量，同样，这么做就不一定有效。我们面对的真实人生确实非常复杂，但是一切都可以依循道义，与道义而行。

就好比有一天，你的好朋友兴冲冲地跑到你的面前，热情地向你展示她新买的裙子，告诉你这是她昨天逛街买的，在商场里她一眼就看中了它，询问你她穿着好不好看。

你用你挑剔的审美向她望去，不幸的是，你发现衣服的颜色和她的肤色略显不配；而腰身的裁剪又似乎略微大了一些，显得有些松垮；更要命的是裙子上的图案太过浮夸，以朋友的年龄和工作，这样的裙子适合的场合又太少……

我知道你是一个始终信奉真实的女孩，你从小接受过的教育从来都是不能说假话。但在那时候，你看着朋友兴奋的神情，你又怎么忍心用这样的“真实”去浇灭她现有的热情。

你只能收起你的“真”，微笑地表示，还不错，只要你喜欢就好。并且在下一次买衣服的时候答应陪伴前往，给出最好的意见。

朋友高兴地接受了你的答复，看着她始终愉悦的表情，你会发现有些时候“真实”并没有那么重要，比起朋友的心情，它可以略做牺牲。

所以，生活中很多时候，仅仅有真实是远远不够的，如果仅仅是以真实为目的的话，我们是否可以完全忽略人的感受、忽略当下的局面、忽略当时的气场，只顾着眼前用真的力量去解决一切问题。那种一味地“求真”，但凡使用不当，造成的伤害与压力又该如何去化解？

但如果能在真实前考虑到“善”的层面，那种所谓的真才会成为一种更为高级的“真实”。它会站在别人的角度重新解读当下的局面，用最合理的方式去表达、去解决，在原本略显粗糙的“真实”表面，尽可能地圆润成一种大象无形的表述……

我们的“真实”在现实生活中往往是站在自己的立场上出发，辉姑娘在《时间会证明一切》里说：

从某种意义上来看，在大多数场合里，“自己”是最不重要的东西，重要的是矛盾的解决，利益的分配，旁人的态度以及情谊的交流，还有“是否乐意下次再见你”。

世人都爱彬彬有礼、风度翩翩、笑靥如花、端庄优雅，这不是“做作”与“虚伪”，而是一个具有常规素质的普通人基于“善”的自我要求和规范。

除非遗世独立，不食烟火，否则不要把那一套张牙舞爪的原生态嘴脸搬上台面。

我们总以为“真实”是最重要的，不管在什么情况下我们都要依真心、说真话、做真事。

这话是对的。

但随着文明的进步以及社会的发展，我们处在这么一种复杂的生活和人际中，在一个自己所关爱的人的面前，那句“真话”呼之欲出的时候，你是否会有那么一瞬间感觉到，比起那不加修饰的“真实”，眼前的这个人，才是最为重要的。

小时候以为，长大就是变得越来“高”的过程，懂得越多，就站得越高。

现在长大了后才知道，在生活的某些层面上，“自己”是最不重要的，懂得用“善意”去体谅和珍惜眼前人，懂得给予温度，比真实更为重要。

推荐读物：

《时间会证明一切》 辉姑娘 中信出版社

《论语三百讲》 傅佩荣 北京联合出版公司

学会面对失败

自从当上大队辅导员后，不得不承认，和大队部有着紧密联系的大概率都是那些传统意义上的“好学生”，他们在成绩上不用过多的让老师和家长们为其操心；他们之中的很多人也从小拥有着各项优质的资源，习得了各种不错的专长；他们更是始终在赞美中成长，一次次的小成功让他们积累了很多的自信，而他们在有限的范围内很少会遭受到沉痛的打击。

记得几年前的大队竞选，小S同学作为五年级里最热门的候选人，因为在展示过程中的一个小失误，以微弱的劣势败下阵来，最终落选。

我始终记得在竞选后她所表现出来的难过和悲伤，完全脱离了可控的程度。那歇斯底里的痛哭流涕，即使班主任和家长到来之后仍然得不到缓解，仿佛这一次的失败剥夺了她所有的自信一般，天崩地裂式的挫败。

妈妈说小S同学从小就在各个领域一枝独秀，家里的所有孩子中她最棒；幼儿园的时候也是老师表扬的重点对象；上了小学后，各科成绩的名列前茅和在艺术领域的卓越才能，让她在班级里也是“独一份”的存在。从小几乎没有老师批评过她，父母对她也是鲜有责备，更何况那些亲朋好友只要见到她就是一通连珠炮式的夸奖。而这一次的落选，在她看来，就是她人生中头一次失败，她完全接受不了……

而之后的日子里，虽然有着班主任和父母的开导，但小S同学怅然的样子始终可见，再也没有了之前那自信满满的模样。

做老师的都认同的一种教育叫做——“激励教育”，那些一直在批评中成长的孩子们最需要的就是你的认同和鼓励,但凡一件小事你给予他及时的正向反馈的话,他都能够高兴上半天,从而表现出更积极的态度。

有句话说,心里一直很苦的人,只要一丝丝甜就能填满。

但心里一直很甜的人,一直在糖罐子里过日子的人,又是不是一点点的苦就能将其打散呢?

经历了这一次的选举,我有些意识到,有些孩子的成长轨迹可能会是什么样的。

我们有没有经历过,或者看到过这样的场景:

一个孩子不小心撞到了桌脚,跌了一跤,趴在地上嚎啕大哭。家里的长辈们忙不迭地把他扶起来,用尽好言好语去哄这个孩子,发现仍然没有什么作用后,会问是谁让你摔跤的?当孩子指向这张桌子的时候,长辈们会装作很生气的样子,用手不停地拍打着桌脚:“都是你不好,都是你不好,让我们家的宝贝摔跤,打你,看你以后还敢不敢?”

没错,孩子被哄高兴了,但是那个桌子在那边没有任何移动,却遭受到这样的责备,又是不是有些冤枉呢?再或者,如果孩子下次撞到的不是桌脚,而是其他一个活生生的人的时候,我们又有怎样的托词帮他继续撇开责任呢?

孩子摔一跤再正常不过,可惜的是,长辈们总舍不得让孩子经历他人生中可能的第一次的挫败,让他自己面对和处理,而把问题转向其他的地方,让这一次的“挫败”失去了一切的价值,实在太过遗憾……

长辈们总是宠爱地帮我们找到各种失败借口,即使可笑,即使荒唐。他们觉得这是无微不至地照顾,让我们从小觉得所有经历过的挫败你们都会帮着弥补,而这,统统不是我们的错误。

我们的人生中曾否有过这样的遗憾:

年少的时候我们听老师的话,回家学着做个饭。这可是一件新鲜事,每个同学都跃跃欲试。

而当我们兴冲冲地回到家里,把要求讲给爷爷奶奶听的时候,他们却一口回绝:“你还太小了,烧饭起油锅太危险,老师怎么让你们做这么危险的事情啊!你还是小孩子呢,乖,你不要动手,爷爷做给你吃。”

就这样我们被剥夺了一次本应属于我们的尝试机会。

长大一些后,有没有过一个寒暑假可以独自离家,和小伙伴们一起去参营的机会？这可是难得的可以独立生活一段时间的契机。

可当你兴奋地把这个通知给父母签字的时候,得到的却又是"你还太小了,从来没有一个人出去过,这次就别去了,我们不放心。"

于是你又再一次被剥夺了成长的机会。

我们知道这些事情自己从来都没有经历过,去做可能会失败,可能会跌倒,所以家长们索性不让我们参与和接触,仿佛这样就能规避掉所有的烦恼……

可惜的是,成长中所能够获取的面对"失败"的经验,就这样一次次地被补救,一次次地被剥夺,让我们始终生活在量身定做的名为"安全"的象牙塔中,规避着所有成长路上的苦痛。

我们在读书的时候最怕考试,有很多人害怕的原因或许是碰到了这样的情境:

在各种考试前,家长们都会给予孩子无限的期待,然后指定一个在自己认知范围内,或者更有甚者去拿他人做参考的成绩标准。你没有任何借口,你必须要全力达到。

我们战战兢兢地复习,战战兢兢地考试,生怕有哪一门的成绩只要达不到父母的标准就会遭受他们的责骂和惩罚。

而当成绩出来的时候,但凡考得不好,他们在不问你实际原因的情况下,表露出的失望和愤怒,让你感到无比窒息。你没有办法辩解这次的题目难倒了一大片的同学;你也没有办法辩解,以自己现有的能力,根本没有办法达到他们这么高的要求。

父母们用他们的态度和情绪告诉你:只许胜,不许败!

如今,我们看到了多少人间悲剧是因为这六个字——"只许胜,不许败",**而人生在世,如果不被失败磨练成钢筋铁骨的话,每一次的试炼,就宛如没有防御的冲锋一般,显露出一种难以言喻的悲壮。**

作家龙应台在她的作品《目送》里说过这么一段话：

我们拼命地学习如何成功冲刺100米，但是没有人教过我们在你跌倒时，怎么跌得有尊严；你的膝盖破得血肉模糊时，怎么清洗伤口，怎么包扎；你痛得无法忍受时，用什么样的表情去面对别人；你一头栽下时，怎么治疗内心淌血的创伤，怎么获得心灵深层的平静，心像玻璃一样碎了一地的时候，怎么去收拾？

是的，所有人都在教我们以怎样胜利的姿态冲过终点线，以及用怎样的方法才能获得成功的可能。就好比在各种体育比赛结束时，几乎所有的镜头对准的都是那些获取成功的人们，他们获奖后的感言、他们冲线后的风采、以及他们登上领奖台时的荣耀。

始终忘记不了在2008年和2012年时刘翔退赛，以及倒在赛道上时的情景。一个习惯了胜利的人正在经历失败和挫折。而之后网络上各种口诛笔伐的攻击让人心碎和遗憾。人们都太喜欢赢了，在竞技体育的层面上，所有的目光都集中在"冠军"和"赢"的焦点上，而当不可避免的"挫折"真的到来时，又有多少人学过该怎么面对，怎么处理，以及怎么去消解……

一直赢的人怎么能输？遗憾的是，你根本没有学过怎么去有尊严地输。

在那次小S的事情后，每次大队部的竞选和比赛我都会在事先对他们所有人进行心理辅导，我会教会他们怎么去赢，自然也要让他们做好输的准备，并且每个人都必须学会，怎么去面对有可能会到来的失败。

前不久的演讲决赛，是抽签决定两两PK的对手的，不得不说，有些事情就是那么戏剧，阿妙对决阿言，这12个人里最强的两个人还是被抽到了一起。

决赛前的阿言是紧张的，她始终在埋怨自己的手气有多背，抽到阿妙的结果实在是张下下签。

我对阿言说："你要知道，这对于阿妙而言，又何尝不是如此。好好准备，和最强的人在一开始就能对决得到，这个过程才是最有价值的。"

这让我想到不久前的英格兰联赛杯，一支名不见经传的英乙球队——科尔切斯特联队在抽签的时候，抽到了英超的巨无霸球队——"红魔"曼联队。

在出签的那一刹那，当所有人都觉得他们运气实在是差到极点的时候，科尔切斯特联队所有观看抽签直播的球员和官员们都集体欢呼起来，他们兴奋地击着掌，互相拥抱，尽情欢呼。他们做梦也没有想到在这样的比赛里，这么快就能和英格兰最强的球队之一——曼联队交手，他们做梦也想踏上老特拉福德的场地，来一场梦寐以求的对决。

就是这样的心态，让他们轻松面对，尽力拼搏，虽然最终不出意外地输了比赛，却也在过程中收获了自信，更收获了所有人对他们的尊重。

最终的决赛里，阿妙和阿言都发挥得极为出色，作为他们所有决赛选手的导师，在其他几组对决的时候，我大致都能猜出谁是获胜的一方。只有她们这组，我完全预测不了谁能获胜，只是全情地沉浸到他们精彩的演讲中去。

最终经过大众评审和专业评委的投票，阿言以一票惜败。对，就一票，一个戏剧性的开头，用一个也极具戏剧性的结局进行收尾。

而阿妙则进入第二轮的总决赛，并且一举拿下了冠军。

阿言虽说没有想象中的难过，但多少总有些失落。

我和她说，有一场辩论赛，导师蔡康永曾经在队员颜如晶以一票之差输掉比赛后和她说过这么一句话："比赛就是用来赢的，但是如果我一定要输，就要输一场只差一票的比赛。"

阿言点点头："没关系，至少决赛时我觉得我在台上讲得挺好的，比之前任何一次磨稿彩排都要好，但有一些地方还是感觉怪怪的，回头我们再盘一盘。"在她的不甘心里，我更能看到的是她对下一次挑战的憧憬。

是的，我们常说"失败乃是成功之母"，爱迪生失败了几百次才最终成功。但你要清晰地了解到，爱迪生如果不去正面面对那一次次失败，如果不在每一次的失败里总结经验，又何来最后一次的成功呢？

"失败是成功之母"的前提是，你要先和失败和解，挺直腰杆，勇敢地去面对它，然后静下心来重新思考和判断，重新升级你对这个问题的认知。

没有人会一直赢的，只是你还没遇到更强的对手和挑战。

闯荡了就要做好跌倒的准备，摔倒了就站起来，脏了就拍干净身上的泥土，痛了就处理好身上的伤口……然后再去想一想，输掉的“比赛”，我要怎样才能漂亮地赢回来！

推荐阅读：

《目送》	龙应台	广西师范大学出版社
《孩子你慢慢来》	龙应台	广西师范大学出版社
《老人与海》	海明威	浙江文艺出版社

推荐观影：

《复仇者联盟 3》

《复仇者联盟 4》

《肖申克的救赎》

《印度合伙人》

不要让正在淋雨的孩子学乖

两年前的一段时间里，我做过好几次心理咨询。做老师的这十几年里，遇到过好多类型的学生和家长，也有过五花八门的问题，但真正难以消化，需要外界介入的，或许只有这一件。

小Z同学在班内始终是一个还不错的同学，也是班内的大队委员。也正因为这样，我从接班开始，就很少有批评过她，并给予她很多机会和资源。

在那个学期里，她参加了新一届大队委的选举，也参加了学校演讲比赛的复赛。但很遗憾的是，由于种种原因，这两件事情她都没有做得很好，大队委落选的一周后，演讲比赛她也止步于复赛阶段。

而就在不久后的某一天，因为她作业糟糕得实在离谱，完全不符合她的水准，我稍显严厉地批评了下她，在我的印象中，这也是我第一次批评她——原话是："你怎么可以把作业做成这样！也太过分了！"并重重地把本子摔在了她的桌上。

然而接下来的事情是我料想不到的，这个姑娘之后连续一个多月不愿意来上学。起初大家都以为这只是身体原因，并一直祈盼着她能够康复回来上课。但随着时间的推移，事情逐渐有了变化，她的外婆和妈妈纷纷来到学校找到我，说孩子之所以这么长时间不来学校，是因为明确表示她不愿意上我的课。在没有指责我的前提下，寻求我和她们共同来解决这个问题。

说实话，当时我是有些诧异的，一个我内心很喜欢的学生，怎么会有这样的抵触，我一时间找不到答案。但我总乐观地想着，或许这只是暂时的闹情绪，过几天就会恢复正常的。

但情况始终得不到好转，这姑娘不愿意来学校的情绪愈加激烈。家长并不允许她一直在家旷课，就逼迫着她来学校，结果她反抗得厉害，并以跳窗相威胁。家长无奈只有再来找学校商量办法。

而这时恰巧我有一个长达一周的会议要外出，班主任和我都有一个美好的设想就是，这一周正好是让她缓和的机会，或许这一周回来后，一切就都会恢复正常。

外出的这一周我始终牵挂，并每天询问班主任她的情况，得知她在我不在的时候，每天准时来校上课，并无异样的时候，内心得以稍稍的平静。

一周后我回到学校，在踏进班级门的那一刹那，我有着异乎寻常的紧张。我多么希望她就坐在原座上，这一切就只是一个小小的插曲。但事实是让人失望的，我回来了，她就又旷课了……

这时候家长爆发的情绪是可以理解的，孩子在家旷课这么久，情绪指向也极为明确，虽然她们心里也很清楚地知道，这事儿不能全怪我，但女儿不来学校就是因为对一位老师这么强大的抵触，事情发展到这个地步，气氛也是紧张到了极点。

直到后面我们达成一个很无奈的决议就是，她来学校上课，但是只要是我的课，她就出教室去班主任那儿自修……那时候的情景是这样的，每当我抱着书进教室上语文课，她就会拿着作业或者课外书出教室，就在门口和我擦肩而过，没有任何眼神的交流。而下课时，她也早早在门口等候，等着我出教室的那一刹那，从我身边走进教室，也没有任何表情和交流。

那个时候的我非常敏感地注意到了自己心理的波动，我委屈吗？我超级委屈，我自认为自己完全没有做错，一个老师，用一种很普通的方式来批评一个作业做得不好的学生，这件事有什么错？但最终就导致这孩子接受不了，结果不愿意来上学，不愿意上我的语文课。

在这个时候，我找到了心理咨询师，做了好几轮的咨询和疏导，才不至于让自己始终陷在这样的情绪里。

那段时间里，在解决完自己的情绪问题后，我想的是，面对孩子这样的不稳定的情绪，到底是维护老师和学校的尊严，继续秉持自己完全没错，任由孩子和家长自我消化；还是放下那所谓面子，找孩子沟通，解释并承认自己的方式不当，并且诚恳对她做出回课堂的邀请。我纠结再三，选择了后者。

承认“错误”是一件很困难的事，尤其在自己视角里并没有过错的事，要承认错误，更为困难。但为何这就是我最后的选择？那是因为我知道在这个当下，有比“对错”更为重要的东西，我必须得放下那执拗的“对”，才能换取那最理想的结果。

这件事情让我想到了社会新闻里那些走极端的孩子，他们因为一些在旁人眼里的“小事”，做出了最为极端的举动。但遗憾的是，事后学校和老师审视自己，觉得自己在行为上完全没有过错。

不，你错了，你错就错在你始终认为自己是对的，不觉得自己错的行为，最终导致了这个不可挽回的结果的发生。你不肯放下规矩，不肯放下尊严，最终，你放下了孩子的生命。在以孩子为本的学校里，这样的“对”又有什么意义呢？

我得清楚地知道，那两次的竞选失败对于始终优秀的小 Z 来说有着多大的打击，你所谓的好机会在她那里，是否是强加于她的无形的压力，从而导致难以承受的挫败。我也得清楚地知道，在那种情绪状态下，我有没有义务和能力去观察和感知到她的异样，并且在那个需要批评她的档口，选择更为合适的方法去应对那个特殊时期下的那个特殊的她。

然而我那时并没有，所以导致这个心思敏感的女孩有着这样反常的情绪抵抗，从而让她这么久时间缺课，这件事情极为遗憾。我没有办法去弥补这个遗憾，但至少有一件事情我可以做，就是意识到当时的那个判断，是错的，那就不会再有第二件、第三件这样的事情发生，我也有更好的方式可以避免这种遗憾。

放下身段，在事情正往不可逆的方向推进的时候，不要执拗地觉得自己是对的，承认错误，及时修正，那我们的身边就不会再有这么多的悲剧不停上演。

而现在，事情已经过去一年多，小 Z 也已经快要毕业，而在这一年里，我们的关系逐渐好转，情绪解决了，心结打开了，一切就都能迎刃而解。现在的课堂上，小 Z 是最积极聆听的一个，不仅仅是上课，日常的交流也逐渐增多起来，我从她对我热情的态度中可以感受到她对我的态度已然转变，从那双闪着亮光的眼睛里，我可以确定，那时的我，真的做了一个极为正确的选择。

是的，每个孩子都是不一样的个体，我们常说，不要区别对待别人，对所有人要一视同仁。这或许是一个公平的标准，但我们也要清晰地认识到，这并不是一把绝对的标尺。在学校里，在班级内，每个孩子的成长环境不一样，性格特点也就不一样，内心的敏感程度和可承受压力的程度统统都不一样。如果仅仅是用行为标准来衡量，做到什么程度要表扬，做到什么程度要批评，做好什么程度要惩罚……我不能说这是错的，但遗憾的是，这真的不是一个好的做法。眼里有“人”，你才会真正站在他（她）的角度去感受，去思考，你当下的决定，对于他（她）来说，究竟适不适用。

我所在学校低年级的班级里也有这么一个男孩子，他让所有老师都感到非常头疼。前几天的午间，他因为不满班主任老师的做法，歇斯底里在走廊上放声大哭，并且以那种瘆人的吼叫来表达他的不满。包括我在内的很多老师都过去了解情况，那个男孩的情绪明显崩盘，眼神和行动里都充斥着暴戾，我只能蹲下抱着他，不断抚摸着他的后背，试图让其平静下来。

用了好久，我们才明白了他的吼叫里究竟是在说些什么。他受够了老师们一直在跟他家长联系，时不时地拿手机对着他拍视频，把他所有在校的糟糕表现统统记录下来传给他家长看。长此以往，这个男孩表示自己受够了这样的对待，他恨所有人，甚至用最恶毒的语言来诅咒和攻击他们。

了解完情况后的我当下是难过的，是怎样的境遇和创伤可以让这么小的一个孩子在大庭广众之下，以这么一种极端的方式来宣泄自己的情绪。但周边老师们的反应大多都是训斥和表达不满，一位年长的教师不停地和他说着道理，让他要懂事，让他要理解老师，理解家长……

唉……

在我们的生活中有太多这样的情景了，孩子身处在情绪的旋涡，他（她）年纪尚小，不能够理解这个世界的复杂和多样性，他（她）只能感知到自己的情绪，当所有让自己压抑、不舒服、不开心的事情不停地向其涌来的时候，我们又能站在怎样的角度上，去要求眼前这个正在淋雨的孩子，要乖巧，要听话呢？

我们总是喜欢拿那些早早懂事的孩子作为标准来衡量所有的孩子,但我们真的得意识到,每个孩子的成长环境不一样,他们的成长速度和轨迹也就会不一样,我们都很喜欢看到"阳光底下"的孩子,他们健康、快乐、茁壮成长。但不是所有孩子都那么幸运,当我们看到眼前的孩子正在"淋雨"的时候,老师们究竟报以怎样的态度,才能让浑身湿透的孩子愿意靠近,然后微笑着帮他(她)擦干头发,温柔地说上一句:"我知道雨很大,不要感冒了,好吗?"

分享阅读:

《街头日记》　艾琳·格鲁维尔　自由写手　南海出版公司

分享观影:

《放牛班的春天》

《自由作家》

《地球上的星星》

谢谢你曾温暖过许多有过交集的人生

今年是我当老师的第 14 个年头,在这 14 年里曾经有过很多的“妄念”: 要怎么成为一个所有学生都喜欢的老师? 怎么成为一个任何任务都能出色完成的老师? 又怎么成为一个可以把所有学生都教好的老师?

正是有了这样的“妄念”,所以这些年里,当失败猝不及防地奔袭而来的时候,总不免会显得有些挫败。

我曾经问过一个长者,怎么做才算是一个好老师? 现在的社会对于老师的标准越来越高,而身在这个职业中的我也似乎发现,教书和其他的职业最大的不同在于,你站在讲台前,面对的是一个学生人生的重要部分,一不小心,就能从良师益友变成误人子弟。

那位长者说: 这是个很复杂的问题,却又有着很简单的答案。回想一下你学生时代喜欢过的那些老师,想想为什么,或许就能够给你带来回答。

是的,我的人生中的确有那么几位老师,足以给我的职业带来许多启发……

(一)

我的小学班主任是一个教数学的小老太太,有着一头干练的短发,戴着一副塑料边框的眼镜,无论是神情和姿态都像极了《我为歌狂》里的冷老师,一张从来都不苟言笑的脸,始终透露出了一种冷峻的威严。

记得在那个时候,我经常被她骂到臭头。说实在的,小学阶段我的数学成绩虽然谈不上顶尖,却也始终是在班级前列。她骂我并不是因为我的数学成绩有多差，而是她觉得我总是在不该错的地方跌跟头。

时隔这么些年，有一个场面一直印在我的脑海里。

一节普通的数学课，我们每个人都在做着随堂练习，先做完的可以先交，然后老太太会当场改完，并给予评价。小孩子在那个时候都会有些好胜心，看着这些不算太难的题，我用最快的速度完成，然后摆着一副神气活现的样子，在班级同学们羡慕的注视下把试卷交给了她，回到座位后翘首以盼地等着她的表扬。

而老太太一边扶着眼镜，一边批改着我的试卷，我的心也不由得紧张起来……只见她的眉头越来越紧锁，凭着以往的经验，我预感到事情的不妙。

果然，老太太终于忍不住，一把把我的卷子拍在桌上，那震天响的气势把班级里所有的同学都吓了一跳。接着，她用她惯用的“狮子吼”对我咆哮着：“唐振杰，什么题你都敢错！你要死吗？你做这么快是赶着要死吗？你要死别在教室里死，赶紧给我出去死！”说着，就一把把我拉出了教室，那威严的气势，那恐怖的神情，让当初还只有五年级的我在教室的门口凌乱了好久。

没错，她就是一个对我如此严格的老师，那时候对她，除了害怕之外，也几乎找不到其他任何的情绪。

从前严厉的老太太，笑起来是如此和蔼。

有一年，五年级接到了区统考的任务，事后听老师说这次的统考非常难，尤其是数学。而当时的我们，也就只是把它当作一次正常的考试来完成。

没过几天，成绩出来了，我永远记得那一节下课后的走廊，平时那个不苟言笑的老太太笑得像朵花儿一样朝我跑来，然后蹲下身子，用力地扶着我的肩膀说道："小子，你知道这次统考你考多少分吗？98！这张卷子，全区最高也就是98，你也太厉害了！"

还没反应过来的我杵在原地，过了好一会儿才回过神来——原来自己这次取得了一个还不错的成绩。但好些年里我都不是很理解，为什么当时那个总是骂我骂得这么狠的老太太，在那个时候却会快乐得跟朵花儿一样……

之后我才知道，从她的笑容里我感受得到，真的只有负责的老师才会好好管学生。**对你要求严厉的老师，不要心生敌意，反而要心怀感激**。因为，只有负责的老师才会顶着种种压力和风险，去苦口婆心或大动干戈地管教你。他期待你成才，期待你变好，才如此出力不讨好。

她也教会我真正爱学生的老师会为他的犯浑而着急，会为他的成功而兴奋，老师们只是希望，在和你们共处的这几年当中，给你带来更多的帮助，让你成为一个更好的学生。人哪，这一生能遇到几个真正为自己着想的人，这是多么值得庆幸的一件事……

在你失败时比你更着急，而在你成功时，却比你更快乐的那个人，永远值得珍惜和感恩。

（二）

我的高中班主任是一个极具个性的政治老师，说实话我一开始对她的印象并不怎么好……

记得高中她刚接班那会儿，我从班长这里得知，新来的班主任是一个30多岁的女老师，她会在暑假这段时间里对每个同学进行家访。得知消息后的我把家里整理得干干净净的，做好一切准备等着她的到来。

可是一直到开学，我还是没有等到她，而在班级内询问了一番才得知，暑假的家访，全班她都去了，就唯独我家没有来……虽然她当时给的理由是：我住得太远了她没找到，但我至今仍然是认为，那是因为太远了，她懒得来而已。

之后的日子里我发现，虽然她平时一本正经不苟言笑，但是对我们班级的每个人都着实不错，最让人诧异的是，在电子设备不那么普及的那个年代，班内每个人的生日她居然都会记得，并且会在当天送上一份符合他（她）气质的礼物。

我记得那年我收到的是一个“鲨鱼按牙”的玩具，虽然有些老土，但用她的话来说就是，我觉得你最近的学习太安逸了，你要时刻保持警醒，就像这鲨鱼牙齿一样，你永远不知道哪颗按下去的时候会有危险。

她说的没错，那时的我，也真的是没有意识到这个玩具的深刻用意，其实我哪“科”看上去都很危险……

有一次我在学校闯了个祸，因为一些鸡毛蒜皮的小事和高年级的学长打了起来，这件事惊动了整个学校，校长室、德育处、团支部都来找我了解情况。

班主任找到了我，向我了解了下情况之后狠狠地把我骂了一顿。在我诚恳地表示歉意之后，她深叹一口气说：“你写份书面检查吧，这样我和上面也有个交待，这事儿我就先不和你爸妈说了，免得他们担心。以后再犯，我就不保你了。”

听到这话虽然有些意外，但多多少少也有些不信，毕竟在初中时有过类似的情况，那个老师也答应我不告诉我的父母，却最终食言，从此之后我对老师们这样的表态总是存疑。

而之后的情况则告诉我，我没有受到学校任何处罚，这件事情就随着时间的推移烟消云散，再也没有任何人提及。而我的父母，至今也不知道这段故事……

高中班主任姓徐，我们都亲切地称呼她为“老徐”，每年都会有几次和老徐的会面，看到她从当初30多岁的风华正茂，慢慢变成现在临近退休时的老成持重，不免也有些难过。

但每逢谈起往事，老徐还是同样的“味道”：“你说你打架那事儿啊，当初就不该给你瞒！整天闯祸，整天闹腾，做你们班主任时最不省心！”

老徐还是老徐，习惯了的毒舌，和当年一样。

我知道我们那时整天给您闹心，但你却不知道，你无意间的那些举动，会让我们感到多么暖心……

老徐还是那个老徐，始终年轻漂亮的老徐

做了老师后的我，有很大一部分受到了老徐的影响。当班主任时，我也会记着每一个学生的生日，并且为他们挑选适合他们的礼物。

当时的学生和家长都很惊讶，说他们从来没有收到过老师的生日礼物，这太让他们感到意外和惊喜了。我说我知道，因为那年的我，也同样感受到过……

记得有那么些次，班级里的学生也因为做了一件错事而不敢让家长知道，看着她乞求的眼神，以及念她是第一次的犯浑，我也答应在她永不再犯的前提下帮她保守这个“秘密”。而时隔多年，她也早已毕业，我对此事仍然只字未提。只因当年的老徐告诉我，答应学生的事情就一定要做到，那是信任的起点，也是人与人之间最为重要的情感牵连。

（三）

我的高中语文老师是一个东北汉子——我们称他为“东哥”，上课时随意的着装，讲话时那爽气的样子，都带着那种东北特有的洒脱范儿。

对于我来说整个学生时代最拿得出手的学科，也就是语文了。也正因为有了这样的底气，在这门学科的学习上也保留着自己独特的个性。也是由于这个性，让我高中的语文学习，被泾渭分明地分成两段。

在东哥来之前，班级也曾有过一位语文老师，一板一眼，毫无生趣。

记得有一次写周末随笔，他布置了一篇命题作文，题目毫无挑战且老生常谈。“这种题目有什么好写在随笔上的？”我打从心里感到排斥和抵触。

所以在那周的随笔上，我并没有按照命题要求完成，而是创作了一篇我自认为还很不错的微型小说，洋洋洒洒写了四五页，就这么交了上去。

而当本子发下来的时候，我发现在小说的最后醒目地打了一个红色的“×”，并有附语道：“乱写什么！我让你写的是什么！”

我气愤地把那句话用涂改液涂掉，仿佛那句话的出现会大大玷污了我这篇文章的“纯洁”。而在此之后，这位老师说什么我都不会很认同，在我看来，他就是一个一板一眼，不懂得尊重和欣赏好东西的“老古董”。虽然这样的认知现在看来也有所不妥，但是在那时留有的心绪，却是实实在在。

而东哥的风格则不同，在他手上批阅过的随笔都会带有许多欣赏的痕迹，他从来不给你们的随笔命题，而当那些在写作上充满兴趣的同学在本子上挥洒出天马行空的想象，和体现出独具特点的文笔之后，他总是第一时间进行鼓励和赞美。

翻开高中的随笔本和作文本，评语的前段满满当当写的都是：

“振杰的文笔在此篇文章中的体现足以让我感到惊叹！”

“你已形成自己独特的文风，保持阅读，继续修炼，大有可为！”

“这是我见过你本学期最好的文章！”

……

有些怀念，东哥那充满豪迈气息的语文课。

而在评语的后段才会出现：
“文章的第二段可以进行如下调整……”
“可惜文章的结尾部分并不切题……”
“如在选材上再斟酌一下会更好……”
……

不可否认，看到这些评语时是兴奋的，这意味着老师对你的肯定，也意味着你辛苦写好的东西有人愿意认真看，而并不是一个简单的红色“×”。而正因为有了这样的心绪，之后的修改意见也完全能够接纳和改正。

当然，我现在知道那些文章并没有老师说得那么好，那些文字有些矫情做作、有些扭曲夸张，虽说流畅优美，却总显得有那么些不自然，也完全能体现高中时所特有的稚嫩和自我。

长大了后才知道，东哥那时是在刻意激励着我，用他能用的一切语词鼓励着我们擅长和喜爱的方向。

而那时对于写作这件事，也借着东哥的鼓励，变得越来越自信；也正因为那些基于鼓励后的指点，才让我的文章变得越来越精进。

很庆幸，那年的东哥告诉我，作为老师，不可忽视“鼓励”带给学生的重要性。

几年前，班级里的同学 JJ 是一个很内向腼腆的男孩子，如果单单从表面接触他，平时的不苟言笑，交流起来的低效率都会让你觉得很不自然。而或许就是因为这样子的性格特点，再加上家中稍显宽松的教育环境，在我四年级接手他的时候，他在学习上的基础和习惯可以说是被落下了一大截，长时间的批评和否定让他始终处于低迷状态，出来的学业成果和生活状态，着实很弱。

而在慢慢接触的过程中，我发现 JJ 的一些学习用品、衣着装备都有着相同的主题，就是日本很火的动漫——《海贼王》。注意到了这一点，我像是抓住了“救命稻草”一般，准备从这里打开缺口。果不其然，如果和他谈到《海贼王》中的内容，他似乎有说不完的话，人也比平时开朗了很多，看样子他是真的很爱这部动漫，甚至到了着迷的地步。

然而在我的办公桌上，摆放着几个海贼王人物的精致手办，我看得出他很感兴趣。一次偶然的机会，我提出一个对他很有吸引力的方案：用好的作业质量以及上课表现换取积分，而积分的一个衍生奖励是可以获得陪伴我已久的这个“路飞”手办，然后告诉他我为什么也这么喜欢《海贼王》，就是因为路飞永不放弃的精神以及那种对梦想的执着，我希望你也是一样。

让我吃惊的是，原本不着调的 JJ，之后的作业做得极为规范，上课也打起了十二分的精神，很快便积累到了约定积分。我想这并不仅仅是一个玩具这么简单，路飞的精神感染着他，看着他拿着路飞时那爱不释手的模样，我相信，今后的 JJ 也一定大不一样。

这就是“鼓励”的力量，这也是东哥教会我的，作为一个好老师的必修课。

（四）

大学的班导师香姐是一名舞蹈老师，毕业至今仍然和她保持着很好的关系，也一直知道，自己所取得的很多成绩，都有着香姐的功劳。

连续两年获得院里的“个人风采冠军”和“十大歌手冠军”是我在大学期间的高光时刻。但没人知道的是，在赛前报名时和赛中准备期间，我也曾有过犹豫和彷徨。香姐在那个时候给予了很大的鼓励，也在决赛期间带领着系里的同学一起来为我加油鼓劲。

获得冠军后，香姐却显得比谁都淡然：“唐唐在我心目中就是最强的。”我始终记得香姐在赛后和我说的这句话。这样的信任也在大学期间一直支撑着我继续前行。

左边那个胖子更能凸显出香姐的美

临近毕业找实习工作时，在得知我的志向是做老师时，香姐不遗余力地给我推荐联系了一所学校。

到达这所学校实习的时候，恰逢他们在忙一个大型活动，我们几个实习生就深入到各个年级组去帮忙。但那时候负责总指挥的老师压根没想好要怎么弄，一会儿一个主意让我们所有的人都摸不着头脑。当总算确定了一个方案后，我们才着手开始准备。

而 10 天之后，在我们即将完工之时，那个总负责的老师却又临时变卦，让我们这些天的所有准备都要推倒重来。

这个时候，年少气盛的我忍不住发起了牢骚，并且表示为何不表达清楚再让我们操作，而这 10 天的准备就因为你的反口而打了水漂，不免有些浪费。这样的对峙让整个场面变得很不愉快。

事后我才知道，那个总负责的老师就是香姐联系到这个学校的介绍人。而我那天的冲动，无疑让我有着很大的麻烦。

但香姐仍然用她对我的信任和对方打着包票，在我犯迷糊的时候，还是义无反顾地挡在我的面前为我承担责任。

这样的信任是美好的，对于一个学生无条件的信任，是能给予他最好的礼物。

而在去年举办的“彭一少年说”演讲大赛前，也曾有人对我们提出过质疑，这么些小学生，全程脱稿，在这么大的舞台上做两轮演讲，他们能行吗？要不，还是小范围内搞搞吧？活动搞砸了谁负责……

若干年前，也有一位老师曾站在我的身前，为我的能力担保，为我的冲动负责。而现在，我相信我的学生可以做到，如果失败了，就由我来挡在你们身前，我负责！

很有幸，我在我的学生时代曾经遇到了这么多的好老师，他们教会我严格也是一种爱、教会我保守学生的秘密是一个很酷的约定、教会我鼓励能带给人别样的能量，也教会我信任就是能够挡在你面前做一切的担保……这些都会成为我教师生涯中最大的财富。

当然我知道有人会说，不是所有人都像你这么幸运，能遇到这么多好老师。

子曰：“见贤思齐焉，见不贤而内自省也。”（《论语·里仁》）

我在学生时代也遇到过一些不那么令人喜欢的老师，甚至有让人生厌的老师。但人生成长的意义在于，遇到那些不好的人，遇到那些令你不舒服的事的时候，感知一下自己的内心，从而提醒自己不要去做和他同样的事，因为别人也会有像你现在一样的心情。

而遇到那些好人，遇到令你愉悦的事的时候，想想你此刻的温暖，如你能和他们一样，又会在不经意间影响多少有过交集的人生。

分享观影：

《三傻大闹宝莱坞》

《嗝嗝老师》

《死亡诗社》

六、回声

插图 六

春春的碎碎念

题记：我觉得世上应该没有几个人拥有像我这样的经历，也正是多亏了那段经历、多亏了那段经历里出现的那个人，让我撑过了人生最黑暗的三年。

第一次见唐老师，是在我三年级的时候。

那天，和往常一样，我们在操场上做着例行的早操，眼角偶然间瞥到那时的校长带着三个没有见过的身影来到了操场。两男一女，那位男老师站在一群女老师中间，身材的魁梧让他在其中显得特别明显。

那时的我并没有太在意这个，我们学校来来去去的实习老师实在是太多了。后来这位男老师在我同年级的一个班上当起了副班主任，每次中午路过那个班级门口的时候，总能听到那个班级的喧闹声，也总能看到那位男老师敲着分饭勺，企图用这个方式来警示这群猴子把分贝降下来，但是很明显，收效甚微。有好几次我看着他面露无奈，插着腰看着眼前的这帮小混蛋。可是那个时候的我并没有觉得他不能让孩子们安静吃饭这件事有什么不妥，相反，我一下子觉得这位老师还挺不错的。其实他完全可以学那些老派的老师，告诉这群猴子“你们不安静就没饭吃”，但他没有这么做。“这老师还不赖”，便是我对唐老师的第一印象。

果不其然，过了没多少，这位男老师突然在我们年级“名声大噪”起来……

课间偶尔能听见同学们探讨这位老师：

“你知道新来的那个唐老师吗？”

“知道啊，就是中午在一班分饭的那个老师，听一班的人说这个老师还蛮好的。”

“是吗是吗……”

我第一次和唐老师直接认识，是一次“莫名其妙”的舞蹈排练，唐老师就是负责这次排练的老师。之所以说“莫名其妙”，是因为这场排练开始得很莫名其妙，毫无舞蹈功底的我能被选上参加排练这件事就很莫名其妙，就连最后这场排练的结束也很莫名其妙——没有任何演出就这么不了了之了。但是这些“莫名其妙”对我来说都不重要，现在的我甚至连当初被选上的原因都忘得差不多了。留在记忆里的只有排练时细碎的记忆片段。这些片段虽然很残缺，但是如果随便从中拎出一段，再配上灌篮高手主题曲《世界が終わるまでは》做背景音乐，那就是一段非常热血的迈克尔杰克逊舞蹈宣传片。至于为什么是迈克尔杰克逊的宣传片，因为唐老师是他的忠实粉丝。

几个稚嫩的孩童听着《Dangerous》的鼓点，心里都默默数着数，鼓点一到，大家就心照不宣地转身、回头、起手做动作，这一切一气呵成，简洁、干练。随着一曲作罢，就着最后一个“炸点”，将动作锁定，这时候再将镜头拉近，把焦点放在每个人的两鬓——汗水任由地心引力的拖拽不断地从两鬓流出，顺着脸颊的轮廓，在下巴处汇集，然后就是“滴——答——”在地板上砸成一滩。现在回想起来依然能很清晰地体会到那种说不清道不明的感觉。

这种感觉很奇妙，假如将它定义为兴奋又太过草率，但是它真的无限接近于兴奋的定义。就很像再小一点的时候，看《我为歌狂》时的那种感觉。一听到“我的舞台我自己建造……”，一股青春的风就扑面而来，而这种青春感让自己热血沸腾，兴奋不已。那个时候的我还不知道，这样的青春感会陪伴着我直到小学毕业。

三年级马上接近尾声，在这段时间唐老师的人气已然升到顶点，我们班的人虽然没有上过他的课，但是人人都知道他。三年级的最后一天，我们老班主任说她下个学期开始就不在这个学校教书了，下个学期将由唐老师来当你们的班主任。一下子全班欢呼雀跃起来，感觉像是世界杯中国队出线了一样(本来想比成夺冠的，想了想确实还没有到那个份上)。那时的我也同样沉浸在“出线”的喜悦中，完全忽视了老班主任脸上尴尬的神情。

那个时候，我们班的成绩在年级中的各项排名我都不是很清楚，但有一项很明显，那就是“流动红旗”这种东西是肯定没有我们的份的。一直没有“流动红旗”久了，大家心里其实也没多少感觉，没有就没有了呗，反正一直都是没有的。所以唐老师刚开始要求我们争夺“红旗”的时候，我的内心其实没有太多的触动。但是人性就是那么奇怪，随着一次次的失败，一次次名单上都没有我们班，心里的胜负欲一下子就被激起来了，其实是整个班的胜负欲都燃烧了起来。可尴尬的是，哪怕就是整个班都认真了起来，我们还是连着好几次没有拿到，我们都忽略了惯性对于我们的影响。

在不断的自我反省，自我改正之后，不出所料，我们班还是一如既往地拿不到“流动红旗”。这是我人生第一次感受到，原来电视剧里稍微放几个努力奋斗的镜头然后获得成功的故事都是骗人的。唐老师也不停地分析，是哪个环节出现了错误，他和统计分数的同学及老师理论，他也问我们问题究竟出在哪里。在分析了零零总总的问题之后唐老师留下了这么一段话，原话我已经忘了，大致意思是：“知道为什么我们即使做得很好，可还是拿不到流动红旗吗，是因为你们之前做的太差了，所以人家的印象里自然而然地就觉得‘哦，五班啊，他们就是这样的啊’。所以就算我们现在已经做得很不错了，可是别人还是拿以前的眼光看待我们。改变别人的刻板印象真的很难，所以我们现在应该做的是不能给别人留下任何扣我们分的把柄。”是啊，刻板印象真的很难改变。

结局是，虽然过程没有电视剧里演得那样简单，但结局是我们终于拿到了这面向往已久“流动红旗”。那天广播里播放获得“红旗”班级的时候，周围十分安静，没有人发出半点声响。直到当我们班的号码被广播用电音播报出来的时候，整个班一下子沸腾起来，这次就真的像中国队夺冠一样。我想那个时候填满我们班每个人内心的，除了自豪，快乐，一定也有那种熟悉的“青春感”。

小学的前半程我过得很平庸，虽然后半程也不怎么精彩，但是未来想要成为怎样的人渐渐在我脑海中明朗起来。

毕业那天走出校门的时候，回头看了看教室的位置，“以后当个像唐老师一样的老师，其实也挺帅的。”

好了，小学的故事就先说到这里，“唐老师”的称呼也用到这里。接下来的故事就用“帮主”的称呼来写。“帮主”和“唐老师”其实是一个人，只不过前者是好友，后者是师长罢了。

其实写到这部分的时候，突然间不知道该怎么写。总觉得有很多东西想说，但是真要挑一件具体的事例却又无从下笔。

和帮主熟起来的契机其实也挺莫名其妙的，就是初三毕业后的某一天他突然联系我，让我抓紧时间到绿地的星巴克，时间过了的话，咖啡自费。那个时候的我也是单纯，竟然真的会抛弃自己暗恋的同学，火急火燎地跑到和帮主约定的地方。也就是这样，我开始了和帮主一起在星巴克读读写写的日子。就连高中第一次家访，也是帮主在星巴克帮我接待的。小学班主任帮我接待高中班主任的家访，这样的事情即使是在全世界的高中生里也极为独特了吧。

那时候的我总以为自己的高中生活已经有了一个与众不同的开头，那接下来的日子也一定会丰富多彩吧……可是，我却慢慢地失去了快乐的能力，至于原因，到现在我也没有弄明白。压抑的情绪困扰了我很长一段时间，突然有一天我开始发现眼前的一切都那么不切实际，很虚幻，明明看得见摸得着，但是对我来说没有任何的实感。很像一些动画里，主角孤身一人在形形色色来回穿梭的人群里孤独地走着，周围的人都被模糊处理，或许是因为周围的人不重要，又或者是周围的人走得太快，总之很现实但又很模糊。同时我的学习能力也直线下降，单词背来背去总是忘记；拿到数学题，不论它多简单，我的掌心仍会紧张得冒冷汗，我的成绩也“理直气壮”地掉得飞快。学生时代你懂的，是一个能靠成绩决定很多东西的时期，而对我这种成绩跌停不涨的人来说，活在这样的时期无疑是充满自卑的，而且每考一次我就自卑一次，渐渐地，“我是个废人”的想法在我的思想里扎下了根。那个时候的我并不知道这些现象都是抑郁症的典型症状，以至于在后来的很长一段时间里，我都在寻找自己变成这样的原因，当然意识到自己已经得病，然后配合药物治疗这些都已经是后话了。

就是在这样的一段时期中，基本每周末我都会和帮主约在咖啡馆“学习”，遇到假期的话频率就更高了。我虽然早就没有学习的心思，但是我还是带些不用动脑子的作业，帮主的话都会带一些他感兴趣的书。刚开始的时候因为在跑步上取得喜人的成就，所以基本每次都是《跑者世界》；后来为了考试改成了考研资料；再后来就开始看一些提升自己品行修养方面的书了。我很喜欢咖啡馆这样的氛围，用帮主的话来说就是“在图书馆我看不进书，因为实在是太安静了。但是咖啡馆就不错，放着舒缓的音乐，周围人们闲谈的声音也恰到好处，哎！这样的环境就让人很舒缓。”的确，我也很喜欢这样的氛围，在这里我能暂时的摆脱萦绕在心头的压抑，闻着咖啡的香味能让我暂时获得与这个世界的连接，让我真切地感受到：

“啊，原来我还能感受到这个世界。”

在咖啡店的时候，我们除了做各自手头上的东西外，还会聊很多别的。不过更多的是帮主说，我来听。他今天看到一些什么什么，再加上自己的一些感悟，把这些还像当初课堂上上课一样讲给我听。

“你不要相信一分耕耘一分收获，那是扯淡，是骗人的，但你得相信，十分耕耘，总会有一分收获。”

“人生不如意十之八九，但正因为这样，我们才应该多思一二，少想八九。”

“其实我挺羡慕你的，我有时候还会讲一些道理给你听，像我年轻的时候都没有人给我讲过这些东西，都是自己吃了亏，用教训当学费后才明白的。”

是的，我真的是很幸运。

其实在我发现自己不对劲之后，也开始寻找问题的原因，简而言之就是希望能找到一个说服自己的理由，即便是借口也好。我开始学会突破自己，开始试着从各个角度看待问题，试着从自己的思想中剥离出另一个自己，让他站在对立面来分析问题。我希望能找到一种解释，一种说法，能够完美诠释一些普遍发生的事物。但是这些对于一个高一差生来说短时间内很难实现。而且因为是差生，平时连把作业全部完成都相当困难，哪有时间去仔细研究和翻阅这些关于哲学的资料，所以我只能自己艰难得探索。

探索着探索着，我进入高二了，但是我并没有得到任何成果，反而将自己推向更加深的深渊。极度的自卑和悲伤的情绪彻底压垮了我：遗书我写过，楼顶的风景我也看过，那段时间上课，脑袋里想的不是加减乘除，ABCD，想的全是“比起死亡来说，活着真的更加痛苦。”这类的念头。

很多次都想就这么一了百了，但是我不甘心，我不甘心连原因都没找到就这么莫名其妙得被“做掉”，我不甘心就这样一直背负着“Loser”的称号……所以与其去想导致的原因，不如将现在的一切全部推倒，重新再来。“怎么学习”

忘记了,那就重新学学习方法。“怎么处理人际关系”忘记了,那就多看看别人如何处事待物。就连性格也重新打造,我就这样不断地挣扎,在这不知名的泥潭里不断挣扎。

而在这个过程中,也是因为和帮主呆久了,他对我人格塑造和精神世界方面的影响甚至超越了我自己的亲生父亲,以至于现在我反观之前的一些为人处世,都能看到一丝帮主的影子。

而现在的我已经学会如何发自内心的笑。

所以,帮主说得没错,我的确还挺幸运的。

——2009 届学生　江春晖

老　　唐

还记得第一次真正接触唐老师，是因为《小主人报》的一次活动，需要我在学校里宣讲食品安全的话题，唐老师带着小小的我第一次走进了校广播室，也让我从此爱上了校广播。后来我成为了大队委，进入了大队部，唐老师教我们自己定主题、自己写广播稿、自己找歌，毕业时我已能妥妥的自己撑起一个午间广播了。以至于现已高中的我，依然热爱并担任着校广播工作。

课堂上严谨认真的唐老师，生活中其实就是个可以谈天说地，可以没大没小的大哥哥。他一直说他自己是齐天大圣，我们就是他的小猴子，所以我们一直叫他唐大圣或者直接就叫老唐。

大圣带着我们走进他的生活，也带着我们去过好多从未接触过的天地。去过教师老年公寓、去过文庙、去过他的朋友林恒哥哥家里，他给我打开一扇扇从未接触过的另一个世界的门。在此期间，没有条条框框的大道理，却能潜移默化地传递了好多正能量，教了我好多好多做人的道理。记得毕业前大圣给我们写的那首班歌“读书、明理、做人，校训教会我们……”。

毕业这么多年，老唐的一举一动依然时时影响着我。因为当年他给我们上的历史扩展课，让我从此爱上了历史这门学科。无论之后再遇上哪位历史老师，我都会不自觉的拿老唐来比较。还没听他讲到清朝部分就毕业了，是至今令我遗憾的一件事。

因为他弹着吉他唱歌的样子看起来帅帅的，我还参加了学校的弦乐团，不仅学了小提琴还学了尤克里里，虽然我弹琴的样子远远没有他帅；因为他参加的“表达学院”我关注了“奇葩说”这个节目，也参加了学校辩论社。这大概就是所谓的榜样的力量吧,我常常和他开玩笑说:你就是我的“呕像”,我始终在看着你的方向。

从当年胆小、害羞、颤巍巍仰视着唐老师的小小丫头,到如今已是高一的我,和老唐在身高上已没有那么大差距了,可在我心目中老唐依然站在需要我仰视的高度上,有一天能够与之平视是我的终极目标。

——2015届学生　顾慧旻

小王眼中的唐振杰老师

小学时期的我，可以说是一个非常标准的刺儿头，甚至有时候是一个超标的皮大王，我总能以我独到的方式来让唐老师生气，而每次的结局都是“伤敌一百自损一千”。

我这独到的方式可以概括为六个字——反其道而行之。举个最常见的例子来说，我相信每个人在学生时期，做眼保健操的时候都有偷偷睁开过眼睛吧，老师靠近了赶紧闭上眼怕被发现，而我也是这样做的。只是唐老师走过来我还是睁着眼睛，可能就是想挑战一下吧，结果呢，就会挨骂，会写检查。当然了，我的“罪行”也远不止这些，拖交作业、下课在走廊“贴地飞行”、偷偷换家校联系本、闯个小祸、吹个小牛……每次犯事儿后检查一定少不了，我猜唐老师也已经厌倦看我写的检查了吧，每次的自我检讨、每次的保证往往是下一次犯错的前奏……

说了这么多，唐老师让我印象最深的有这三件事：

1. 在我屡次犯错后，唐老师一直跟我强调一个词——态度，当时我年纪还小，或者说我根本还不清楚这个态度指的是什么，是低头认错？还是一次保证？后来通过一次次的犯错，一次次的检讨，一次次的保证，我大致明白了，所谓态度就是在你犯错后，老师点明你的错误行为后，请反思自己而不是再去狡辩什么。并且不是老师觉得你错，而是要自己想明白这件事确实做错了，才能下次避免再犯。做到这些后，道歉的态度一定是诚恳的，写的检查一定是感情真挚的。时隔多年，就这态度二字对我来说是影响深远的，包括现在我始终坚信做任何事情都需要态度，和能力无关，没有一个端正的态度，能力再强也于事无补。

2. 还是两个字——懂事，当时懵懂的我对这个词也是一头雾水，但又知道这个词的少许含义。由于我的家庭较为特殊，从小由我妈妈一人把我拉扯大，而我显然也不是一个让家长和老师省心的孩子。每次犯事后，唐老师除了对我进行教育，联系家长也是常规操作，毕竟老师和家长的沟通是必不可少的，老师和家长相互配合得越好，孩子的教育才能越成功。唐老师把我在学校的行为反映给我妈妈，妈妈本身在公司就很忙，又会被我在学校的种种劣迹所分心，忙了一天回到家不能休息又要对我进行各种教育，身心俱疲，白发也一天天多了起来。唐老师和我谈心的时候也尝尝提到让我早点懂事，确实，我应该早点懂事，我应该要比别人更早的懂事。

毕业的前夕，我拿着我的同学录走进唐老师的办公室，老师在背后的留言板块用潇洒的大字写下"Everything all right，早点懂事。"签下了名，写上了日期 2011. 6. 20。我在写这篇文章时，正好刚过完我的 20 岁生日，懂事在我看来，除了为家里做我力所能及的事情之外，更多的是学会关心家人，学会做事沉稳，照顾好自己的同时分担一些压力，理解家人的心，常怀感恩。

3. 同样是两个字——团结，这是和一个班级有关的事情，记得那次唐老师发怒说："我们班级就像一盘散沙，我怎么用力捏最后都会散开。"唐老师在课余时间会给我们变一些小魔术，给我们看一些 MJ 演唱会片段，给我们放一些我们比较感兴趣的视频，我觉得这都是唐老师通过一些课外活动，把我们一个个从个体给串联整体所做的努力。如果一个班级每个人都各自为战，或者相互拆台，那么处在这样一个班级中会有什么感觉呢？作为一个团队要拧成一股绳，齐心协力，相互支持，相互配合。我想这才是唐老师想教会我们的道理。以后踏上社会，我们不可能一直以个体生活着，进入公司整个团队就是一个集体；去球场打球和队友们就是一个集体；作为一个中国人那整个中华民族就是一个集体，团结永远是高亮和下划线的重点。

唐老师是我学生时期除了体育老师外遇到的第一个男老师，而且他还是我的班主任，他似乎完全符合我当时对男老师所有的想象。

仍然记得他在那个飘雪的冬天就穿一件长袖加一件风衣，一身黑色从走廊另一头的办公室走到走廊这一头的班级，时不时望向半腰高走廊围墙外的天空；进入班级在黑板上写下今天的课题，把书一卷攥在手上，开始了绘声绘色的授课；中午大叔把饭端进班级，唐老师熟练地揭开饭上的纱布，将饭分成一块一块帮我们打饭……

可以说唐老师是我学生时期对我影响最大的老师之一，他的话、他的教育方式确实让我受益匪浅，非常庆幸能在学生时代遇到如此一位老师。

——2011 届学生　王雨辰

我眼中的“唐大大”

“唐大大”是我对唐老师，也就是对本书的作者的称呼，因为他在舞台上滔滔不绝、妙语连珠的样子在我眼里就是大神级别的。同时他更是一位尽心尽职、富有创意的大队辅导员。

我最欣赏他的一个品质就是懂得“信任”，每一次有任务需要分配时，他总会征求我们的意见，从不会强迫我们去干什么。虽然每次的任务都让我在一开始的时候感到害怕和不安，但神奇的是，经过痛苦的过程之后，得到的却又是一次次的惊喜和满足。

记得我第一次走上学校舞台主持的时候，他说的是：“你只要把平时的积累发挥出来就成功了。”当我要去演讲比赛担心自己的发挥不一定能成功时，他口中的一句“你很强，相信自己，表现出自己的水准就好，结果随缘”，让我卸下焦虑，立刻自信满满地敢于在公众面前分享自己的故事，表达自己的观点，这就是演讲的力量。

我后来才渐渐明白这两个看似平常的话语，背后却是来自他最深切的关心，或许这就是他对我的一份信任与他独特的鼓励方式，我会享受被信任，因而开始信心倍增。

他从不对我们讲没用的大道理，每周的大队部开会都是一场头脑风暴，他授予我们的都是最实用、最直接的知识和技能。虽然在大队部的这段时间说长不长，说短不短，但他的言行让我学到的不止有努力、上进、勤思，带我们领略到极具挑战但魅力无限的演讲与辩论；更有一份豁达和远见，使其成为我学习和生活中的参考坐标。而这些，都能让我受益终身。

谢谢您，唐大大！

——2019 届学生　孙旖旎

我的良师益友

在假期里收到了唐老师的微信，得知他将要出一本书的消息。看到这个消息，我的第一反应是兴奋的。我觉得能够出一本自己的书，是个值得珍惜的机会，这让别人能够透过文字，体会到作者铺展在其中的情感或价值表达，也让作者本身向内观察。是的，在我的认知里，文字能够构建一个精致的小天地，“传达自我”也是美好的音节，而我形成现在这样的想法，还要归功于我们与唐老师之间的那一本“集体日记”。

唐老师是我小学三年级至五年级的语文老师，我们几个比较乐于写、善于写的同学和唐老师之间共享着一本笔记本。每周，这本笔记本会在我们的手上轮番传递，有时候是畅所欲言的自由发挥，有时候是在规定的主题里发挥（记得有一次是小说主题，我们还有幸阅读了唐老师学生时代的作品）。更特别的是，我们可以在笔记本里给别人“留言”，唐老师给我们提供的这个日记本，就像是一个实体的小论坛，可以交换真实的内心感受。当时是 2013 年，社交平台在小学生中并不很流行，我们没有办法通过朋友圈里的“碎碎念”来了解身边的人，这本“集体日记”成了我们交流的载体、分享真心的渠道。当时我一直很期待看大家的留言，那种期待的心情到了今天，仍然在用别的形式延续着，在写下些什么东西的时候，我还经常会回忆起这本日记。

不过，唐老师给我留下最深印象的，还是对于我们的人格教育，他课堂的内容、价值常常是超越了课文范畴的。

还记得有一次我偷懒抄了作业被发现，和我的“同伙”一起在课堂上挨批评。在小学里我算是好学生，语文方面成绩还算不错，所以便有了两只只能听见表扬的耳朵。那好像是第一次被老师这么不留情面地批评，我和我的“同伙”都是脸皮薄的，当下就哭得昏天黑地。当时大概还保留着一种幼稚的骄傲姿态，肤浅地觉得，成绩好是能抵挡住一些“伤害值”的，然而我想错了，在他这里，这完全是不成立的。

唐老师对态度和道德品质的培养向来是看得很重的，他的课堂上，这些才是被加了 highlight 的东西。不过这次经历对我的成长是有所帮助的。要做的事情，就抱有认真的态度，要是敷衍了事，还不如把它扔远了。

其实写下这些话的时候，我的思维就像是章鱼的爪子，抓住了好多淡化了的记忆点，都是有关于老师对我们个人成长的帮助，碍于篇幅，就不再用作这篇文字的素材了，但我会记着它们的。

已经毕业六年了，我们之间不再是固化的师生关系，更多的是类似朋友的交流方式，和唐老师去咖啡馆、学校办公室聊过几次天，相处轻松的同时，依然能学到不少。不过仔细想来，在校期间就已经存在这样的相处方式，我在以前写过的文章里找到一段蹩脚的排比句：“不久后，他邀了一个与我同级的女生，一个高中的哥哥还有我，四个人去人民广场闲逛。我们像孩子一样吹泡泡看泡泡，在空中幻化成泡沫；我们去钓娃娃，为失去的机会捶胸顿足；我们去打生化危机，被逼真的 3D 效果吓得心惊肉跳；我们在饭桌前互相调侃，比如他什么时候才能找到师娘……起初我还因惦记着上次被严惩的尴尬而拘谨，随着时间的推移我心中激起的水花也被抚平，最终我们莫名其妙地在人民广场的栏杆上笑趴。”虽说这段话语言不够流畅，看起来有些吃力，但是其中展示的轻松氛围却是显而易见的吧。

之前那篇写唐老师的文章，题目叫“我的良师益友”，现在，他也依旧是我的“良师”与“益友”。

最后，祝老师的新书能够顺利出版！

——2014 届学生　沈安卓

图书在版编目(CIP)数据

时间的回礼/唐振杰著. —上海:上海三联书店,2022. 7
ISBN 978-7-5426-7694-8

Ⅰ. ①时… Ⅱ. ①唐… Ⅲ. ①教学经验-文集
Ⅳ. ①G424. 1-53

中国版本图书馆 CIP 数据核字(2022)第 040004 号

时间的回礼

著　　者 / 唐振杰

责任编辑 / 姚望星
装帧设计 / 徐　徐
监　　制 / 姚　军
责任校对 / 张大伟　王凌霄

出版发行 / 上海三联书店
(200030)中国上海市漕溪北路 331 号 A 座 6 楼
邮　　箱 / sdxsanlian@sina.com
邮购电话 / 021-22895540
印　　刷 / 上海惠敦印务科技有限公司

版　　次 / 2022 年 7 月第 1 版
印　　次 / 2022 年 7 月第 1 次印刷
开　　本 / 710 mm × 1000 mm　1/16
字　　数 / 285 千字
印　　张 / 20
书　　号 / ISBN 978-7-5426-7694-8/G · 1633
定　　价 / 78.00 元

敬启读者,如发现本书有印装质量问题,请与印刷厂联系 021-63779028